HARRAP'S

Brésilien

MÉTHODE INTÉGRALE

Manuela Cook

HARRAP

Cet ouvrage a été publié par Hodder & Stoughton en 2003 sous le titre
Teach Yourself Portuguese

Texte de Manuela Cook

HARRAP'S® est une marque de Larousse SAS.

www.harrap.com

Édition française :

21, rue du Montparnasse
75283 Paris Cedex 06

ISBN 978 2 81 870233 8

Direction de la publication : Carine Girac-Marinier
Direction éditoriale : Claude Nimmo
Suivi éditorial : Beata Assaf
Révision : Odette de Barros
Informatique éditoriale : Dalila Abdelkader
Conception graphique : Sophie Rivoire
Mise en page : ABNS Multimedias
Fabrication : Rebecca Dubois

Édition précédente

Coordination éditoriale : Pauline Gaberel
Direction éditoriale : Anna Stevenson

Table des matières

Table des matières

Introduction

Bienvenue !

Si vous n'avez aucune connaissance du portugais du Brésil et que vous souhaitez apprendre cette langue par vous-même, *Brésilien Méthode intégrale* est faite pour vous. De même, si vous avez l'intention de reprendre votre apprentissage du portugais du Brésil après l'avoir interrompu, ou bien si vous assistez à des cours auxquels vous cherchez un complément, cette méthode est parfaitement adaptée à vos besoins.

Brésilien Méthode intégrale vous propose d'apprendre le portugais du Brésil dans le contexte de situations réelles tirées du quotidien. L'accent est mis avant tout sur l'utilisation de la langue, mais nous présentons également son fonctionnement, afin que vous puissiez apprendre à former vos propres phrases. Cette méthode couvre les quatre compétences essentielles à la maîtrise d'une langue : la compréhension orale, la compréhension écrite ainsi que l'expression orale et l'expression écrite. Les enregistrements vous seront précieux, en particulier si vous travaillez seul, car ils vous permettront d'entendre du portugais du Brésil et de le parler dans le cadre d'activités de compréhension et d'expression orales.

Structure de la méthode

L'ouvrage comporte 25 chapitres, dont un chapitre d'introduction, ainsi que des annexes à la fin du livre. Il est accompagné de deux CD, à écouter et réécouter pour tirer le meilleur parti possible de votre apprentissage. On peut décomposer les chapitres en rubriques, même si ces dernières se recoupent parfois.

Définition des objectifs

Au début de chaque chapitre, vous saurez exactement ce que vous allez apprendre au cours du chapitre, et donc ce que vous serez capable de dire en portugais du Brésil après avoir étudié le chapitre en question.

Présentation des structures et du vocabulaire nouveaux

Elle se fait généralement à partir de courts dialogues qui figurent sur l'enregistrement ainsi que dans le livre. Ces dialogues introduisent le thème et les points grammaticaux qui seront traités dans le chapitre. Le vocabulaire nouveau est mis en valeur dans un encadré situé sous le dialogue. Les éléments nouveaux sont introduits de façon progressive et logique par rapport aux chapitres précédents.

Mise en pratique des éléments nouveaux

Les **exercices** sont eux aussi progressifs : vous commencerez par des activités de compréhension, puis, à mesure que vous prendrez confiance en vous, vous serez encouragé à vous exprimer à l'écrit et à l'oral. Après chaque exercice, vous pourrez comparer vos réponses avec celles que nous vous proposons dans le **corrigé des exercices** à la fin de l'ouvrage.

Prononciation et intonation

La meilleure façon d'acquérir une prononciation et une intonation authentiques est d'écouter parler des locuteurs natifs et d'essayer de les imiter. Les différences entre certains sons du portugais du Brésil et leurs équivalents français ne sont pas toujours évidentes pour tous, c'est pourquoi nous avons fait figurer dans de nombreux chapitres une rubrique **prononciation** comprenant des conseils spécifiques. Vous trouverez également, à la fin du livre, un **guide de prononciation** avec un tableau récapitulant tous les sons du portugais du Brésil, que vous retrouverez également sur l'enregistrement.

Constructions linguistiques et grammaire

Dans les rubriques **grammaire**, vous apprendrez comment la langue fonctionne, ce qui vous permettra de former vos propres phrases. Les points de grammaire sont exposés le plus simplement possible, et nous vous proposons parfois des « trucs » pour vous aider à les mémoriser. À la fin de l'ouvrage, un **glossaire des termes grammaticaux**, des renseignements supplémentaires sur la conjugaison, des **tableaux de verbes** ainsi qu'un **index grammatical** vous aideront à assimiler la grammaire plus facilement.

Vocabulaire

Les termes qui apparaissent pour la première fois dans la méthode sont présentés avec leur traduction dans un encadré. Les mots et expressions liés aux thèmes du chapitre sont regroupés dans une ou plusieurs rubriques signalées par le symbole .
À la fin de l'ouvrage, un **index thématique** vous permettra de retrouver facilement les mots et expressions qui se rapportent au sujet qui vous intéresse. Vous trouverez également un **lexique** bilingue à la fin du livre.

Informations sur le Brésil

Vous découvrirez tout au long de ce livre des renseignements intéressants sur certains aspects de la culture brésilienne, comme la politesse, la cuisine locale, les traditions et les sites touristiques. Ces informations culturelles apparaissent sous différentes formes : dialogues, articles spécifiques, textes authentiques. Ces informations sont toujours précédées du symbole .

Suivre vos progrès

Chaque chapitre contient des exercices portant sur les points principaux abordés.

Pour évaluer vos progrès, comparez vos réponses avec celles données dans le **corrigé des exercices** à la fin de l'ouvrage. Tous les quatre chapitres, un chapitre de révision vous est proposé pour vous auto-évaluer. Les quatre derniers chapitres de la méthode comportent également des exercices de révision. La rubrique **auto-évaluation** vous indiquera comment procéder.

Comment utiliser ce livre ?

Avant de commencer un chapitre, assurez-vous que vous savez parfaitement ce que vous allez apprendre. Lisez les informations données avant les dialogues, puis écoutez l'enregistrement. Écoutez chaque dialogue plusieurs fois en essayant de comprendre l'essentiel. Vous pouvez ensuite lire leur transcription dans le livre et étudier les encadrés de vocabulaire en profondeur. Lorsque vous connaissez bien le vocabulaire employé dans les dialogues, écoutez-les à nouveau et répétez les mots, les expressions, puis les phrases entières à voix haute en imitant les locuteurs brésiliens.

Attention : ne pensez pas que vous avez fini d'étudier les dialogues après les avoir écoutés et lus deux ou trois fois. Vous **comprenez** peut-être ce que vous entendez et lisez, mais vous êtes probablement encore loin de pouvoir l'**exprimer** correctement et couramment. C'est pour cela que nous vous conseillons vivement d'écouter l'enregistrement aussi souvent que possible : dans le bus ou le métro, dans la salle d'attente chez le dentiste ou à l'aéroport, en faisant le ménage, etc. Bien entendu, passer l'enregistrement en musique de fond sans y prêter attention ne suffit pas : la concentration est essentielle pour bien comprendre et assimiler ce que vous entendez.

Après avoir étudié les dialogues, passez aux exercices **Certo ou errado?** (*Vrai ou faux ?*) et **Perguntas e respostas** (*Questions et réponses*). Ce sont des exercices de compréhension qui vous aideront à mieux assimiler le contenu des dialogues. Vérifiez toujours vos réponses dans le **corrigé des exercices** à la fin de l'ouvrage avant de continuer.

Lisez la rubrique **prononciation** et écoutez l'enregistrement. Répétez les mots à voix haute en essayant de reproduire exactement les sons brésiliens. Si nécessaire, reportez-vous au **guide de prononciation** situé à la fin de l'ouvrage.

Étudiez le contenu de la rubrique de mots et expressions signalée par le symbole en prenant bien le temps d'intégrer les nouvelles informations données. Imaginez-vous dans une situation concrète qui nécessiterait l'emploi de ces expressions, et prononcez-les à voix haute même si ce sont les mêmes, ou qu'elles sont semblables aux expressions que vous avez rencontrées dans les dialogues.

Vous pouvez alors passer à la rubrique **grammaire**. C'est à vous de décider du temps et de l'énergie que vous souhaitez consacrer à cette partie. Si certaines personnes ont besoin de comprendre exactement comment les phrases se construisent, d'autres préfèrent s'exercer à reconnaître les tournures qui « sonnent » juste. Le **glossaire des termes grammaticaux** peut se révéler utile à ce stade, ainsi que le **guide de conjugaison**, à la fin de l'ouvrage.

Lorsque vous aurez bien assimilé le contenu du chapitre, vous pourrez faire les **exercices**, sans oublier de vérifier soigneusement vos réponses à la fin de l'ouvrage. Nos propres erreurs peuvent souvent nous échapper. Si vous étudiez avec quelqu'un, vous pourriez vous corriger mutuellement pour éviter de laisser passer des erreurs.

Alors que vous avancerez dans le livre, à chaque niveau de progression utilisez l'**index thématique** afin de réviser le vocabulaire et les expressions spécifiques à certains domaines. Et n'oubliez pas de suivre les conseils sur le contrôle de vos progrès donnés dans la rubrique **autoévaluation**.

Pour faire des progrès et rendre votre apprentissage plus motivant, nous vous conseillons de lire et d'écouter du portugais du Brésil authentique. Les possibilités sont innombrables. Vous pouvez par exemple lire des journaux, des magazines ou des sites Internet en portugais, écouter des chansons brésiliennes ou regarder des vidéos sur Internet, des programmes télévisés ou des films brésiliens en version originale. Ne vous attendez pas à comprendre immédiatement tout ce que vous entendrez ou lirez et ne vous laissez pas décourager par la vitesse à laquelle parlent les locuteurs natifs, ou par la quantité de vocabulaire qu'il vous reste encore à apprendre. Concentrez-vous sur un **court** extrait (un clip audio ou vidéo ou un petit article) et étudiez-le jusqu'à ce que vous le maîtrisiez parfaitement. Vous verrez que, progressivement, vous comprendrez des extraits de plus en plus longs.

Le portugais du Brésil

Le Brésil est le plus grand pays du continent sud-américain, avec une superficie qui équivaut à plus de quinze fois celle de la France. Le pays compte plus de 190 millions d'habitants et bien qu'il existe encore plusieurs dialectes, la langue portugaise est parlée par la quasi-totalité de la population. Certes, chacun des 26 États brésiliens (ainsi que le District fédéral) possède des particularités phonétiques, avec des sonorités et un vocabulaire variables, mais les notions acquises avec la méthode Brésilien Méthode intégrale vous permettront de comprendre et de vous faire comprendre quel que soit le lieu où vous vous trouvez.

Apportée par les colons du Portugal, la langue portugaise du Brésil est proche de celle parlée au Portugal. Elle en diffère par certains mots, expressions et accents liés notamment au métissage culturel et aux particularités sud-américaines (climat, végétation, alimentation). La différence entre les deux variétés de portugais apparaît surtout à l'oral. Au Brésil, la prononciation est plus « douce », moins « chuintante », avec peu de nasalisation des voyelles. Après l'indépendance du Brésil, les emprunts aux langues amérindiennes sont devenus plus importants et les néologismes brésiliens plus nombreux. D'autre part, ces différences ont été accentuées avec l'apport des langues africaines. N'oublions pas que près de 4 millions d'Africains ont été déportés au Brésil pour devenir esclaves. Comme ils ont débarqué essentiellement au nord et au nord-est, c'est dans ces régions que l'influence africaine reste observable encore aujourd'hui. Au sud en revanche, les immigrants européens (allemands, italiens, etc.) ont donné à la langue une prononciation plus « européenne ». Cependant, malgré ces différences, les deux variétés de portugais demeurent une seule et même langue. Ces variantes, qui concernent principalement la langue parlée et familière, sont en quelque sorte comparables à celles qui existent entre le français de France et celui du Canada.

La réforme de l'orthographe

La réforme sur l'uniformisation de la langue portugaise à travers le monde est entrée en vigueur le 1er janvier 2009. Au Brésil, elle bénéficie d'une période d'adaptation de quatre ans, à l'issue de laquelle les nouvelles règles s'appliqueront entièrement. Cette réforme, qui touche environ 0,5 % des mots portugais suivant l'orthographe brésilienne (disparition du tréma, suppression de certains accents et traits d'union...), est adoptée dans cette méthode. Pour ses défenseurs, l'objectif de cette réforme est de faciliter les recherches sur Internet, d'homogénéiser les textes juridiques et les contrats internationaux, mais aussi de faciliter la reconnaissance du portugais comme langue officielle de l'Organisation des Nations unies.

* * *

Maintenant, c'est à vous ! Nous vous souhaitons bonne chance dans votre apprentissage du portugais du Brésil avec *Brésilien Méthode intégrale*, et surtout, ne vous découragez pas. La maîtrise d'une langue étrangère est un processus qui nécessite temps et persévérance, et peut parfois paraître difficile. Lorsque c'est le cas, faites une pause, remettez-vous au travail le lendemain et vous verrez que tout ira mieux !

Muito prazer

Enchanté

Communication

- Saluer
- Demander le nom de quelqu'un et vous présenter
- Prendre congé

A) Les formules de salutation

CD1 piste 2

Vous allez entendre des Brésiliens se saluer. Nous avons retranscrit le premier échange pour vous.

1) Regardez les illustrations et écoutez les différentes façons de saluer quelqu'un.

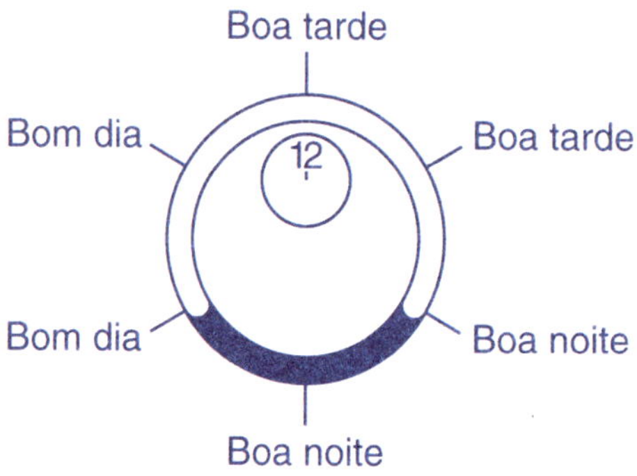

Bom dia	*bonjour*
Boa tarde	*bonjour / bonsoir*
Boa noite	*bonsoir / bonne nuit*

2) Lisez les formules de salutation qui précèdent. Vous pouvez également écouter de nouveau l'enregistrement et répéter chaque expression, en faisant attention à la prononciation.

O dia signifie *le jour, la journée* ; **a tarde** correspond à la partie de la journée située entre midi et le coucher du soleil ; **a noite** est *la soirée et la nuit*. On utilise **bom dia** de l'aube à midi, **boa tarde** de midi au crépuscule, puis **boa noite** jusqu'au lever du jour. Notez que *bonsoir* se traduit soit par **boa tarde** soit par **boa noite**, selon qu'il fait encore jour ou pas.

3) **a** Vous arrivez à l'aéroport à 23 heures. Saluez la personne qui vient vous chercher pour vous accompagner à votre hôtel.

b Vers 10 heures, vous allez à la banque pour changer de l'argent. Saluez l'employé du guichet.

c Il est 13 heures et vous entrez dans un restaurant. Saluez le serveur.

4) D'autres personnes se saluent. Écoutez et lisez ce qu'elles disent.

CD1 piste 2

- Boa noite, senhor José.
- Boa noite, dona Laura.

- Olá, boa noite.
- Olá!

- Tudo bem?
- Tudo bem.

- Oi!
- Oi!

Si vous voulez saluer quelqu'un de manière plus formelle, vous pouvez ajouter **dona** si vous vous adressez à une femme, et **senhor** (ou **seu**, son équivalent plus familier) si vous vous adressez à un homme. À l'écrit, on utilisera **dona** ou **senhora** pour une femme et **senhor** pour un homme (respectivement abrégés en **Sr.ª** et **Sr.**). Si vous vous adressez à quelqu'un par son nom de famille, par exemple **Sr. Santos** (*M. Santos*), la salutation sera encore plus formelle.

Pour dire bonjour de façon informelle, vous pouvez utiliser **Olá!** *ou* **Oi!** *(Salut !), le second étant le plus souvent employé au Brésil.*

On utilise **tudo bem** à la fois comme question et comme affirmation : **Tudo bem? - Tudo bem**. Cela ressemble beaucoup à notre *Ça va ? - Ça va.* Littéralement, **tudo bem** signifie *tout (va) bien. La plupart du temps, la réponse à la question sera* **Tudo!** *au lieu de* **Tudo bem**.

5) Reprenez les salutations formelles et informelles et répétez-les.

6) **a** Laura vous a dit bonjour de manière formelle. Saluez-la de la même façon. (Il est 15 heures.)

b Joana vous a salué de façon informelle. Rendez-lui son salut.

dialogue

B) Demander le nom de quelqu'un et se présenter

CD1 piste 3

1) Vous allez entendre des personnes qui se rencontrent pour la première fois. Elles se présentent et se serrent la main. Écoutez l'enregistrement et lisez les dialogues ci-dessous.

- César Oliveira. Qual é seu nome?
- Meu nome é Fabiola Rocha.
- Muito prazer.
- Muito prazer.

- Como se chama?
- Me chamo Marcelo Ribeiro. E você?
- Me chamo Cristina Silva.
- Muito prazer.
- Igualmente.

vocabulaire

qual é seu nome?	*comment vous appelez-vous ?* (litt. *quel est votre nom ?)*
meu nome é...	*je m'appelle...* (litt. *mon nom est...)*
como se chama?	*comment vous appelez-vous ?*
me chamo...	*je m'appelle…*
e você?	*et vous ?*
muito prazer	*enchanté(e)*
igualmente	*de même*

Remarque :

Dans ce livre, quand les phrases apparaissent avec le pronom personnel **você**, celui-ci est habituellement traduit par *vous*. En réalité, **você** s'utilise aussi bien pour vouvoyer que pour tutoyer quelqu'un. Voir **pages 66 et 78**.

2) Écoutez les dialogues plusieurs fois.

3) Lorsque vous connaîtrez les dialogues par cœur, jouez le rôle de chacun des personnages en remplaçant leur nom par le vôtre.

C) Dire « au revoir »

CD1 piste 4

1) Quatre Brésiliens se disent au revoir. Regardez les illustrations et écoutez l'enregistrement.

2) Écoutez sur l'enregistrement les quatre façons de prendre congé et cochez pour chaque phrase la ou les case(s) correspondante(s) dans le tableau qui suit. Nous avons fait l'exercice pour la première phrase.

Expressions pour prendre congé	1	2	3	4
a bom dia				
b boa tarde	√			
c boa noite				
d até logo				
e até breve				
g tchau				

On peut utiliser **bom dia**, **boa tarde** et **boa noite** pour saluer mais aussi pour prendre congé. Ces expressions sont d'un registre neutre. De la même façon que pour les formules de salutation, vous rendrez l'échange plus formel si vous ajoutez **dona** devant un prénom féminin ou **senhor** devant un prénom masculin.

Cependant, l'expression la plus utilisée pour dire *au revoir* ou *salut !* est **tchau**. On emploie **tchau** généralement seul, mais parfois aussi en conjonction avec d'autres expressions : **Tchau, bom dia, até à próxima!** ; **Tchau, bom dia e até logo!**

Adeus! *Adieu !* est une expression proche du français, que l'on peut utiliser lorsqu'on pense ne pas revoir la personne à laquelle on s'adresse avant longtemps, mais elle est assez peu employée au Brésil.

Si vous allez revoir la personne dans peu de temps, utilisez **até já ou até daqui a pouco** (*à tout de suite*). Si vous allez la revoir plus tard dans la journée, dites **até logo** (*à tout à l'heure)*, et si vous ne savez pas exactement quand, mais que le délai n'est que de quelques jours ou semaines, dites **até mais** (*à plus tard*) ou **até breve** (*à bientôt*). Quand il s'agit de délais plus longs, utilisez **até a próxima** (*à la prochaine*). Comme en français, cette dernière formule est familière.

3) Écoutez de nouveau les différentes façons de dire au revoir que vous venez d'entendre et répétez-les à voix haute.

4) **a** Il est 10 heures. Vous sortez d'un magasin. Dites au revoir au vendeur.

b Vous êtes dans un restaurant en début d'après-midi. Dites au revoir au serveur lorsque vous partez.

c Dites au revoir à votre collègue brésilien (vous avez une réunion ensemble plus tard dans la journée).

d Dites au revoir à votre ami brésilien.

01

Onde é a saída?

Où est la sortie ?

Communication

- Demander votre chemin
- Comprendre des indications simples
- Demander des explications et de l'aide

Onde é a saída? *Où est la sortie ?*

CD1 piste 5

Pedro est à l'aéroport. Il demande à Sílvia, une autre passagère, où est la sortie. Écoutez leur conversation et lisez-la en vous aidant de l'encadré de vocabulaire qui suit.

Pedro	Por favor, pode me dizer onde é a saída?
Sílvia	Em frente, à direita.
Pedro	Como?
Sílvia	Em frente, à direita.
Pedro	Obrigado.
Sílvia	De nada.

vocabulaire

por favor	*excusez-moi, s'il vous plaît*
pode me dizer...?	*pouvez-vous me dire... ?*
onde	*où*
é	*est, c'est*
a saída	*la sortie*
em frente	*tout droit*
à direita	*à droite*
como?	*comment ?*
obrigado	*merci* (dit par un homme)
de nada	*de rien*

Onde são os telefones? *Où sont les téléphones ?*

CD1 piste 5

Ana veut téléphoner. Elle s'adresse à Paulo pour lui demander où sont les téléphones. Écoutez l'enregistrement et étudiez le vocabulaire nouveau.

Ana	Desculpe, pode me dizer onde são os telefones?
Paulo	*(désignant les escaliers)* São no andar de cima, nos correios. Os correios são à esquerda, a seguir ao banco e em frente da farmácia.
Ana	Como? Mais devagar, por favor.
Paulo	São no andar de cima..., nos correios... Os correios são à esquerda..., a seguir ao banco... e em frente da farmácia...
Ana	Obrigada.
Paulo	De nada.

desculpe	*excusez-moi (de vous déranger)*
são	*sont, ils sont*
os telefones	*les téléphones*
no (= em + o) andar	*à l'étage*
de cima	*d'en haut*
nos (= em + os) correios	*au bureau de poste*
à esquerda	*à gauche*
a seguir ao (= a + o) banco	*après la banque* (litt. *après + à + la + banque*)
e	*et*
em frente da (= de + a) farmácia	*en face de la pharmacie*
mais devagar	*plus lentement*
obrigada	*merci* (dit par une femme)

Exercices

1.1 Certo ou errado? *Vrai ou faux ?*

À partir des dialogues qui précèdent, indiquez si les affirmations suivantes sont vraies ou fausses en cochant la case C pour **certo** (*vrai*), ou E pour **errado** (*faux*). La première réponse vous est donnée.

		C	E
1	A saída é à esquerda.	☐	☑
2	A farmácia é no andar de cima.	☐	☐
3	Os correios são em frente da farmácia.	☐	☐

1.2 Perguntas e respostas *Questions et réponses*

Pour chaque question, choisissez la bonne réponse et écrivez-la.

1 Onde é a saída?

a À direita. **b** Em frente, à direita.

2 Onde é a farmácia?

a No andar de cima, à direita. **b** No andar de cima, a seguir aos correios.

3 Onde são os telefones?

a Nos correios, no andar de cima, em frente da farmácia e do banco.

b Nos correios, no andar de cima, à esquerda, em frente da farmácia.

Prononciation

CD1 piste 6

Écoutez l'enregistrement et dites les mots suivants à voix haute en essayant de reproduire la prononciation brésilienne le plus exactement possible. Prêtez une attention particulière aux sons qui apparaissent en caractère gras.

-ão : a estaç**ão** (*la station, la gare*) ; perd**ão**! (*pardon !*).
Prononcez *a* + *on nasalisé*.

-ões : as informaç**ões** (*les renseignements*).
Prononcez *on* suivi du *ï* de *aïe*.

-lh- : o bi**lh**ete (*le billet*).
Prononcez *lli* comme dans *million*.

-nh- : a se**nh**ora (*la dame*).
Prononcez *gn* comme dans *oignon*.

N'hésitez pas à vous reporter au **guide de prononciation** qui se trouve à la fin de cet ouvrage pour vous aider à mieux prononcer les sons du portugais du Brésil.

« S'il vous plaît », « pardon » et « merci »

Avec **por favor**, on demande littéralement une faveur ou un service. **Por favor** s'utilise pour attirer l'attention de quelqu'un ou pour accompagner une demande, comme *excusez-moi* ou *s'il vous plaît* en français.

Remarque :

Por favor peut se placer indistinctement en début ou en fin de phrase. Toutefois, il n'est pas rare qu'il soit omis à l'oral, simplement suggéré par l'intonation de la voix.

Por favor, pode me dizer onde é a saída?	*Excusez-moi, pourriez-vous me dire où est la sortie, s'il vous plaît ?*

Ou simplement :

Por favor, onde é a saída?	*Excusez-moi, où est la sortie, s'il vous plaît ?*

On utilise **Pode me fazer um favor?** (litt. *pourriez-vous me faire une faveur ?*) pour dire *Pourriez-vous me rendre un service ?*.

Desculpe et **perdão** permettent tous les deux de dire *pardon*.

- Préférez **desculpe** à **por favor** pour attirer l'attention de quelqu'un ou avant de formuler une demande, si vous sentez que vous dérangez la personne (par exemple si vous interrompez une conversation pour poser une question).

Desculpe, pode me dizer onde são os telefones?	*Excusez-moi de vous déranger, pourriez-vous me dire où sont les téléphones, s'il vous plaît ?*

- Dites **perdão** ou **desculpe** pour vous excuser, lorsqu'en français vous diriez *pardon* (par exemple si vous avez bousculé quelqu'un).

Perdão! ou Desculpe!	*Pardon !*

Obrigado! (litt. obligé, reconnaissant) et **Obrigada!** (litt. obligée, reconnaissante) signifient merci, le premier étant utilisé par les hommes et le deuxième par les femmes. (Voir page suivante pour les différentes terminaisons **-o** / **-a**.) **Muito obrigado** et **muito obrigada** correspondent à *merci beaucoup* (litt. *très reconnaissant(e)*).

vocabulaire « Comment ? »

Como? est la version abrégée de **Como disse?** (litt. *Comment avez-vous dit ?*) ou **Como é?** (litt. *Comment est-ce ?*). On l'utilise quand on n'a pas bien compris ce qui vient d'être dit, de la même façon que *Comment ?* en français.

Lorsque quelqu'un parle trop vite pour vous, vous pouvez dire **mais devagar, por favor** pour lui demander de parler plus lentement.

vocabulaire Directions et emplacements

Notez que **lá em cima** et **lá embaixo** peuvent s'utiliser à la place de **no andar de cima** et **no andar de baixo**, respectivement.

Comme en français, certains mots sont utilisés à la fois pour indiquer le chemin et pour définir un emplacement :

em frente	*tout droit*	*en face*
à direita	*à droite*	*à droite*
à esquerda	*à gauche*	*à gauche*
As lojas são em frente.	*Les boutiques se trouvent tout droit.*	
As lojas são em frente da entrada.	*Les boutiques sont en face de l'entrée.*	

Grammaire

Le genre

Les noms portugais, comme les noms français, sont soit masculins soit féminins, mais leur genre n'est pas nécessairement le même qu'en français.

masculin	*féminin*
o homem (*l'homme*)	**a mulher** (*la femme*)
o banco (*la banque*)	**a saída** (*la sortie*)
o telefone (*le téléphone*)	**a bagagem** (*les bagages*)

Comment savoir si un nom est masculin ou féminin ? Grâce à sa terminaison : un nom qui se termine en **-o** a toutes les chances d'être masculin ; un nom qui se termine en **-a** est très certainement féminin, ainsi que les noms se terminant en **-gem, -dade**, **-tude** et **-ão** (équivalent français en *-ion*) :

a viagem (*le voyage*) ; **a verdade** (*la vérité*) ; **a juventude** (*la jeunesse*) ; **a estação** (*la station, la gare*).

Il y a cependant des exceptions : par exemple **o dia** (*le jour*), qui se termine en **-a** mais qui est masculin. La seule façon efficace de connaître le genre des noms est de les apprendre avec leur article défini (*le* ou *la* en français), qui est **o** devant les noms masculins et **a** devant les noms féminins.

Essayez de toujours mémoriser un nouveau nom précédé de son article **o** ou **a**. Dans le lexique qui se trouve à la fin de cet ouvrage, un (m) à la suite d'un nom indique qu'il est masculin et prend donc l'article **o**, et un (f) indique que le nom est féminin et prend donc l'article **a**.

Comme en français, les adjectifs portugais ainsi que certains autres mots ayant la fonction d'adjectif, s'accordent en genre (masculin ou féminin) avec le nom qu'ils déterminent. C'est pourquoi on utilise **bom dia** (m) pour dire *bonjour* mais **boa noite** (f) pour dire *bonsoir / bonne soirée / bonne nuit.* C'est aussi pour cela que vous remercierez en disant **obrigado** si vous êtes un homme mais **obrigada** si vous êtes une femme.

Muito obrigado pela sua hospitalidade.	*Merci beaucoup pour votre hospitalité.* (Stéphane qui parle à Laure)

« Le », « la », « les »

Comme en français, l'article défini (*le*, *la*, *les*) s'accorde en genre (masculin et féminin) et en nombre (singulier et pluriel) avec le nom qu'il précède. En français, il n'y a qu'un article pluriel pour le masculin et le féminin (*les*), mais en portugais on distingue l'article féminin pluriel **as** et l'article masculin pluriel **os**.

homem (m) → **o homem** *l'homme*, **os homens** *les hommes*

saída (f) → **a saída** *la sortie*, **as saídas** *les sorties*

De : « de » et « à »

La préposition portugaise **de** se traduit en français par la préposition *de* :

em frente do (= de + o) **banco** — *en face de la banque*

longe do (= de + o) **aeroporto** — *loin de l'aéroport*

De est souvent utilisé pour relier un nom à un autre mot (qui n'est pas nécessairement un nom) afin d'en préciser la signification. Dans ce cas, **de** est traduit par les prépositions françaises *de* ou *à* :

a bagagem de mão — (*le bagage à main*)

O depósito **de** bagagem (*la consigne à bagages*), o bilhete **de** avião (*le billet d'avion*), o cartão **de** embarque (*la carte d'embarquement*), o portão **de** embarque (*la porte d'embarquement*), a carteira **de** motorista (*le permis de conduire*).

Les mots contractés

De la même façon qu'en français *de + le = du* et *à + le = au*, certaines prépositions portugaises se contractent et s'assemblent avec l'article défini qui les suit :

de + o : **do**	de + a : **da**	*du / de la / de l'*
a + o : **ao**	a + a : **à**	*au / à / à la / à l' / de*
em + o : **no**	em + a : **na**	*dans le / dans la / en / au / sur*

O hotel é na rua a seguir à estação, no centro da cidade. — *L'hôtel est dans la rue après la gare, dans le centre-ville.*

Les pluriels

Les noms, les adjectifs et certains autres mots qui sont utilisés comme des adjectifs suivent les mêmes règles de formation du pluriel.

Les mots qui se terminent par une voyelle prennent un **-s** au pluriel :

o telefone (*le téléphone*) ; **os telefones** (*les téléphones*)

Il faut cependant noter que certains mots se terminant en **-ão** (qui correspond souvent à une terminaison en *-ion* en français) changent leur orthographe en **-ões** :

a estação (*la station, la gare*) ; **as estações** (*les stations, les gares*)

Les mots qui se terminent par une consonne autre que **-m** ou **-l** prennent **-es** à la fin :

a mulher (*la femme*) ; **as mulheres** (*les femmes*)

Les mots qui se terminent en **-m** ont leur pluriel en **-ns** :

o homem (*l'homme*) ; **os** homens (*les hommes*)

Les mots qui se terminent en **-al** ont leur pluriel en **-ais** :

o hospital (*l'hôpital*) ; **os hospitais** (*les hôpitaux*)

autoévaluation

Exercices

1.3

CD1 piste 7

Les endroits suivants sont mentionnés dans cinq petits dialogues que vous entendrez sur l'enregistrement.

(a) retirada de bagagens

(le) retrait des bagages

(o) controlo de passaportes

(le) contrôle des passeports

(os) sanitários

(les) toilettes

... **para senhoras**

... *pour dames*

... **para homens**

... *pour hommes*

(as) informações

(les) renseignements

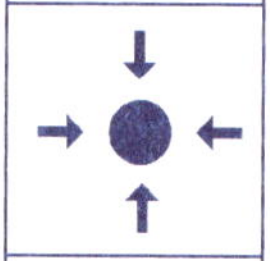

(o) ponto de encontro

(le) point de rencontre

(o) aluguel de carros

(la) location de voitures

(o) ponto de táxis

(la) station de taxis

1.3.1 Écoutez les dialogues qui mettent en scène une personne qui demande son chemin et une autre qui lui donne des indications. Pour chaque dialogue, trouvez les deux illustrations qui mèneront la personne à l'endroit où elle souhaite aller. Le premier dialogue a déjà été fait pour vous à titre d'exemple.

i A retirada das bagagens:

 A √  B √  C

ii As informações:

 A  B  C

iii Os sanitários para senhoras:

A  B  C

iv As agências de aluguer de carros:

 A  B 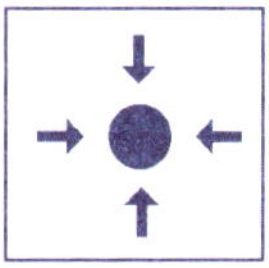 C

v O ponto de táxis:

 A  B  C

1.3.2 Écoutez à nouveau les dialogues et écrivez-les.

1.4

1.4.1 Demandez où se trouvent les endroits suivants :

a la pharmacie **b** la banque

c les renseignements **d** les toilettes pour hommes

1.4.2 On vous donne des indications que vous ne comprenez pas car la personne parle trop vite pour vous. Que lui dites-vous ?

1.4.3 Remerciez la personne qui vous a indiqué le chemin.

1.5

CD1 piste 8

C'est maintenant à votre tour d'indiquer le chemin. Vous allez entendre deux personnes demander de l'aide. Observez les panneaux et dites-leur où aller. Avant de commencer, écoutez l'exemple qui est donné.

Exemple :

Chegadas	À direita

i

ii

À vous maintenant :

i Partidas Internacionais

ii Partidas Domésticas

1.6

CD1 piste 9

vocabulaire

(a) agência de câmbio *(le) bureau de change*

Vous souhaitez aller au bureau de change. Construisez une phrase correcte pour demander votre chemin à partir des mots et expressions qui vous sont donnés ci-dessous. Vous pouvez également retrouver la phrase en écoutant les enregistrements.

Por favor, / a agência de câmbio? / onde / pode / é / me / dizer

02

Ida e volta, por favor

Aller-retour, s'il vous plaît

Communication

- Acheter des billets de transport
- Comprendre des messages simples sur des affiches ou des pancartes
- Demander ce dont vous avez besoin à votre arrivée

Para Salvador *Pour Salvador*

CD1 piste 10

Clara est dans une gare routière. Elle achète un billet pour Salvador.

Clara	Queria uma passagem para Salvador.
Empregado	Ida e volta?
Clara	Sim, ida e volta, por favor.

Para São Paulo *Pour São Paulo*

CD1 piste 10

Beatriz va aller à São Paulo en car.

Beatriz	Queria uma passagem para São Paulo.
Empregado	Ida e volta?
Beatriz	Não, somente ida, por favor.

vocabulaire

queria	*je voudrais*
uma passagem para	*un billet pour*
ida e volta	*aller-retour*
sim	*oui*
não	*non*
somente	*seulement*
ida	*aller (simple)*

Para Itaparica *Pour Itaparica*

CD1 piste 10

Alice est à Salvador et veut aller sur l'île d'Itaparica. Elle achète des billets pour prendre le bateau.

Alice	Queria duas passagens de ida para Itaparica.
Empregado	Como? Quantas?
Alice	Duas, por favor.

Para o Rio *Pour Rio*

CD1 piste 10

Rosana achète des billets d'avion pour Rio de Janeiro.

Rosana Queria duas passagens para o Rio, ida e volta.
Empregado Para onde?
Rosana Para o Rio de Janeiro.
Empregado Para hoje?
Rosana Como? Mais devagar, por favor.
Empregado Para hoje?
Rosana Sim, para hoje, por favor.

vocabulaire

quantos/as?	*combien ?*
duas passagens	*deux billets*
para onde?	*pour où ?*
para hoje	*pour aujourd'hui*
mais devagar, por favor	*plus lentement, s'il vous plaît*

autoévaluation

Exercices

2.1 Certo ou errado? *Vrai ou faux ?*

		C	E
1	Para Salvador a passagem é de ida e volta.	☐	☐
2	Para Itaparica são duas passagens.	☐	☐
3	Para São Paulo são duas passagens.	☐	☐

2.2 Perguntas e respostas *Questions et réponses*

1 Quantas passagens são para Salvador?
a Uma. **b** Duas.

2 Como são as passagens para Itaparica?
a De ida. **b** De ida e volta.

3 Quantas e como são as passagens para o Rio?
a Uma de ida e volta.
b Duas de ida.
c Duas de ida e volta.

prononciation

Prononciation

CD1 piste 11

Comme le français, le portugais comporte de nombreux sons nasalisés, notamment le son produit par une voyelle suivie des lettres *n* ou *m*. Prononcez les mots suivants avec un accent nasal très accentué sans jamais clairement prononcer la consonne marquée en caractère gras. Entraînez-vous avec l'enregistrement.

voyelle + n :

b**an**co ; c**en**tro ; fr**en**te ; c**in**co (*cinq*) ; c**in**to (*ceinture*) ; **on**de ; l**on**ge ; p**on**to ; **en**c**on**tro.

voyelle + m :

b**em** ; s**em** (*sans*) ; viag**em** ; bagag**em** ; passag**em** ; s**im** ; f**im** (*fin*) ; s**im**ples (*simple*) ; b**om** ; c**om** (*avec*) ; **um**.

vocabulaire Queria *Je voudrais*

Pour demander quelque chose, que ce soit un billet de car ou une tasse de café, vous pouvez utiliser **Queria...** (*Je voudrais...*).

Queria uma passagem para São Paulo. *Je voudrais un billet pour São Paulo.*

Queria um café. *Je voudrais un café.*

Si vous savez que ce que vous demandez est disponible, vous pouvez même vous passer de **Queria...** et dire tout simplement **Um...** ou **Uma...** suivi ou précédé de **por favor**.

Uma passagem para Salvador, por favor.	*Un billet pour Salvador, s'il vous plaît.*
Por favor, uma passagem para São Paulo.	*S'il vous plaît, un billet pour São Paulo.*
Um café, por favor.	*Un café, s'il vous plaît.*

De même, lorsque vous prenez un taxi, vous pouvez indiquer au conducteur **Queria ir para**... (*Je voudrais aller à...*), ou simplement **Para...**, suivi de votre destination.

Para o Hotel Sol-Mar, por favor. *L'Hôtel Sol-Mar, s'il vous plaît.*

vocabulaire A passagem *Le titre de transport*

Retenez bien les expressions à utiliser pour dire un aller simple et un aller-retour :

Uma passagem (de ida) para Salvador, por favor.	*Un aller simple / Un billet pour Salvador s'il vous plaît.*
Por favor, três passagens de ida e volta para o Rio.	*Trois allers-retours pour Rio s'il vous plaît.*

Dans cet ouvrage, le terme **(o) empregado** est employé pour désigner les guichetiers et autres employés du secteur tertiaire. S'il s'agit d'une administration, on peut utiliser le mot **(o) funcionário** (*(le) fonctionnaire*). Les équivalents féminins respectifs de ces termes sont **(a) empregada** et **(a) funcionária**.

vocabulaire **Favor** *Faveur / Service*

Le terme **favor** (*la faveur*), qui apparaît dans l'expression **por favor**, est également présent dans deux autres expressions : **faça o favor** et **faz o favor de**, qui comportent toutes deux une forme du verbe **fazer** (*faire*).

Faça o favor et **faz o favor** sont des alternatives à **desculpe** pour attirer l'attention de quelqu'un.

Faz o favor / Faça o favor, pode me dizer onde são os telefones? — *Excusez-moi, pouvez-vous me dire où sont les téléphones, s'il vous plaît ?*

Faça o favor de / Faz o favor de... s'utilisent pour inviter une personne à réaliser une action. Prenez garde à l'intonation lorsque vous les employez car ces formules peuvent aisément être mal interprétées et passer pour des ordres... Voici quelques exemples de leur utilisation :

Faça o favor de falar no microfone. — *Veuillez parler dans le micro.*

(au guichet d'une gare, d'une banque, etc.)

Faça o favor de se sentar. — *Veuillez vous asseoir.*
Faz o favor de me chamar um táxi. — *Veuillez m'appeler un taxi.*

Faça o favor de... peut aussi être utilisé sur des affiches ou des pancartes, tout comme **É favor...** (litt. *C'est (une) faveur*), qui est plus impersonnel, mais tout aussi courtois.

É favor esperar aqui. — *Veuillez attendre ici.*

(Voir **pages 322-323** pour la conjugaison du verbe **fazer** et **pages 77 et 176** pour le présent de l'indicatif et du subjonctif, respectivement.)

Les formules **importa-se de** ou **você se importaria de** suivies de l'infinitif peuvent remplacer **faz o favor de**. N'hésitez pas à les utiliser.

Importa-se de repetir? — *Pouvez-vous répéter ?*
Você se importaria de falar mais devagar? — *Pourriez-vous parler plus lentement ?*

(Voir **pages 88-89 et 198** pour les verbes pronominaux et le conditionnel, respectivement.)

grammaire **Grammaire**

Rio de Janeiro

L'article défini s'utilise avec quelques noms de villes, États et régions, mais ce n'est pas la règle générale.

Queria duas passagens para o Rio.	*Je voudrais deux billets pour Rio, s'il vous plaît.*

C'est le cas des lieux dont les noms (ou une partie) proviennent d'un terme ayant une signification propre. Ainsi le mot portugais **(o) rio** signifie *(le) fleuve*.

« Un », « une », « des »

Le portugais possède deux articles indéfinis singulier (*un* et *une* en français) : **um** (m) pour les noms masculins et **uma** (f) pour les noms féminins.

um **homem** *un homme* — uma **saída** *une sortie*

Alors qu'en français l'article indéfini pluriel *des* s'emploie indifféremment avec des noms masculins ou féminins, en portugais il existe deux articles indéfinis pluriel : **uns** au masculin et **umas** au féminin.

uns **amigos** *des amis* — umas **amigas** *des amies*

Les chiffres de 1 à 10

1 **um / uma** 2 **dois / duas** 3 **três** 4 **quatro** 5 **cinco**
6 **seis** 7 **sete** 8 **oito** 9 **nove** 10 **dez**

Remarques :

- *Un* et *deux* s'accordent en genre (masculin ou féminin) avec le nom qu'ils accompagnent.

  um **passageiro** *un passager* — dois **passageiros** *deux passagers*

  uma **pessoa** *une personne* — duas **pessoas** *deux personnes*

- Les mots **um** et **uma** sont utilisés à la fois comme articles indéfinis et comme chiffres, de la même façon que *un* et *une* en français.

Les pluriels

Certains mots (noms et adjectifs) se terminent en **-s** au singulier et se prononcent comme un pluriel. Ils sont invariables.

cais *quai / quais* — **simples** *simple / simples*

Comme en français, lorsqu'un nom est relié à un mot par **de**, seul le premier élément prend la marque du pluriel.

passagem de metrô	*ticket de métro*
passagens de metrô	*tickets de métro*
fim de semana → fins de semana	*week-end → week-ends*

Les trois conjugaisons : infinitifs en **-ar**, **-er**, **-ir**

Les verbes portugais, tout comme les verbes français, se classent en trois groupes. On les classe grâce à leur infinitif, qui se termine en **-ar**, **-er** ou **-ir**. Tous les infinitifs portugais prennent l'une de ces trois terminaisons, à l'exception du verbe **pôr** (*mettre*) et de ses dérivés, comme **compor** (*composer*) ou **supor** (*supposer*). Les dérivés ne prennent pas d'accent circonflexe (^) sur le **o**.

Il existe des verbes irréguliers, mais la plupart des verbes suivent le schéma de l'une des trois conjugaisons. Vous trouverez ci-dessous trois verbes réguliers qui serviront tout au long de cet ouvrage de modèles de conjugaison pour les trois groupes :

Infinitif	compr**ar** (*acheter*)	vend**er** (*vendre*)	part**ir** (*partir*)
Participe passé	compr**ado** (*acheté*)	vend**ido** (*vendu*)	part**ido** (*parti*)

Par ex. : **Vendido** sur un écriteau annonçant : *Vendu*

Pour ce qui est des verbes irréguliers, reportez-vous au **guide de conjugaison** à la fin de l'ouvrage. Dès que vous apprendrez un nouveau verbe, vérifiez-en toujours la conjugaison dans ce guide.

Le portugais utilise souvent l'infinitif sur des pancartes, dans des instructions et divers autres messages destinés au grand public, là où le français ferait appel soit à l'infinitif, soit à l'impératif.

Voici quelques exemples :

Sur une porte : **Empurrar** (litt. *pousser*) pour *Poussez* ou **Puxar** (litt. *tirer*) pour *Tirez*.

Sur un distributeur de tickets, de chocolats ou de boissons : **Introduzir as moedas** pour *Introduire les pièces*.

Sur un paquet d'emballage : **Consumir antes de** pour *À consommer avant le*, suivi d'une date.

Dans une cabine téléphonique : **Introduzir o cartão** *Introduire la carte de téléphone*.

Sur un téléphone portable : **Ler** et **Enviar** pour *Lire* et *Envoyer* respectivement un SMS.

Dans un avion : **Não fumar** pour *Ne pas fumer* et **Apertar o cinto** pour *Veuillez attacher votre ceinture*.

Vous remarquerez qu'il y a deux façons de dire, par exemple, *Espace non fumeurs* : **Não fumar** ou **Não fumantes**, présenté sous forme d'instruction, et **É proibido fumar**, présenté sous forme d'interdiction. Les participes passés sont souvent utilisés, comme **proibido** dans **É proibido fumar**.

autoévaluation

Exercices

2.3

Devinez la signification des panneaux et écriteaux suivants.

Vous avez vu les panneaux **1, 2** et **3** sur des portes, **4** et **5** à la gare routière, **6** et **7** sur une route et **8** dans un restaurant.

Pour mieux en comprendre le sens, transformez les participes passés en infinitifs (ex. : **fechado** → **fechar**) puis cherchez les mots obtenus dans le lexique qui se trouve à la fin de l'ouvrage.

1

FECHADO

2

ENCERRADO

3

Ocupado

4

Não fumantes

5

Esperar na fila

6

Proibido parar ou estacionar

7

Não é permitido acampar aqui

8

É proibido fumar

2.4

CD1 piste 12

Vous allez entendre des clients faire plusieurs requêtes.

2.4.1 Numérotez les cases en fonction de ce qui est demandé par chaque personne. Nous vous donnons la première réponse à titre d'exemple.

i	um mapa *une carte*	
ii	dois cafés *deux cafés*	*1*
iii	quatro sanduíches *quatre sandwichs*	
iv	papel de carta e uma caneta *du papier à lettres et un crayon*	
v	um esparadrapo *un pansement adhésif*	
vi	alguma coisa para dor de cabeça *quelque chose pour le mal de tête*	
vii	alguma coisa para indigestão *quelque chose pour l'indigestion*	
viii	alguma coisa para queimadura solar *quelque chose pour les coups de soleil*	

2.4.2 Écoutez à nouveau les différentes requêtes et écrivez-les. Essayez ensuite, à l'oral, de retrouver les questions posées à partir du tableau ci-dessus.

2.5

CD1 piste 13

Plusieurs voyageurs achètent des billets d'avion, de car et de bateau. Écoutez ce qu'ils demandent.

2.5.1 En prenant modèle sur la première ligne, complétez le tableau en fonction du nombre et du type de billets désirés.

	Quantas passagens?	Para onde?	Ida	Ida e volta
i	*três*	Brasília	**X**	
ii		Natal		
iii		Itaparica		
iv		Porto Alegre		
v		Manaus		
vi		Belo Horizonte		
vii		Rio		
viii		Salvador		

2.5.2 Réécoutez l'enregistrement puis écrivez et répétez les phrases à voix haute.

2.5.3 À présent, demandez les billets suivants :

i

Vous voulez aller à Belo Horizonte en car

Belo Horizonte → X2

ii

Vous voulez aller à Brasília en car.

Brasília ↔ X2

iii

Vous voulez aller à Manaus en avion.

Manaus → X4

iv

Vous voulez aller à Itaparica en bateau.

Itaparica ↔ X8

2.6

Mettez dans l'ordre les mots suivants de façon à demander si :

i vous pouvez avoir l'annuaire téléphonique (**a lista telefônica**).
Pode / a lista / me / telefônica? / dar

ii il peut appeler (**ligar para**) ce numéro.
Pode / para / este número? / ligar

03

Um quarto individual ou duplo?

Une chambre individuelle ou pour deux personnes ?

Communication

- Réserver une chambre d'hôtel
- Vous repérer en ville
- Situer les magasins et les services publics

dialogue Na estação rodoviária *À la gare routière*

CD1 piste 14

Maria se dirige vers le bureau des informations pour trouver un hôtel.

Maria	Por favor, pode me dizer onde fica o hotel mais próximo?
Empregado	O hotel mais próximo fica na primeira rua à esquerda depois da estação. É o Hotel Central.
Maria	É longe?
Empregado	Não, não é. Fica perto, são uns dez minutos a pé.
Maria	Muito obrigada. Bom dia.
Empregado	Não tem de quê. Bom dia.

vocabulaire

(a) (estação) rodoviária	*(la) gare routière*
fica	*est, se trouve*
o hotel mais próximo	*l'hôtel le plus proche*
(a) primeira rua	*(la) première rue*
depois da (= de + a) estação = a seguir à estação	*après la gare*
é longe?	*(c')est loin ?*
não, não é	*non, ce n'est pas loin* (litt. *non, (ce) n'est pas*)
perto	*près d'ici, proche*
são uns dez minutos	*c'est à environ dix minutes*
a pé	*à pied*
não tem de quê	*il n'y a pas de quoi, de rien*

dialogue Na recepção do Hotel Central *À la réception de l'Hôtel Central*

CD1 piste 14

Maria est à la réception de l'Hôtel Central et demande une chambre.

Maria	Tem quartos vagos? Queria um quarto individual, para uma noite.
Recepcionista	(*il vérifie*) Um momento. Vago só tenho um quarto duplo, com cama de casal.
Maria	Duplo... Pode me mostrar o quarto?
Recepcionista	Claro! Fica lá em cima no segundo andar. A escada é à direita e o elevador é depois. Com licença... (*il passe devant Maria*)

Maria	(*après avoir vu la chambre*) Está bem. Fico com o quarto. (*retour à la réception*)
Recepcionista	Tem um documento de identificação? (*Maria sort son passeport*) Faça o favor de assinar. (*Maria signe le formulaire d'inscription*) Obrigado. Aqui está a chave do quarto.

vocabulaire

tem...?	*avez(-vous) ?*
(o) quarto vago	*(la) chambre libre*
(o) quarto individual	*(la) chambre individuelle*
um momento	*un instant (s'il vous plaît)*
(o) quarto duplo	*(la) chambre pour deux personnes*
(a) cama de casal	*(le) lit à deux places*
mostrar	*montrer*
claro	*bien sûr*
(o) segundo andar	*(le) deuxième étage*
(a) escada	*(l')escalier*
(o) elevador	*(l')ascenseur*
com licença	*excusez-moi*
está bem	*c'est bon, d'accord*
fico com	*je prends* (litt. *je garde*)
um documento de identificação	*une pièce d'identité*
assinar	*signer*
aqui está	*(la, le) voici* (litt. *(il, elle, c') ici est*)
(a) chave	*(la) clé*

autoévaluation

Exercices

3.1 Certo ou errado? *Vrai ou faux ?*

		C	E
1	O hotel é longe.	☐	☐
2	O hotel tem um quarto vago.	☐	☐
3	O quarto tem uma cama de casal.	☐	☐

3.2 Perguntas e respostas *Questions et réponses*

1 Onde fica o hotel?

a Na primeira rua à direita depois da rodoviária.
b Na primeira rua à esquerda depois da rodoviária.

2 Onde fica o quarto duplo?

a Lá embaixo.
b Lá em cima no primeiro andar.
c Lá em cima no segundo andar.

3 Onde é o elevador?

a Longe da escada.

b Perto da escada.

Prononciation

CD1 piste 15

Vous trouverez ci-dessous des sons à prononcer en écoutant l'enregistrement. Ce sont des diphtongues, c'est-à-dire des sons qui commencent par une voyelle et se terminent par une autre.

ai : m**ai**s	**au** : **au**tomóvel	**ei** : dir**ei**ta ; chuv**ei**ro
eu : m**eu** ; mus**eu**	**ui** : m**ui**to	**oi** : d**oi**s ; n**oi**te
ou : **ou** ; s**ou**		

Dans le mot **praia** la diphtongue **-ai-** est suivie de la terminaison habituelle **-a**.

Vous remarquerez que certaines séquences de voyelles ne sont pas des diphtongues. Chaque voyelle est au contraire prononcée séparément. Entraînez-vous à prononcer les mots suivants :

d**ia** (= d**i**+**a**) ; b**oa** (= b**o**+**a**) ; d**ua**s (= d**u**+**a**s) ; s**aí**da (= s**a**+**í**+da)

Dans s**aí**da, l'accent sur le **i** sert à indiquer qu'on ne doit pas faire la diphtongue **-ai-** mais qu'il faut au contraire prononcer chaque voyelle distinctement. En français, on retrouve le même type de phénomène avec le tréma sur le i de *maïs* qui indique qu'on ne prononce pas *-ai-* comme dans *clair* mais *a* et *i* distinctement.

Où passer la nuit

Au Brésil, vous pourrez passer la nuit à l'hôtel (**o hotel**), dans une chambre d'hôtes (**uma pousada**), une auberge de jeunesse (**um albergue de juventude**), une ferme-auberge (**um hotel-fazenda**) ou encore un camping (**um camping**). Attention, le camping sauvage est interdit. Quant au motel (**o motel**), il est habituellement réservé aux escapades amoureuses. Pour un séjour plus long, vous pouvez également louer une maison (**uma casa**) ou un appartement (**um apartamento**).

À l'hôtel, vous choisirez peut-être une chambre pour deux personnes (**um quarto duplo** ou **um quarto de casal**) avec un lit à deux places (**com cama de casal**) ou deux lits jumeaux (**com duas camas** ou **com camas individuais**). À moins que vous ne préfériez une chambre individuelle (**um quarto individual, um quarto**

simples, **um quarto de solteiro** ou **um quarto para uma pessoa**). **Um quarto** ne sera pas obligatoirement doté d'une salle de bains attenante, contrairement à **um apartamento** ou **uma suíte**. **Um apartamento** et **uma suíte** peuvent aussi bien désigner un petit appartement qu'un studio ou une chambre d'hôtel, avec une salle de bains adjacente et, dans certains cas, une kitchenette (**uma pequena cozinha**).

Si vous souhaitez disposer d'une salle de bains privée, il suffit de dire **com banheiro**. La salle de bains (**o banheiro**) comprend des toilettes (**os sanitários**) et une douche (**um chuveiro**) ou une baignoire (**uma banheira**).

Pour parler d'aménagements spéciaux prévus pour les personnes handicapées, on peut dire **(as)instalações** ou **(as) facilidades para deficientes físicos**.

A diária ou **o pernoite** est le coût par jour de votre séjour à l'hôtel. Le prix de la chambre comprend généralement le petit déjeuner **o café da manhã.** Vous pourrez parfois bénéficier d'une demi-pension (**meia pensão**) ou d'une pension complète (**pensão completa**).

vocabulaire

Queria... *Je voudrais...* ; Pode... *Pouvez-vous...* ; Faz o favor de... *Pourriez-vous... s'il vous plaît ?*

Vous avez sûrement noté les trois façons différentes d'effectuer une requête. On peut souvent utiliser l'une pour l'autre, mais les indications suivantes vous aideront à décider laquelle utiliser :

Queria... (*Je voudrais*) met l'accent sur la personne qui fait la demande.

Queria um quarto individual. *Je voudrais une chambre individuelle.*

Pode...? (*Pouvez-vous... ?*) et **Faz o favor de...** (*Pourriez-vous... s'il vous plaît ? / Seriez-vous assez aimable pour... ?*) mettent l'accent sur la personne à qui l'on fait la demande. Il convient d'utiliser **Pode...** lorsque vous vous renseignez sur la possibilité d'obtenir quelque chose plutôt que sur la bonne volonté de la personne pour vous la fournir.

Employez **Pode...** pour demander un renseignement :

Pode me dizer onde é o elevador? *Pouvez-vous me dire où est l'ascenseur, s'il vous plaît ?*

Utilisez **Faz o favor de...** pour demander un service :

Faz o favor de me chamar um táxi. *Pourriez-vous m'appeler un taxi, s'il vous plaît ?, Seriez-vous assez aimable pour m'appeler un taxi, s'il vous plaît ?*

Com licença *Avec votre permission*

Littéralement, **com licença** signifie *avec permission*. Cette expression est utilisée pour accompagner une action. C'est l'équivalent du *Pardon* que l'on emploierait en français par exemple pour demander à quelqu'un de se pousser si l'on a des difficultés à atteindre la sortie d'un bus ou d'un train bondé.

Grammaire

Quarto vago; bom dia *Chambre libre ; bonjour*

L'ordre des mots

Tout comme en français, l'ordre habituel des mots en portugais est nom + adjectif.

quarto vago *chambre libre*

Cela s'applique aux adjectifs et aux mots qui ont une fonction d'adjectif tels que certains participes passés, comme dans l'indication suivante :

entrada proibida *entrée interdite*

Cependant, lorsque l'adjectif ou le mot qui a une fonction d'adjectif est utilisé dans un sens moins littéral et/ou plus émotionnel, l'ordre des mots change et devient adjectif + nom.

meia pensão *demi-pension*
bom dia! *bonjour !*

Cet ordre-là s'applique également aux nombres ordinaux.

o segundo andar *le deuxième étage*
a primeira rua *la première rue*

L'accord

Comme en français, les adjectifs, les mots adjectivés et les ordinaux s'accordent en genre (masculin ou féminin) et en nombre (singulier ou pluriel) avec le nom qu'ils définissent.

camas individuais (fém. pl.)
primeira rua (fém. sing.)
quartos vagos (masc. pl.)
café pequeno (masc. sing.)
segundo andar (masc. sing.)
bom dia (masc. sing.)

« Ne... pas » et « non »

Pour mettre le verbe à la forme négative, qui correspond à la forme avec « ne... pas » en français, on place **não** devant le verbe.

O hotel não é longe. *L'hôtel n'est pas loin.*

Vous remarquerez que **não** peut se traduire à la fois par *non* et par *ne... pas.*

Não, o hotel não é longe. *Non, l'hôtel n'est pas loin.*

Plusieurs éléments de négation peuvent être présents dans la même phrase. Lorsque **nada** (*rien*), **nenhum** (*aucun*) ou **ninguém** (*personne*) se trouvent après le verbe, ils s'ajoutent à **não** dans la phrase.

Não tenho nada a declarar. *Je n'ai rien à déclarer.*

É – fica – está

On utilise **é** pour indiquer l'emplacement d'objets fixes.

O hotel é na primeira rua à esquerda. *L'hôtel est dans la première rue à gauche.*

On emploie **está** pour situer quelque chose que l'on peut déplacer facilement.

Aqui está a chave. *Voici la clé* (litt. *Ici est la clé*).

Dans le premier exemple ci-dessus, on peut utiliser **fica** au lieu de **é** :

O hotel fica na primeira rua à esquerda. *L'hôtel est dans la première rue à gauche.*

Le pluriel de **é**, **fica** et **está** est, respectivement, **são**, **ficam** et **estão**.

Os hotéis são / ficam na primeira rua à esquerda. *Les hôtels sont dans la première rue à gauche.*
Aqui estão as chaves. *Voici les clés* (litt. *Ici sont les clés*).

Fico com s'utilise pour dire que l'on accepte quelque chose (un objet).

Fico com o quarto. *Je prends / garde la chambre.*

Le possessif

En portugais, l'article défini (**o** / **a**) peut être utilisé avec tous les pronoms possessifs : **o seu – a sua** (*votre, vos*) ; **o meu – a minha** (*mon, ma*). Cependant, on tend à l'omettre à l'oral.

A sua chave ou **Sua** chave

Réponses courtes

Sim signifie *oui*, mais on ne l'utilise pas systématiquement dans les réponses affirmatives. On peut simplement répéter le verbe contenu dans la question, sans ajouter **sim**. On appelle cela une réponse réitérative. Il est toutefois possible d'ajouter **sim** avant ou après le verbe.

Question :	**É longe?**	*Est-ce que c'est loin ?*
Réponse :	É. / É, **sim**. / **Sim**, é.	*Oui (c'est loin).*

Si la réponse est négative, on répond par **não** généralement suivi du verbe à la forme négative.

Question :	**É longe?**	*Est-ce que c'est loin ?*
Réponse :	Não, não **é**.	*Non (ce n'est pas loin).*

autoévaluation

Exercices

3.3

CD1 piste 16

Vous allez entendre cinq touristes réserver des chambres d'hôtel.

3.3.1 Inscrivez dans chaque case le numéro de la phrase correspondant à la rangée d'illustrations, en suivant l'exemple donné pour la première phrase.

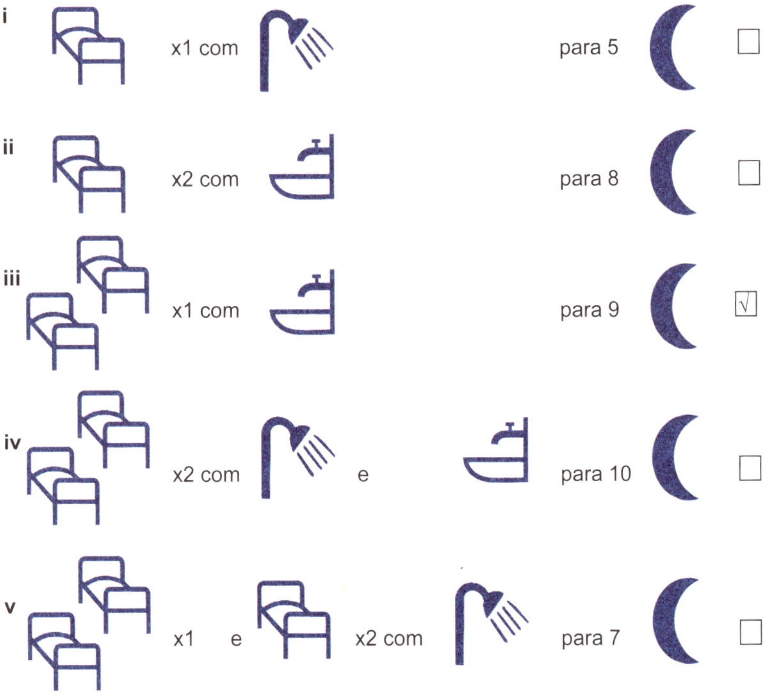

3.3.2 Retrouvez les cinq requêtes à partir des illustrations ci-dessus et écrivez-les, puis lisez-les à voix haute.

3.4

À voix haute, dites en portugais que vous aimeriez :

a Une chambre individuelle, avec une douche, pour une nuit.

b Une chambre pour deux personnes, avec une baignoire, pour deux nuits.

c Une chambre pour deux personnes et une individuelle, avec une douche et une baignoire, pour sept nuits.

d Une chambre pour deux personnes, avec une douche, pour cinq nuits. Ajoutez que vous aimeriez deux lits jumeaux.

3.5 O nome *Le nom*

(o) nome de batismo	*(le) nom de baptême*
(o) prenome	*(le) prénom*
(o) sobrenome	*(le) nom de famille*

3.5.1 Essayez de mémoriser la façon dont un nom complet, **o nome completo**, est formé en portugais.

La plupart des Brésiliens possède deux noms de famille : celui du père et celui de la mère. Par exemple, le prénom d'Ana Vieira Gama est Ana, et son nom de famille se compose du nom de famille de sa mère, Vieira, et de celui de son père, Gama. Si Ana se marie, elle prendra le nom de famille de son mari et perdra celui de sa mère. Elle deviendra par exemple Ana Gama Magalhães.

3.5.2 Stéphane Dupuis est en train de réserver une chambre d'hôtel mais son nom crée la confusion. Comment pourrait-il expliquer ce qui suit en portugais ?

Stéphane est mon prénom et Dupuis est mon nom de famille.

3.6

CD1 piste 17

Plusieurs personnes demandent leur chemin.

3.6.1 Écoutez l'enregistrement et trouvez sur le plan **page 37** l'endroit où chaque personne souhaite aller.

(o) supermercado	*(le) supermarché*
(o) restaurante	*(le) restaurant*
(o) museu	*(le) musée*
(a) igreja	*(l')église*
(a) praia	*(la) plage*

vocabulaire	
(o) posto de gasolina	*(la) station-service*
(a) passagem subterrânea	*(le) passage souterrain*
(a) (estação) rodoviária	*(la) gare routière*
(o) centro de informações turísticas	*(l')office de tourisme*
(a) estrada	*(la) route*

3.6.2 Réécoutez l'enregistrement et répétez chacune des questions.

3.6.3 Miguel est également en train de chercher son chemin en ville. Il se trouve à l'emplacement de la croix et se dirige vers la Rua da República. Vous trouverez plus bas les indications qui lui ont été données. Pour chaque indication, retrouvez la question que Miguel a posée pour demander son chemin. Écrivez les questions d'abord, en commençant par **Por favor, pode me dizer onde...**, puis lisez-les à voix haute.

vocabulaire	
atrás (de), detrás	*derrière*
ao lado (de)	*à côté (de)*
no fim (de)	*au bout (de)*
em frente a = em frente de	*en face de, devant*

i É a estrada à esquerda, no fim da Rua da República.

ii Fica lá embaixo, à direita, no fim da Rua da República.

iii É à direita, no fim da Rua da República, depois da rodoviária.

iv Fica em frente do centro de informações turísticas. A entrada é em frente à igreja.

v Fica na rua detrás, à esquerda, depois do banco.

vi É atrás do centro de informações turísticas, ao lado da passagem subterrânea.

vii É na Rua da República, à esquerda, depois da farmácia e em frente ao restaurante.

viii Fica numa rua atrás da igreja.

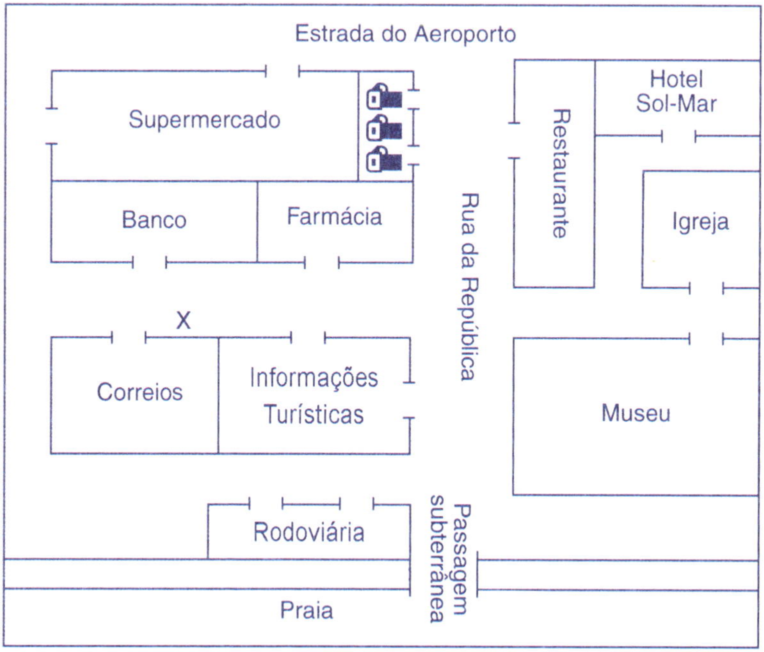
Estrada do Aeroporto
Supermercado
Hotel
Sol-Mar
Restaurante
Banco
Farmácia
Rua da República
Igreja
X
Correios
Informações
Turísticas
Museu
Rodoviária
Passagem
subterrânea
Praia

04

Tem pão e leite?

Avez-vous du pain et du lait ?

Communication

- Demander ce que vous désirez dans un magasin
- Demander si quelque chose est disponible
- Faire une réservation dans un camping

Numa loja *Dans un magasin*

CD1 piste 18

Sandra fait ses courses dans une petite épicerie.

Sandra	Por favor, tem pão e leite?
Vendedor	O pão e o leite estão à esquerda depois das frutas.
	(*Sandra dépose ses courses à la caisse*)
Vendedor	Uma garrafa de leite, dois pães, meia dúzia de ovos, três maçãs e quatro bananas. Mais alguma coisa?
Sandra	Sim, mas provavelmente não tem. Queria um guarda-chuva.
Vendedor	Não, nesta loja não. Mas pode encontrar guarda-chuvas numa das lojas mais perto da cidade. Não ficam longe.

vocabulaire

(o) pão	*(le) pain*
(o) leite	*(le) lait*
estão	*se trouvent*
(as) frutas	*(les) fruits*
uma garrafa de leite	*une bouteille de lait*
dois pães	*deux pains*
meia dúzia	*une demi-douzaine*
(o) ovo	*(l')œuf*
(a) maçã	*(la) pomme*
(a) banana	*(la) banane*
mais alguma coisa?	*désirez-vous autre chose ?* (litt. *plus* + *quelque* + *chose*)
mas	*mais*
provavelmente	*probablement*
(o) guarda-chuva	*(le) parapluie*
(a) loja	*(le) magasin, (la) boutique*
nesta (= em + esta)	*dans cette*
encontrar	*trouver*
numa (= em + uma)	*dans une*

No centro de turismo *À l'office de tourisme*

CD1 piste 18

Mário se renseigne pour savoir si le camping qu'on lui a recommandé a des emplacements libres pour un camping-car et une tente familiale.

Empregada	Este está quase cheio. Não tem vagas para veículos grandes ou barracas, somente para automóveis e tendas. Há outro aqui perto, com vagas, mas não tem piscina.
Mário	Não tem importância. Queria fazer uma reserva.
	(*avant de partir*) Desculpe, pode me indicar o caminho?
Empregada	Continuando nesta estrada e virando à direita no segundo semáforo, fica à esquerda. Fica a uns dez minutos daqui, de carro, claro.

vocabulaire

este	*ce, celui-là*
quase cheio	*presque plein*
(uma) vaga	*(un emplacement) libre*
(o) veículo grande	*(le) grand véhicule*
(a) tenda	*(la) tente (canadienne ou igloo)*
(o) automóvel	*(la) voiture*
(a) barraca	*(la) tente (à armature)*
há...	*il y a...*
outro	*un autre*
aqui perto	*(tout) près d'ici* (litt. *ici* + *près*)
(a) piscina	*(la) piscine*
não tem importância	*cela n'a pas d'importance*
(a) reserva	*(la) réservation*
indicar	*indiquer*
(o) caminho	*(le) chemin, la route*
continuando	*en suivant*
virando	*en tournant*
(o) semáforo	*(le) feu de signalisation*
daqui (= de + aqui)	*d'ici*
de carro	*en voiture*

autoévaluation

Exercices

4.1 Certo ou errado? *Vrai ou faux ?*

	C	E
1 Na loja há pão .	☐	☐
2 O primeiro camping está cheio.	☐	☐
3 O segundo camping tem piscina.	☐	☐

4.2 Perguntas e respostas *Questions et réponses*

1 A loja tem pão e leite?

a Não, tem somente frutas. **b** Tem, tem pão e leite.

2 O primeiro camping tem vagas?

a Não, não tem vagas. **b** Tem, para automóveis e tendas.

3 Onde fica o segundo camping?

a Fica perto do segundo semáforo.

b Fica nesta estrada, a dez minutos daqui, a pé.

Prononciation

CD1 piste 19

Vous trouverez ci-dessous des changements phonétiques qui interviennent lorsque le singulier se transforme en pluriel. Écoutez l'enregistrement et prononcez-les à la suite des locuteurs. Vous pouvez consulter la partie sur les pluriels dans le Chapitre 1 ainsi que dans ce chapitre.

-l devient **-is** :

hospita**l** → hospita**is** ; hote**l** → hoté**is** ; automóve**l** → automóve**is** ; lençol → lençó**is**.

Le -o- de la syllabe qui précède (prononcez *ô* comme dans *dôme*) devient **-o-** (prononcez *o* comme dans *ogre*) :

ovo → **o**vos ; n**o**vo → n**o**vos.

-ão devient **-ões** (revoyez **-ão** et **-ões** au Chapitre 1) :

esta**ção** → esta**ções** ; informa**ção** → informa**ções**.

-ão devient **-ães** (prononcez *hein* suivi de *ï*) :

pão → **pães**.

Notez que **-ão**, **-ões** et **-ães** sont des diphtongues nasales (voir **Chapitre 3**).

L'office de tourisme

Pour désigner l'office de tourisme ou un kiosque d'informations touristiques, différentes expressions sont utilisées en portugais : **centro de turismo**, **centro de informações turísticas**, **serviço de atenção ao turista**.

Tem...? *Avez-vous...?*

Nous avons utilisé différentes formules pour demander quelque chose que l'on sait être disponible : **queria...** ; **faz o favor de...**

En revanche, lorsque vous ignorez si ce que vous demandez est disponible, utilisez plutôt l'une des expressions suivantes :

tem...?	*avez-vous... ?*
há...?	*y a-t-il... ?*

Vous pouvez faire suivre ces formules de **por favor**.

Por favor, tem pão e leite?	*Avez-vous du pain et du lait, s'il vous plaît ?*
Por favor, tem vagas?	*Avez-vous une chambre d'hôtel / un emplacement de camping libre, s'il vous plaît ?*
Desculpe, tem sacos de dormir?	*Avez-vous des sacs de couchage, s'il vous plaît ?*
Por favor, tem uma mesa vaga?	*Avez-vous une table libre, s'il vous plaît ?*
Por favor, há lojas aqui perto / perto daqui?	*Y a-t-il des magasins près d'ici, s'il vous plaît ?*
Por favor, há água potável por aqui?	*Y a-t-il de l'eau potable par ici, s'il vous plaît ?*

Há...? (*y a-t-il... ?* ce à quoi on répond **há...** *oui...*) peut aussi être remplacé par **tem...?** pour dire *avez-vous... ?* dans le sens de *y a-t-il ? / quelqu'un a-t-il ?*. La réponse à la question **tem pão e leite?** peut donc être **tenho** (*oui, (j'en) ai*) ; ou bien **temos** *oui, (nous en) avons* ; ou encore **tem**, qui signifie à la fois *on en a* et *il y en a*.

Il existe un autre emploi de **tem :** lorsqu'un objet est transmis à quelqu'un, **tem** sert à établir un rapport que l'on traduira en français par *votre / vos / ton / ta / tes*.

Aqui tem o recibo.	*Voici votre reçu.* (litt. *ici (vous) avez le reçu*)
Aqui tem a chave.	*Voici votre clé.* (litt. *ici (vous) avez la clé*)

C'est une alternative à :

Aqui está o recibo.	*Voici le reçu.* (litt. *ici est le reçu*)
Aqui está a chave.	*Voici la clé.* (litt. *ici est la clé*)

vocabulaire

Camping-cars et caravanes

Sur les routes du Brésil, on rencontre peu de caravanes et de camping-cars. Sachez cependant qu'on utilise les mots nord-américains pour les désigner. Ainsi, **um trailer** est *une caravane* et **um motor home** *un camping-car*. Tout ce qui est remorqué s'appelle **um reboque**.

Tem vaga para um trailer e uma barraca?	*Avez-vous un emplacement libre pour une caravane et une tente ?*

Grammaire

Verbes : le participe présent et le gérondif

Voici les formes portugaises du participe présent (verbe + *-ant*) et du gérondif (*en* + verbe + *-ant*) :

comprando (achetant) **vendendo** (vendant) **partindo** (partant)

On peut utiliser cette forme pour donner des indications :

Virando à direita no primeiro semáforo, o hotel fica à esquerda.	*En tournant à droite au premier feu de signalisation, vous trouverez l'hôtel à gauche* (litt. *l'hôtel est sur la gauche*).

L'infinitif remplace parfois le gérondif :

Ao virar à direita no primeiro semáforo...	*En tournant à droite au premier feu...*

Les mots contractés

Les prépositions suivantes se contractent et s'assemblent avec l'article défini (*le / la*) ou indéfini (*un / une*) qui suit :

por + o → pelo	**por + a → pela**	*par ou pour le / la*
de + um → dum	**de + uma → duma**	*d'un / d'une*
em + um → num	**em + uma → numa**	*dans un / dans une*

O trânsito é pela esquerda ou pela direita?	*Roule-t-on à gauche ou à droite ?*
Há lojas numa rua aqui perto.	*Il y a des magasins dans une rue tout près d'ici.*

Remarques :

Dans **pela esquerda / direita**, le mot *main* ((**a**) **mão**) de l'expression complète **pela mão esquerda / direita** est sous-entendu, tout comme dans **à direita / esquerda** :

pela direita = por + a (+ mão) direita

à direita = a + (a + mão) direita

La forme **de um / de uma** est généralement préférée à la forme **dum / duma,** rarement utilisée.

A loja fica perto de uma igreja.	*La boutique se trouve près d'une église.*

Les prépositions peuvent également se contracter et s'assembler avec un certain nombre d'autres mots comme par exemple :

de + este → deste	**de + esta → desta**	*de ce / cette*
em + este → neste	**em + esta → nesta**	*dans / en ce / cette*
em + outro → noutro	**em + outra → noutra**	*dans / à un / une autre*
de + aqui → daqui		*d'ici*

A loja fica nesta rua, a cinco minutos daqui, de carro. *La boutique est dans cette rue, à cinq minutes d'ici, en voiture.*

Les pluriels

Au pluriel, les noms et adjectifs se terminant par :

-el (–)	font	**-eis**	
-el (+)		**-éis**	
-il (–)		**-eis**	(+) syllabe accentuée
-il (+)		**-is**	(–) syllabe non accentuée
-ol (–)		**-ois**	
-ol (+)		**-óis**	
-ul		**-uis**	

Exemples : o automóv**el** (*l'automobile*) → os automóv**eis** (*les automobiles*) ; o hot**el** (*l'hôtel*) → os hot**éis** (*les hôtels*) ; fác**il** (*facile*) → fác**eis** (*faciles*) ; gent**il** (*gentil*) → gent**is** (*gentils*) ; o álco**ol** (*l'alcool*) → os álco**ois** (*les alcools*) ; o lenç**ol** (*le drap*) → os lenç**óis** (*les draps*) ; az**ul** (*bleu*) → az**uis** (*bleus*).

Il existe trois formes différentes de pluriel pour les mots qui se terminent en -**ão**.

Certains prennent un -s :

a m**ão** (*la main*) → as m**ãos** (*les mains*) ; o cidad**ão** (*le citoyen*) → os cidad**ãos** (*les citoyens*).

Certains prennent la terminaison -**ões** :

a estação (*la gare, la station*) → **as estações** (*les gares, les stations*) ; **o botão** (*le bouton*) → **os botões** (*les boutons*).

Certains prennent la terminaison **-ães** :

o pão (*le pain*) → **os pães** (*les pains*) ; **o cão** (*le chien*)→ **os cães** (*les chiens*).

Les mots qui se terminent en -**ês** perdent leur accent au pluriel :

o mês (*le mois*) → **os meses** (*les mois*) ; **português** (*portugais*) → **portugueses** (*portugais*).

Pour mettre au pluriel les mots masculins suivants, il faut leur ajouter un **-s**, mais on doit également transformer le **-o-** fermé de leur syllabe accentuée en un **-o-** ouvert :

o ovo (*un œuf*) → **os ovos** (*les œufs*)

novo (*nouveau, jeune*) → **novos** (*nouveaux, jeunes*) ; **o posto** (*le poste*) → **os postos** (*les postes*) ; **o porto** (*le port*) → **os portos** (*les ports*).

Dans les mots composés comportant un verbe + un nom, seul le nom prend la marque du pluriel :

> **o guarda-chuva** → **os guarda-chuvas** (*le(s) parapluie(s)*), formé à partir de **guardar** (*retenir, sauver*) ; **o guarda-sol** → **os guarda-sóis** (*le(s) parasol(s), le(s) pare-soleil*).

Cependant, certains mots finissent déjà en **-s** au singulier :

> **o saca-rolhas** → **os saca-rolhas** (*le(s) tire-bouchon(s)*, de **sacar**, *tirer, sortir*).

Dans les noms composés comportant un adjectif ou un ordinal + un nom, les deux éléments prennent la marque du pluriel :

> **a sexta-feira** (*le vendredi*) → **as sextas-feiras** (*les vendredis*).

autoévaluation

Exercices

4.3

Vous venez d'entrer dans une épicerie pour faire vos courses.

4.3.1 Vous ne trouvez ni le pain ni le lait. Demandez s'il y en a, en commençant votre phrase par **Desculpe, tem...**

4.3.2 On vous répond qu'il y a du pain et du lait, ainsi que des fruits. Demandez les choses suivantes, en commençant votre phrase par **Queria...**

i

ii

iii
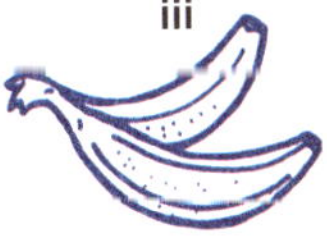

iv

4.4

CD1 piste 20

4.4.1 Le camping Campo-Mar fait de la publicité. Observez l'encart publicitaire et écoutez le spot publicitaire sur l'enregistrement. Utilisez le lexique qui se trouve à la fin de l'ouvrage s'il y a des mots que vous ne connaissez pas.

Campo-Mar

para um bom fim de semana e para umas boas férias
aberto os doze meses do ano
Inverno, de sexta-feira a domingo, Verão, sete dias por semana

chuveiro de água fria e quente

loja

restaurante

piscina

praia perto – 10 minutos a pé
a cidade mais próxima fica a 10 minutos de carro

tomada de corrente
prise de courant

gás para campistas
camping-gaz

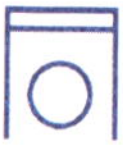
lavanderia
laverie

geladeira
réfrigérateur

secador de cabelo
sèche-cheveux

sala de televisão
salle de télévision

Donnez en portugais :

i les jours ouvrables l'hiver : ...
ii les jours ouvrables l'été : ...
iii la distance jusqu'à la plage la plus proche : ...
iv la distance jusqu'à la ville la plus proche : ...

4.4.2 Demandez s'il y a, près d'ici, un camping qui dispose des éléments illustrés ci-dessous. Écrivez vos questions puis lisez-les à voix haute. La première question vous est donnée.

i Há um camping perto daqui com piscina, secador de cabelo e restaurante?

i 

ii 

iii 

iv 

4.4.3 Quatre campeurs cherchent un emplacement. Écoutez l'enregistrement puis cochez les cases qui correspondent à ce qu'ils possèdent. Écrivez ensuite les quatre questions que vous avez entendues.

	 motor home	 trailer	 reboque pequeno	 barraca	 tenda
i					
ii					
iii					
iv					

4.4.4 Demandez s'il y a un emplacement pour vous. Écrivez d'abord votre question puis lisez-la à voix haute. La première question vous est donnée.

i Tem vaga para um motor home e uma tenda?

i 

ii 

iii 

iv 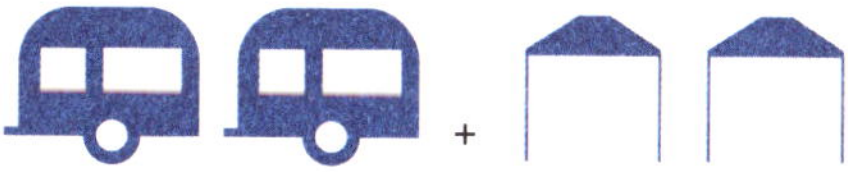

4.5

CD1 piste 21

Observez les illustrations ci-dessous puis complétez les bulles. Vous pouvez vous aider de l'enregistrement. Prononcez ensuite les phrases à voix haute.

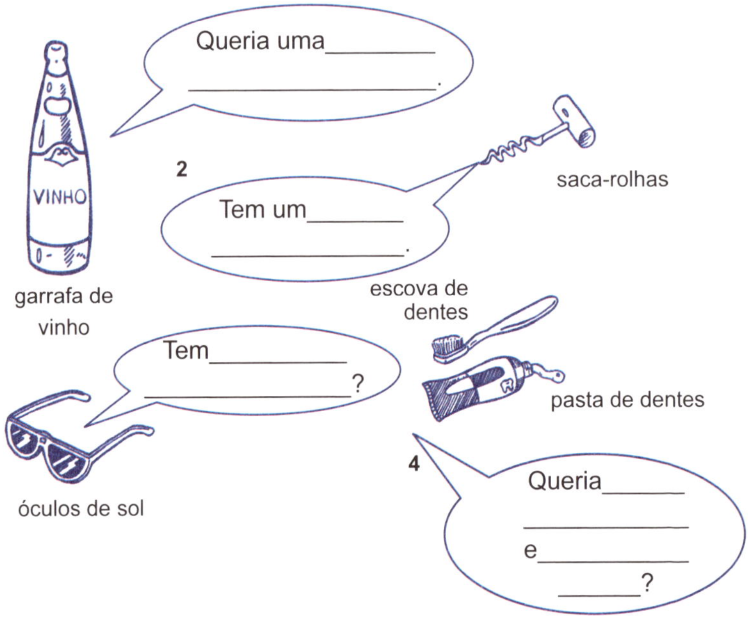

4.6

Vous devez passer des appels téléphoniques.

4.6.1 Mettez les mots ci-dessous dans l'ordre de façon à dire que vous souhaitez :

i téléphoner en France
a França. / Queria / para / telefonar

ii effectuer un appel en PCV (**uma chamada a cobrar**) au Canada
uma / a cobrar / para / chamada / fazer / Queria / o Canadá.

Remarque :

Au contraire de la France où le système d'appel en PCV n'existe plus, au Brésil vous pouvez l'utiliser aussi bien pour appeler à l'intérieur du pays qu'à l'étranger.

4.6.2 Mettez les mots ci-dessous dans l'ordre de façon à demander :

i une carte de téléphone (**um cartão de telefone)**
Tem / de telefone / cartões / ?

ii un téléphone portable (**um (telefone) celular)**
Tem / celular / um / ?

05

Tudo bem

Ça va

Communication

- Vous adresser aux personnes que vous rencontrez à votre arrivée
- Trouver votre chemin et utiliser différents moyens de transport
- Obtenir ce dont vous avez besoin et le logement que vous avez choisi

Exercices

5.1

CD1 piste 22

Vous prenez des cours de portugais et votre professeur vous donne quelques expressions utiles pour communiquer.

5.1.1 Étudiez ce qu'il a écrit au tableau, écoutez l'enregistrement, et répétez les expressions à voix haute.

<table>
<tr><td>**Por favor,
pode**</td><td>**falar** *parler*
repetir *répéter*</td><td colspan="2">**mais devagar** *plus lentement*
mais alto *plus fort*</td></tr>
<tr><td rowspan="4"></td><td>**escrever
aqui**
écrire
(litt. *écrire ici*)</td><td colspan="2">**quanto é** *combien cela coûte*
o nome *le nom*
o endereço *l'adresse*
o número de telefone *le numéro de télé-
phone*
essa palavra *ce mot*
essas palavras *ces mots*
(... que vous venez de dire)</td></tr>
<tr><td rowspan="3">**me mostrar**
me montrer</td><td>**no dicionário**
*dans le
dictionnaire*</td><td>**essa(s) palavra(s)**
*ce(s) mot(s) (que
vous venez de dire)*</td></tr>
<tr><td>**no mapa**
sur la carte</td><td>**onde fica** *où (cela) se
trouve, où c'est*
onde estou *où je suis*</td></tr>
<tr><td colspan="2">**as horas** *l'heure*</td></tr>
</table>

5.1.2 Sur le modèle de la question que vous connaissez déjà (**Por favor, pode falar mais devagar?**), essayez de dire à voix haute quelques phrases en assemblant les expressions des différentes colonnes.

5.1.3 Écrivez les phrases suivantes en portugais et lisez-les à voix haute.

Pourriez-vous...

i répéter plus lentement ?
ii écrire combien cela coûte ?
iii écrire le nom, l'adresse et le numéro de téléphone ?
iv écrire ce(s) mot(s) (que vous venez de dire) ?
v me montrer ce mot dans le dictionnaire ?
vi me montrer sur la carte où c'est ?
vii me montrer sur la carte où je suis ?
viii me montrer l'heure ?

5.2

CD1 piste 23

Vous passez la douane et vous voulez dire que vous n'avez rien à déclarer mais vous vous embrouillez. Écoutez la question du douanier et remettez vos mots dans l'ordre.

- Tem alguma coisa a declarar?
- Não / não / a / tenho /, / declarar / . / nada

5.3

CD1 piste 24

Vous présentez les documents que l'on vous a demandés, d'abord au contrôle des passeports puis à l'agence de location de voitures.

5.3.1 Complétez les phrases avec les mots encadrés ci-dessous. Puis écoutez l'enregistrement et répondez à voix haute.

(o) meu (a) minha

i No controle de passaporte
- Seu passaporte, por favor.
- Aqui está ______ passaporte.

ii No aluguel de carros
- Sua carteira de motorista, por favor.
- Aqui está ______ carteira de motorista.

5.3.2 Réécoutez ce que l'on vous demande et répondez cette fois en commençant par **Aqui tem…**

5.4

CD1 piste 25

Apprenez les mots suivants qui pourront vous être utiles pour louer une voiture

Vocabulaire

(a) lista dos modelos e preços pagando por dia	*(la) liste des modèles et des prix avec une facturation par jour* (litt. *payant par jour*)
por semana	*par semaine*
por quilômetro rodado	*par kilomètre parcouru*
(o) seguro contra todos os riscos	*(l')assurance tous risques*
(a) caução *ou* **(o) depósito**	*(la) caution*
com / sem motorista	*avec / sans chauffeur*
(os) documentos do carro	*(les) papiers de la voiture*
(o) recibo	*(le) reçu*

5.4.1 Écoutez ce que demandent des clients dans une agence de location de voitures et soulignez dans l'encadré de vocabulaire les nouveaux mots ou expressions que vous entendez.

5.4.2 Écoutez à nouveau l'enregistrement et répétez les phrases à voix haute.

5.4.3 C'est à votre tour de louer une voiture.

Renseignez-vous, en demandant :

i que l'on vous montre la liste des modèles et des prix.

ii combien cela coûte par jour.

iii combien coûtent l'assurance et la caution.

Prenez votre décision, en disant que :

iv vous voudriez cette voiture, avec une facturation par jour.
v vous voudriez la voiture pour deux jours, sans chauffeur.

Demandez :

vi un reçu.
vii les papiers de la voiture.

5.5

Lisez les indications sur les pompes à essence et trouvez leur équivalent en français.

1 ADITIVADA **2** NORMAL ou COMUM

3 DIESEL **4** ÁLCOOL

a normal **b** super **c** carburant à l'alcool **d** gazole

5.6

CD1 piste 26

Quatre touristes demandent leur chemin.

5.6.1 Lisez les panneaux de signalisation ci-contre.

vocabulaire

(a) prefeitura *(la) mairie*
(os) bombeiros *(les) pompiers*
(a) polícia *(la) police*
(as) emergências *(les) urgences*

5.6.2 Écoutez l'enregistrement et répondez à chaque question en faisant une phrase complète.

Exemple :

1 A polícia fica à esquerda.

5.7

CD1 piste 27

Quatre personnes cherchent à savoir où se trouve leur bus qui va bientôt partir.

(o) ônibus	*(le) bus, (le) car*
(a) plataforma	*(le) quai, (la) voie*

5.7.1 Observez les panneaux ci-dessous et complétez les phrases suivantes.

i - De que plataforma parte o ônibus para Salvador?
- Da plataforma _______ .

ii - De que ________ parte o ônibus para Brasília?
- Da plataforma número _______.

iii - De que plataforma parte o ônibus para ______?
- Da plataforma cinco.

iv - De que plataforma parte _______ para Campinas?
- Da segunda ________.

5.7.2 À présent, écoutez l'enregistrement et répondez à voix haute aux questions des quatre voyageurs.

5.7.3 Mettez-vous maintenant à leur place et posez les questions vous-même à voix haute.

5.8

CD1 piste 28

Cinq clients exigent que leur chambre d'hôtel dispose de caractéristiques bien précises.

5.8.1 Numérotez chaque élément au fur et à mesure que vous l'entendez.

i	(a) sacada *(le) balcon*	
ii	(a) vista para o mar *(la) vue sur la mer*	
iii	(o) ar-condicionado *(la) climatisation*	
iv	(a) televisão *(la) télévision*	
v	(o) barulho *(le) bruit*	

5.8.2 Écrivez les cinq phrases puis dites-les à voix haute.

5.8.3 Vérifiez que la chambre que l'on vous a proposée comporte les éléments suivants (**Tem...?**) :

i climatisation **ii** télévision **iii** balcon et vue sur la mer

5.8.4 Dites que vous voudriez (**Queria...**) une chambre sans bruit.

5.9

CD1 piste 29

Vous êtes à l'hôtel. Il y a dans votre chambre tous les éléments représentés ci-dessous. Écoutez les mots et expressions et répétez-les à voix haute.

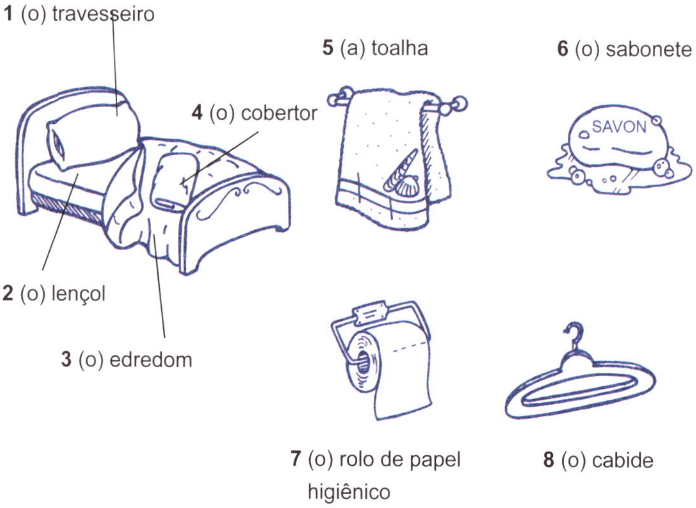

5.9.1 mais um / uma *un / une de plus...*

Demandez si l'on peut vous apporter un exemplaire en plus de chaque objet, en suivant le modèle donné ci-dessous, que vous pouvez écouter et répéter.

1 Por favor, pode me trazer mais um travesseiro?

5.9.2 mais dois / duas *deux de plus*

Demandez maintenant si l'on peut vous apporter deux exemplaires en plus de chaque objet, en suivant le modèle donné sur l'enregistrement.

5.9.3 Écrivez un message que vous laisserez dans votre chambre pour demander quatre cintres et deux couvertures supplémentaires. Commencez par **por favor** et n'oubliez pas de terminer en disant merci.

5.10

CD1 piste 30

(o) médico
(le) médecin

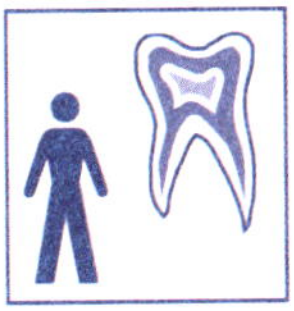

(o) dentista
(le) dentiste

(o) enfermeiro
(l')infirmier

(o) mecânico
(le) mécanicien

5.10.1 Há... perto daqui? *Y a-t-il... près d'ici ?*

Écoutez l'enregistrement.

a Indiquez **há** ou **não há** au-dessus de chaque illustration selon qu'il y a ou non près d'ici un médecin, un dentiste, un infirmier et un mécanicien.
b Écrivez ce que vous avez entendu et lisez les phrases à voix haute.

i__________ ii__________ iii__________ iv__________

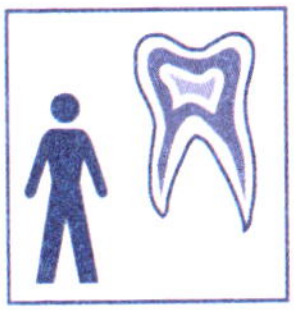

5.10.2 Pode me chamar um...? *Pouvez-vous m'appeler un... ?*

Demandez si l'on peut faire venir les personnes représentées ci-dessous. Écrivez d'abord vos questions, puis lisez-les à voix haute. La première question figure sur l'enregistrement.

i

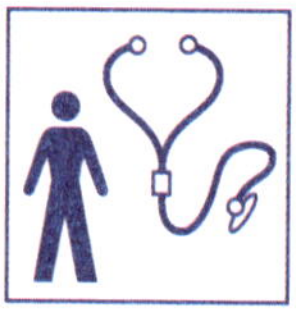

ii

iii

iv

5.11

Vous avez essayé de chercher un mot dans le lexique situé à la fin de l'ouvrage, mais il ne semble pas y figurer. C'est peut-être parce que c'est un verbe conjugué. En effet, les verbes figurent dans le dictionnaire à la forme infinitive. Ainsi, dans un dictionnaire français, vous ne trouverez pas *est* mais vous trouverez son infinitif *être*.

Dans la colonne de gauche du tableau ci-dessous se trouve un certain nombre de formes verbales que vous avez déjà rencontrées. Inscrivez l'infinitif correspondant dans la colonne de droite. N'oubliez pas qu'il devra finir en -**ar**, -**er** ou -**ir**. Les infinitifs des verbes les plus difficiles vous sont donnés.

Verbes conjugués	Verbes à l'infinitif
desculpe	**a**
é, são	**b** ser
está, estão, estou	**c** estar
faça, faz	**d**
fica, ficam, fico	**e**
há	**f** haver
parte	**g**
pode	**h**
queria	**i** querer
tem, temos, tenho	**j** ter

Cherchez maintenant les verbes à l'infinitif dans le lexique portugais du Brésil-français.

5.12

Voici votre liste des courses (**a lista de compras**). Imaginez que vous êtes à l'épicerie et demandez chaque élément en commençant par **Por favor, queria...**

ão x 3
maçã 1/2 dúzia
leite
1 garrafa pequena
água
1 garrafa grande

5.13

CD1 piste 31

Dans la colonne de gauche se trouvent des formules de politesse et dans la colonne de droite les réponses qui peuvent les suivre.

Pode me fazer um favor?	Claro! Com certeza. / Pois não. = *Bien sûr.*
Perdão. Desculpe.	Não tem importância. Não foi nada. = *Ce n'est rien. / Ce n'est pas grave.*
Com licença.	Por favor. Pois não. = *Je vous en prie.*
Obrigado/a. Muito obrigado/a. (Muito) agradecido/a. Agradeço.	De nada. Não tem de quê. = *De rien / Il n'y a pas de quoi.* Eu é que agradeço. = *C'est moi qui vous remercie.*

Écoutez ces expressions sur l'enregistrement et apprenez celles que vous ne savez pas encore. Entraînez-vous à les dire à voix haute.

5.14

Grâce aux indices, complétez les mots croisés sur les échanges de formules de politesse. Le 4 horizontal et le 2 vertical sont déjà donnés.

Palavras cruzadas

Horizontais:

1 - Perdão

2 - Por favor

3 - Não tem importância

4 - Não tem de quê

5 - Obrigada

6 - De nada

Verticais:

1 - Muito obrigado

2 - Eu é que agradeço

3 - Muito obrigada

4 - Com licença

06

Você está de férias?

Vous êtes en vacances ?

Communication

- Présenter un ami ou un parent
- Dire d'où vous êtes et parler de vous
- Vous renseigner sur les autres

dialogue Na rua *Dans la rue*

CD1 piste 32

Tânia présente João à son ami Celso.

Tânia	(*apresentando João a Celso*) Este é o meu amigo João.
Celso	(*apertando a mão de João*) Muito prazer.
João	O prazer é todo meu.
Celso	Você está de férias?
João	Infelizmente não estou de férias, mas o trabalho também é bom.
Celso	Está sozinho?
João	Estou.
Celso	Num hotel?
João	Sim, num hotel.
Celso	Então você pode vir jantar na nossa casa, talvez amanhã.
João	Muito obrigado.

vocabulaire

apresentando	*faisant les présentations* (litt. *présentant*)
(o) amigo	*(l')ami*
apertando a mão de	*serrant la main de*
o prazer é todo meu	*tout le plaisir est pour moi*
de férias	*en vacances*
infelizmente	*malheureusement*
(o) trabalho	*(le) travail*
também	*aussi*
sozinho	*seul*
então	*alors*
vir jantar	*venir dîner*
na nossa casa	*chez nous* (litt. *dans notre maison*)
talvez	*peut-être*
amanhã	*demain*

dialogue Num café *Dans un café*

CD1 piste 32

Rodrigo et Rita se retouvent dans un café après leur cours du soir. Ils font connaissance.

Rodrigo	Desculpe, de onde você é?
Rita	Eu sou de Porto Alegre. E você, de onde é?
Rodrigo	Eu sou de São Paulo, mas moro no Rio de Janeiro há muito tempo. Você é de Porto Alegre, mas agora mora onde?
Rita	Moro aqui.
Rodrigo	Com quem?
Rita	Com uma irmã.
Rodrigo	Então você é solteira, não é?
Rita	Não sou casada, mas estou noiva. Meu noivo se chama Luís.

vocabulaire

de onde você é?	*d'où venez-vous ?*
eu sou de...	*je suis de...*
moro, mora	*(j')habite, (vous) habitez*
há muito tempo	*cela fait longtemps* (litt. *il y a beaucoup de temps*)
agora	*maintenant*
com quem?	*avec qui ?*
(a) irmã	*(la) sœur*
solteira	*célibataire*
casada	*mariée*
não é?	*n'est-ce pas ?*
noivo, noiva	*fiancé, fiancée*
meu noivo	*mon fiancé*
se chama	*(il) s'appelle*

autoévaluation

Exercices

6.1 Certo ou errado? *Vrai ou faux ?*

	C	E
1 O João está de férias.	☐	☐
2 O João está sozinho.	☐	☐
3 A Rita não é de Porto Alegre.	☐	☐

6.2 Perguntas e respostas *Questions et réponses*

1 A Rita mora sozinha ou não?
a Mora sozinha. **b** Não mora sozinha.

2 O Rodrigo é de onde? E onde mora?
a É do Rio de Janeiro mas mora em São Paulo.
b É de São Paulo mas mora no Rio de Janeiro.

3 A Rita é casada ou solteira?
a É solteira. **b** É casada. **c** Está noiva.

Prononciation

CD1 piste 33

Il y a plusieurs façons de prononcer **qu**. Écoutez l'enregistrement et répétez chacun des mots que vous entendrez.

Lorsqu'il précède un **a** ou un **o**, **qu** se prononce *kou* :

quarto ; **qua**tro ; **qua**nto ; **quo**ta (*quota, cote*).

Lorsqu'il précède un **e** ou un **i**, **qu** se prononce *k* :

queria ; **que**m ; a**qui** ; **qui**nze (*quinze*).

Il arrive parfois que **qu** précédant un **e** ou un **i** se prononce *kou*, c'est le cas du mot *cinquante* : cin**que**nta. Avant la réforme de l'orthographe, le u de cinquenta possédait un tréma, d'où la différence de prononciation. Le tréma a désormais disparu mais la prononciation reste la même.

La dernière syllabe des mots **ele / ela**, *il / elle*, influence la prononciation de la première. Écoutez la différence sur l'enregistrement.

ele (prononcez *é*)

ela (prononcez *ai* de *mais*)

Le même phénomène se produit dans les termes suivants :

d**e**le / d**e**la ;

este / **e**sta ; **e**sse / **e**ssa (*ce, cet, celui / cette, celle ; celui-ci / celle-ci*)

aqu**ele** / aqu**ela** (*celui-là / celle-là*).

Este – esse – aquele *Ce – celui-ci – celui-là*

Le français utilise *ce*, *celui-ci* et *celui-là* afin d'établir une distinction entre ce qui est proche du locuteur et ce qui en est plus éloigné. Le portugais fonctionne de la même manière avec **este**, **esse** et **aquele.**

Este désigne ce qui est proche de vous, ou de vous et de la / des personne(s) à qui vous vous adressez.

Esse désigne ce qui est éloigné de vous mais proche de la / des personne(s) à qui vous vous adressez.

Aquele désigne ce qui est éloigné à la fois de vous et de la / des personne(s) à qui vous vous adressez.

Esse é meu carro, este é do Pedro e aquele é da Maria.	*Cette voiture est la mienne, celle-ci est à Pedro et celle-là à Maria.*

La forme féminine de ces termes est, respectivement, **esta**, **essa** et **aquela**.

Vous remarquerez que les Brésiliens tendent à utiliser **este/a** et **esse/a** indistinctement.

vocabulaire Muito prazer *Enchanté(e)*

Lorsque vous présentez quelqu'un, vous pouvez dire par exemple : **este é (o) meu amigo / esposo** (*époux*) ou **marido** (*mari*) / **pai** (*père*) **João**, ou bien **esta é (a) minha amiga / esposa** (*épouse*) ou **mulher** (*femme*) / **mãe** (*mère*) **Joana**.

Muito prazer est la version abrégée de **muito prazer em conhecê-lo** ou **muito prazer em conhecê-la** (*enchanté(e) de faire votre connaissance*) selon que vous vous adressez à un homme ou à une femme. Il arrive même parfois que l'on abrège l'expression **muito prazer** en disant simplement **prazer**. Cela ne signifie pas que la personne n'est pas « enchantée » de faire votre connaissance, il s'agit juste d'une façon plus relâchée de parler. Pour répondre, vous avez le choix entre **muito prazer** et **igualmente**. Si vous souhaitez être particulièrement courtois, vous pouvez dire **o prazer é meu** ou **o prazer é todo meu** (*le plaisir est pour moi* ou *tout le plaisir est pour moi*).

vocabulaire Renseignements personnels

Que ce soit dans un contexte social ou officiel, vous devrez peut-être donner des renseignements personnels, ou en demander aux autres. Vous trouverez ci-dessous des questions et des réponses qui vous aideront.

• Sobrenome *Nom* / Prenome *Prénom*

Il y a quelques alternatives à :

Qual é seu sobrenome? Qual é seu prenome ?

qui sont :

Como é seu sobrenome? / prenome? (litt. *Comment est votre nom / prénom ?*)

Como é que você se chama? *ou* **Como você se chama?** (litt. *Comment vous appelez-vous ?*)

Pour la réponse :

Meu sobrenome é... Meu prenome é...

vous disposez de l'alternative suivante :

Me chamo...

Si vous voulez retourner la question, au lieu de :

E o seu?

vous pouvez dire :

E você, como se chama?	pour s'adresser à un homme ou une femme
E o senhor, como se chama?	pour s'adresser à un homme
E a senhora, como se chama?	pour s'adresser à une femme

Ces deux dernières questions sont d'un registre plus soutenu.

- **Local de nascimento** *Lieu de naissance ;*
  Nacionalidade *Nationalité*

  De onde você é?

Réponse :

Eu sou de Paris.

Eu sou do Rio, no Brasil.

Eu sou da França.

Eu sou da Suíça.

Pour retourner la question :

E você, de onde é?

E o senhor / a senhora, de onde é?

Vous pouvez aussi demander : Êtes-vous...

(Você) é americano? / (Você) é americana? *... américain(e) ?*

O senhor é brasileiro? / A senhora é brasileira? *... brésilien(ne) ?*

O senhor é francês? / A senhora é francesa? *... français(e) ?*

O senhor é suíço? / A senhora é suíça? *... suisse ?*

Réponse :

Sou, sim.

Não, não sou. Eu sou belga. *... belge.*

- **Profissão** *Profession*

Qual é sua profissão?	
Eu sou...	*Je suis...*
estudante	*étudiant(e)*
professor / professora	*enseignant(e)*
engenheiro / engenheira	*ingénieur*
empresário / empresária	*homme / femme d'affaires*
dona de casa	*femme au foyer*
aposentado / aposentada	*retraité(e)*

- **Estado civil** *État civil*

Você é solteiro?	
A senhora é casada?	
Você está noiva?	
Eu sou viúvo / viúva.	*Je suis veuf / veuve*
Eu sou divorciado / divorciada.	*... divorcé(e)*

- **Idade** *Âge*

Quantos anos você tem?	*Quel âge avez-vous ?* (litt. *Combien d'années avez-vous ?*)
Eu tenho vinte e cinco anos.	*J'ai vingt-cinq ans.*

- **Filhos** *Enfants*

(Você) tem filhos?	*Avez-vous des enfants ?*
Eu tenho dois filhos.	*J'ai deux enfants.*
Eu tenho um filho e uma filha.	*J'ai un fils et une fille.*
Eu não tenho filhos.	*Je n'ai pas d'enfants.*
Eu tenho um neto e uma neta.	*J'ai un petit-fils et une petite-fille.*

- **Endereço** *Adresse*

Onde você mora?

Onde mora a senhora? *ou* **Onde a senhora mora?**

Eu moro no Rio, no Brasil.

Qual é seu endereço?

Qual é o número do seu telefone? *ou* **Qual é o seu número de telefone?**

- **Estadia** *Séjour*

Quanto tempo você vai ficar?	*Combien de temps allez-vous rester ?*
Eu vou ficar um mês.	*Je vais rester un mois.*
Onde você vai ficar?	*Où allez-vous séjourner ?*
Onde você está?	*Où séjournez-vous actuellement ?*
Com amigos.	*Avec des amis.*
No Hotel Central.	
Estou aqui de férias.	*Je suis ici en vacances.*
...a negócios.	*... pour affaires.*

Grammaire

Je, tu, il, elle...

En portugais, à la différence du français, on ne précise pas toujours le pronom personnel sujet (*je, tu, il, elle,* etc.). En effet, ce dernier est optionnel et on tend à l'omettre lorsque la terminaison verbale suffit à préciser de quelle personne il s'agit.

☐ Mor**o** em São Paulo. *J'habite à São Paulo.*

On précise le pronom personnel sujet lorsqu'il y'a une ambiguïté possible, ou si l'on veut insister sur le sujet.

Eu é que agradeç**o**. *C'est moi qui vous remercie.*

Voici la liste des pronoms personnels portugais :

eu	*je*
você (masc. sing. / fém. sing) **o senhor (masc. sing.) / a senhora (fém. sing)** **tu**	*vous, tu** *vous (de politesse)* *tu*
ele / ela	*il / elle*
nós	*nous*
vocês (masc. pl. / fém. pl.) **os senhores (masc. pl.) / as senhoras (fém. pl.)**	*vous* *vous (de politesse)*
eles / elas	*ils / elles*

Voir* **page 78.

Remarque :

Comme en français, c'est le masculin qui l'emporte s'il y a des femmes et des hommes dans le même groupe. On dira donc **os senhores** même s'il y a des femmes dans le groupe que l'on désigne. Voir **page 100**.

Les nombres de 11 à 100

11 **onze**
12 **doze**
13 **treze**
14 **catorze**
15 **quinze**
16 **dezesseis**
17 **dezessete**
18 **dezoito**
19 **dezenove**
20 **vinte**
21 **vinte e um / uma**
22 **vinte e dois / duas**
30 **trinta**
40 **quarenta**
50 **cinquenta**
60 **sessenta**
70 **setenta**
80 **oitenta**
90 **noventa**
100 **cem**

João *ou* o João*?*

L'utilisation de l'article défini (**o / a**) dans les cas suivants est optionnelle au Brésil.

- Devant les prénoms :

Este é (o) João. *Voici João.*

Notez que lorsqu'on interpelle quelqu'un, on n'utilise jamais l'article défini : **João!, dona Ana!**

- Devant les titres :

  (o) senhor / (a) senhora *monsieur / madame*
  (a) dona Ana / (o) senhor José *Madame Ana / Monsieur José*

Elle l'est aussi devant les pronoms possessifs, comme nous le verrons au **Chapitre 19.**

(a) minha casa / (o) seu carro *ma maison / votre voiture*

Exercices

autoévaluation

6.3

Insérez les mots qui manquent dans ce que dit Joana à Paulo.

6.4

CD1 piste 34

Miguel, Glória, Osvaldo et Cecília disent d'où ils viennent et parlent d'eux.

6.4.1 Regardez les illustrations **page 68** et écoutez l'enregistrement puis complétez le tableau qui suit, en prenant modèle sur la première ligne qui est déjà remplie.

nom	il / elle vient de...	âge et profession	marié(e) ? avec des enfants ?
i Miguel	*Brasília, Distrito Federal*	*22 anos, estudante*	*solteiro, não tem filhos*
ii Glória			
iii Osvaldo			
iv Cecília			

6.4.2 Jouez à présent le rôle de chacun d'entre eux en formant des phrases à partir de ce que vous avez inscrit dans le tableau.

6.5

Mathieu doit donner des renseignements personnels. Aidez-le et répondez aux questions suivantes pour lui.

- **Por favor, o senhor é suíço?**
  i Dites *Non, je suis français.*
- **Como você se chama e de onde é na França?**
  ii Dites *Je m'appelle Mathieu Durand. Je viens de Nantes.*
- **Quanto tempo vai ficar aqui e com quem?**
  iii Dites *Je suis seul et je vais rester huit jours, en vacances.*
- **Pode me mostrar um documento de identificação com o seu endereço em Nantes?**
  iv Dites *Voici*, en montrant votre permis de conduire.

07

Quando começa a excursão?

Quand l'excursion commence-t-elle ?

Communication

- Parler de l'heure et des jours de la semaine
- Vous renseigner sur des horaires
- Identifier une personne que vous allez rencontrer pour la première fois

Numa agência de viagens
Dans une agence de voyages

CD1 piste 35

Susana est dans une agence de voyages. Elle se renseigne sur les excursions locales.

Susana	Queria ver a lista das excursões nesta região.
Empregado	Algum local em particular?
Susana	Não, queria conhecer a região em geral.
Empregado	Então recomendo a excursão de dois dias. A próxima é na quarta-feira. A partida é de manhã. Ficamos uma noite num hotel e regressamos quinta à tarde.
Susana	E a que horas começa a excursão na quarta-feira?
Empregado	Partimos às nove. A senhora quer fazer uma reserva? Hoje ainda há lugares, mas amanhã talvez não.

vocabulaire

ver	*voir*
(a) excursão	*(l')excursion*
(a) região	*(la) région*
algum local	*un lieu*
em particular	*en particulier*
conhecer	*connaître*
em geral	*en général*
recomendo	*je vous recommande*
(a) quarta-feira	*(le) mercredi*
de manhã	*dans la matinée*
ficamos	*(nous) passons (la nuit)* (litt. *(nous) restons*)
regressamos	*(nous) rentrons*
(a) quinta(-feira)	*(le) jeudi*
à tarde	*dans l'après-midi / la soirée*
a que horas...?	*à quelle heure... ?*
começa	*commence*
(a) partida	*(le) départ*
partimos	*nous partons*
às nove (horas)	*à neuf (heures)*
a senhora quer...?	*voulez-vous... ?*
ainda há lugares	*il y a encore de la place* (litt. *encore (il y) a (de la) place*)

Falando com um amigo *Conversation avec un ami*

CD1 piste 35

Isadora doit aller chercher David, qu'elle ne connaît pas, à la gare routière et voudrait savoir comment il est physiquement.

Isadora	Pode me descrever a aparência física dele? Preciso saber como ele é.
Sílvio	Para quê?
Isadora	Ele chega hoje à noite. Tenho que ir buscá-lo na estação.
Sílvio	Em que estação?
Isadora	Na rodoviária. Não sei como vou reconhecê-lo. Não sei se ele é gordo ou magro, alto ou baixo...
Sílvio	Oh! Não tem problema. Ele nem é gordo nem é magro, nem é alto nem é baixo.
Isadora	Mas que grande ajuda! Muito obrigada.

vocabulaire

descrever	*décrire*
aparência física	*aspect physique*
preciso saber	*(j')ai besoin (de) savoir*
como ele é	*comment il est*
para quê?	*pourquoi ?*
ele chega	*il arrive*
à noite	*ce soir*
tenho que	*(je) dois*
ir, vou	*aller, (je) vais*
buscá-lo	*le chercher*
(a) estação	*(la) gare*
(a) rodoviária	*(la) gare routière*
não sei como	*(je) ne sais pas comment*
reconhecê-lo	*le reconnaître*
se	*si*
gordo – magro	*gros – maigre*
alto – baixo	*grand – petit*
não tem / há problema	*(il n'y a) pas de problème*
nem	*ni*
que grande ajuda!	*tu parles d'une aide !* (litt. *quelle grande aide !*)

Exercices

7.1 Certo ou errado? *Vrai ou faux ?*

	C	E
1 Susana quer conhecer a região.	☐	☐
2 Susana ainda tem lugar na excursão.	☐	☐
3 David vai chegar amanhã à noite.	☐	☐
4 Sílvio vai buscar David na rodoviária.	☐	☐

7.2 Perguntas e respostas *Questions et réponses*

1 A excursão da Susana: quando é a partida? E o regresso?

- **a** A partida é quinta-feira de manhã e o regresso quinta-feira à noite.
- **b** A partida é quarta-feira de manhã e o regresso quinta-feira à tarde.
- **c** A partida é quarta-feira à tarde e o regresso quarta-feira à noite.

2 David: qual é a aparência física dele?

- **a** Ele nem é gordo nem é magro, mas é alto.
- **b** Ele nem é alto nem baixo, mas é magro.
- **c** Ele não é alto mas não é baixo, não é gordo mas não é magro.

Prononciation

CD1 piste 36

Les sons **s** et **z** se prononcent différemment selon la position qu'ils occupent dans le mot et dans la phrase. Entraînez-vous à prononcer les sons suivants en écoutant l'enregistrement.

s- au début d'un mot se prononce *s* comme dans *sel* : **s**ol ; **s**ou ; **s**aber ; **s**enhora.

-s- entre deux voyelles se prononce *z* comme dans *zèbre* : ca**s**a ; bra**s**ileiro.

-s à la fin d'un mot et souvent à la fin d'une syllabe se prononce *s* comme dans *sel* : hora**s** ; portuguê**s** ; ficamo**s** ; li**s**ta. Mais lorsque le mot suivant commence par une voyelle, on fait la liaison avec ce mot (quand on parle vite) et le *s* final se prononce alors *z* comme dans *zèbre :*

à**s o**ito horas

z se prononce en général *z* comme dans *zèbre* : **z**ero.

-z à la fin de certains mots se prononce *s* comme dans *sel* : feli**z** (*heureux*) mais il peut aussi se prononcer *z* comme dans *zèbre* dans certains mots comme talve**z** et notamment lorsque le mot suivant commence par une voyelle :

feli**z a**no novo

vocabulaire — Les jours de la semaine

Que dia da semana é hoje?	*Quel jour de la semaine sommes-nous aujourd'hui ?* (litt. *... est(-ce) aujourd'hui?*)
é...	*nous sommes...* (litt. *(c')est*)

domingo	*dimanche*
segunda-feira	*lundi*
terça-feira	*mardi*
quarta-feira	*mercredi*
quinta-feira	*jeudi*
sexta-feira	*vendredi*
sábado	*samedi*

Les jours de la semaine sont féminins en portugais, sauf les jours du week-end, **sábado** et **domingo**, qui sont masculins, tout comme **(o) feriado** *(le) jour férié*. On commence la semaine par le dimanche. À l'oral, il arrive que l'on omette **-feira**, et à l'écrit, on peut remplacer **segunda**, **terça**, **quarta**, **quinta** et **sexta** par **2ª**, **3ª**, **4ª**, **5ª** ou **6ª**. Rappelez-vous que lorsque les jours sont exprimés dans leur intégralité, c'est-à-dire avec **-feira**, les deux mots prennent un *s* au pluriel :

quarta-feira *mercredi* — **as quartas-feiras** *les mercredis*

Pour un événement qui a lieu régulièrement, on peut dire : **às segundas**, **aos fins de semana**, **todos os fins de semana**, et ainsi de suite.

A excursão é às quartas-feiras. *L'excursion a lieu le mercredi* (litt. *les mercredis).*

vocabulaire — Que horas são? *Quelle heure est-il ?*

La question **Que horas são?** signifie littéralement *Quelles heures sont(-elles) ?* Voici comment y répondre :

É uma (hora).

São duas (horas).

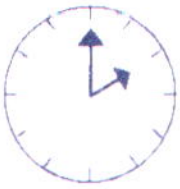

São seis (horas).

São doze (horas).
É meio-dia.
É meia-noite.

É uma (hora) e cinco (minutos).

É uma (hora) e quinze (minutos).
É uma (hora) e um quarto.

É uma (hora) e trinta (minutos).
É uma (hora) e meia.

É uma (hora) e quarenta e cinco (minutos).
É um quarto para as duas (horas).
Faltam quinze (minutos) para as duas (horas).
Falta um quarto para as duas (horas).

Notez que l'on utilise **é** avec *midi* (**meio-dia**), *minuit* (**meia-noite**) et *une heure* (**uma hora**), mais **são** dans les autres cas.

Dans le système de 24 heures, on donne d'abord l'heure puis le nombre de minutes écoulées, comme en français :

São vinte e três horas e trinta e cinco minuto.	*Il est vingt-trois heures trente-cinq.*

Dans le système de 12 heures, plus couramment utilisé, on utilise **e** avant le nombre de minutes écoulées et **para** avant le nombre de minutes qui restent avant l'heure :

São onze e vinte e cinco.	*Il est onze heures vingt-cinq.*
São vinte e cinco para a meia-noite.	*Il est minuit moins vingt-cinq.*

L'expression *pile* se traduit par **em ponto** :

É uma (hora) em ponto.	*Il est une heure pile.*

L'équivalent portugais des expressions avec *quart* (*et quart, moins le quart*), très courantes en français, ne s'utilise généralement pas au Brésil.

vocabulaire Moments de la journée

Avec le système de 12 heures, on précise, comme en français, **da manhã** (*du matin*), **da tarde** (*de l'après-midi* ou *du soir*) ou **da noite** (*du soir* ou *de la nuit*) :

nove horas da noite	*neuf heures du soir*

Pour faire référence à un moment de la journée sans préciser l'heure, on utilise :

de manhã	*dans la matinée, le matin*
à tarde *ou* **de tarde**	*dans l'après-midi, l'après-midi / en début de soirée*
à noite	*dans la soirée, le soir / la nuit*
A partida é na quarta-feira de manhã.	*Le départ est mercredi matin.*
De manhã como cereais com leite.	*Le matin je mange des céréales avec du lait.*

De noite s'utilise plutôt pour indiquer *pendant / durant la nuit.*

Está escuro de noite.	*Il fait sombre (pendant) la nuit.*

Hoje de manhã signifie *ce matin*, **hoje de tarde** signifie *cet après-midi* (ou *en début de soirée*) et **hoje à noite** signifie *ce soir* (ou *cette nuit*). On peut bien sûr employer leurs équivalents respectifs : **esta manhã**, **esta tarde** et **esta noite**.

L'équivalent portugais de *à* (comme dans l'expression *à demain*) est **até** :

até amanhã	*à demain* (litt. *jusqu'à demain*)
até amanhã de manhã	*à demain matin*
até segunda(-feira)	*à lundi*

vocabulaire Agências e estações *Agences et gares*

Le mot **agência** désigne un endroit où l'on obtient un service. On parle par exemple de **a agência de viagens**, **a agência de câmbio**, **a agência de aluguel / locação de veículos**.

Os correios est une appellation abrégée qui signifie en réalité **a agência dos correios**. **O posto de correios** est également utilisé.

A estação désigne à la fois une gare de chemin de fer, dont le nom complet est **a estação ferroviária** ou **a estação de trem**, et une gare routière, **a estação rodoviária**, que l'on abrège presque toujours en **a rodoviária**. **A estação de metrô** veut dire *la station de métro.*

Grammaire

Les verbes : le présent de l'indicatif

	j'achète, etc.	*je vends, etc.*	*je pars, etc.*
eu	compr**o**	vend**o**	part**o**
você, o Sr. / a Sr.ª tu	compr**a** compr**as**	vend**e** vend**es**	part**e** part**es**
ele / ela	compr**a**	vend**e**	part**e**
nós	compr**amos**	vend**emos**	part**imos**
vocês, os Sr.es / as Sr.as	compr**am**	vend**em**	part**em**
eles / elas	compr**am**	vend**em**	part**em**

Les terminaisons correspondant à **você, o Sr.** / **a Sr.a** et **ele** / **ela** sont identiques (**-a**, **-e**, **-e**). Celles de **vocês**, **os Sr.es** / **as Sr.as** et **eles** / **elas** sont également les mêmes (**-am**, **-em**, **-em**). Dans les prochains tableaux de conjugaison de cet ouvrage, ces sujets seront rassemblés dans la même catégorie.

On utilise le présent pour :

- décrire quelque chose ou quelqu'un

  A saída fic**a** em frente. *La sortie est tout droit.*

  (verbe fic**ar**, avec une terminaison en **a** comme compr**ar** à la troisième personne du singulier)

- décrire une situation présente

  Moro no Rio. *J'habite à Rio.* **(morar)**

- parler d'une action ou d'un événement qui se produit régulièrement ou habituellement

  Normalmente, as lojas abrem às 9 horas. *Les boutiques ouvrent normalement à 9h.* **(abrir)**

- exprimer un fait permanent

  Gosto de música. *J'aime la musique.* **(gostar)**

- exprimer une vérité reconnue

  As pessoas que vivem em clima frio vestem roupa quente.

  Les personnes qui vivent dans un climat froid portent des vêtements chauds. (viv**er**, vest**ir**)

- faire une annonce factuelle au sujet d'un événement futur

Partimos amanhã. *Nous partons demain.* **(partir)**

- parler de quelque chose qui a commencé dans le passé et qui n'est pas encore terminé

Estudo português há um mês. *Cela fait un mois que j'étudie le portugais.* **(estudar)**

« Vous », « il » / « elle » et « tu »

Même si les terminaisons verbales correspondant à **você**, **o Sr.** / **a Sr.ª** et **ele** / **ela**, ainsi que celles de **vocês**, **os Sr.es** / **as Sr.as** et **eles** / **elas** sont identiques, on peut omettre le pronom personnel sujet. C'est le contexte de la phrase qui permettra de retrouver de qui il est question. Si quelqu'un vous regarde et dit **Fala português?**, vous saurez qu'il demande *Parlez-vous portugais ?* et non *Parle-t-il* (*elle*) *portugais ?*

Si vous voulez demander à quelqu'un s'il parle français, vous aurez le choix entre :

Você fala francês? ou **O senhor fala francês?** ou **Tu falas francês?**

Você

On emploie **você** le plus souvent (pour s'adresser à des amis, à des employés, etc.).

O senhor / a senhora

Utilisez **o Sr. / a Sr.a** avec des personnes que vous ne connaissez pas et envers qui vous souhaitez être particulièrement aimable.

Tu

Le **tu** est peu utilisé au Brésil, à l'exception de quelques États du sud comme le Rio Grande do Sul, l'État de Santa Catarina et le Paraná. Dans tous les autres États, on lui préfère **você** quel que soit le lien (social, hiérarchique ou parental) qui unit les locuteurs. Notez que si les Brésiliens emploient peu le pronom personnel sujet **tu**, ils utilisent fréquemment la forme verbale qui lui correspond.

Remarques :

- **vocês** est le pluriel à la fois de **tu** et de **você**

Vocês falam português? *Parlez-vous* (pluriel) *portugais ?*

- **o senhor / a senhora** et **os senhores / as senhoras** sont des noms utilisés comme pronoms dans le sens de *vous*

O senhor fala português? *Parlez-vous portugais, Monsieur ?*

- **vós** est une alternative à **você** et **os senhores / as senhoras**. Son emploi est devenu archaïque dans la plupart des pays lusophones, c'est pourquoi il n'est pas mentionné plus haut. Vous trouverez cependant ses formes verbales entre parenthèses, à la fin de l'ouvrage.

Les ordinaux

1.º/1.ª	primeiro/a	20.º/20.ª	vigésimo/a
2.º/2.ª	segundo/a	30.º/30.ª	trigésimo/a
3.º/3.ª	terceiro/a	40.º/40.ª	quadragésimo/a
4.º/4.ª	quarto/a	50.º/50.ª	quinquagésimo/a
5.º/5.ª	quinto/a	60.º/60.ª	sexagésimo/a
6.º/6.ª	sexto/a	70.º/70.ª	setuagésimo/a
7.º/7.ª	sétimo/a	80.º/80.ª	octogésimo/a
8.º/8.ª	oitavo/a	90.º/90.ª	nonagésimo/a
9.º/9.ª	nono/a	100.º/100.ª	centésimo/a
10.º/10.ª	décimo/a		
11.º/11.ª	décimo/a primeiro/a		

as duas primeiras ruas à direita	*les deux premières rues à droite*
o vigésimo primeiro andar	*le vingt et unième étage*

Vous remarquerez que les ordinaux sont utilisés pour nommer les jours de la semaine de lundi à vendredi, mais que l'on dit **terça** et non pas **terceira** pour mardi : **terça-feira**.

Exercices

7.3

Mettez les jours de la semaine dans le bon ordre, en commençant par dimanche.

domingo — quarta-feira — segunda-feira — quinta-feira — sexta-feira — terça-feira — sábado

7.4

a que horas...?	*à quelle heure... ?*
à uma hora	*à une heure*
ao meio-dia	*à midi*
às quinze para as cinco	*à cinq heures moins le quart*

7.4.1 Complétez les phrases avec les formes correctes du verbe entre parenthèses.

i Devant une boutique avec un écriteau annonçant FECHADO :
A que horas _______ esta loja? (abr**ir**)
ii Dans un restaurant :
A que horas _______ o restaurante? (fech**ar**)
iii Dans un hôtel :
A que horas _______ o almoço (déjeuner)? (começ**ar**)
iv À la gare routière :
A que horas _______ o próximo ônibus para o Rio? (part**ir**)
v À la gare routière :
A que horas _______ o próximo ônibus de São Paulo? (cheg**ar**)
vi À l'aéroport :
A que horas _______ o próximo voo (vol) para Manaus? (part**ir**)
vii À l'aéroport :
A que horas _______ o próximo voo de Belo Horizonte? (cheg**ar**)
viii À un arrêt de bus :
A que horas _______ o próximo ônibus para o centro? (pass**ar**)

7.4.2 Regardez les heures dans le tableau ci-dessous puis répondez aux questions de l'exercice **7.4.1**, en utilisant le système de 12 heures. Nous vous donnons la première réponse à titre d'exemple.

i Às nove da manhã.

i 9h00	**ii** 24h00	**iii** 12h00	**iv** 14h15
v 22h30	**vi** 13h00	**vii** 10h20	**viii** 15h45

7.5

CD1 piste 37

Six personnes se décrivent physiquement.

7.5.1 Lisez ces encadrés contenant des termes qu'on emploie pour décrire les gens. Écoutez l'enregistrement et soulignez les mots que vous entendez.

vocabulaire

(o) cabelo	*(les) cheveux*
loiro	*blond*
castanho	*châtain*
ruivo	*roux*
preto	*noir*
grisalho	*gris*
liso	*raide*
ondulado	*ondulé*
crespo	*bouclé*

curto	*court*
comprido	*long*
(os) olhos	*(les) yeux*
azuis	*bleus*
verdes	*verts*
castanhos	*marron*
pretos	*noirs*
(a) pele	*(la) peau*
clara	*claire*
morena	*foncée*

7.5.2 Écoutez à nouveau les six descriptions et écrivez-les.

7.5.3 Voici la description que Sérgio fait de Linda :

Ela tem cabelo preto,
liso e comprido,
tem olhos pretos
e pele muito clara.

Comment décrirait-il Isabelle, André, Nicolas et Claire ?

- **i** Isabelle (*cheveux blonds, très raides, longs + yeux bleus + peau claire*)
- **ii** André (*cheveux gris, ondulés, courts + yeux noirs + peau très foncée*)
- **iii** Nicolas (*cheveux châtains, bouclés, très courts + yeux marron + peau foncée*)
- **iv** Claire (*cheveux roux, ondulés, très longs + yeux verts + peau claire*)

08

Vou me encontrar com ela amanhã

Je vais la voir demain

Communication

- Dire ce que vous allez faire
- Décrire les vêtements d'une personne afin de pouvoir l'identifier
- Demander votre chemin et indiquer le chemin

Falando com um colega *Conversation avec un collègue*

CD1 piste 38

Letícia pose des questions à son collègue Fernando au sujet de ses retrouvailles avec une vieille amie.

Letícia	Então quando chega a sua amiga?
Fernando	Amanhã. Vou me encontrar com ela ao meio-dia.
Letícia	E onde vai ser o encontro?
Fernando	Na estação rodoviária.
Letícia	Muito bem! Ainda se lembra como ela é? Como você vai reconhecê-la?
Fernando	Lembro. E tenho aqui a carta em que ela descreve como está agora e o que vai vestir para a viagem. (*lendo*) "Estou um pouco mais gorda e agora uso cabelo comprido. Vou estar vestida com uma saia branca e um casaco azul-claro. Vai ser fácil me reconhecer."

vou me encontrar com ela	*je vais la voir, j'ai rendez-vous avec elle*
vai ser	*(cela) va être*
muito bem!	*très bien*
Ainda se lembra...?	*(vous vous) souvenez encore...?*
(a) carta	*(la) lettre*
em que	*dans laquelle / lequel*
descreve	*décrit*
vai vestir	*(elle) va porter*
lendo	*lisant / en lisant*
um pouco	*un peu*
uso	*je porte*
vou estar vestida com	*je vais porter*
(a) saia branca	*(la) jupe blanche*
(o) casaco azul-claro	*(la) veste bleu clair*

dialogue Na rua *Dans la rue*

CD1 piste 38

Eduardo cherche l'Hôtel Baía et demande à un passant de l'aider.

Eduardo Por favor, pode me dizer como se vai para o Hotel Baía?

Transeunte É um pouco longe. O senhor vira à esquerda ali naquela esquina, depois segue em frente e toma... a quinta ou sexta rua à direita. É a Rua Augusta. O hotel fica à esquerda, no primeiro quarteirão, antes de um semáforo.

Eduardo Então, naquela esquina viro à esquerda, depois sigo em frente e tomo a Rua Augusta, que é a quinta ou sexta rua à direita. É isso?

Transeunte É isso mesmo.

vocabulaire

como se vai para...?	*comment fait-on pour aller à... ?*
um pouco	*un peu*
ali	*là-bas*
naquela (= em + aquela)	*à cette*
(a) esquina	*(le) coin*
o Sr. vira, segue, toma	*vous tournez, vous continuez, vous prenez*
depois	*après, ensuite*
(o) quarteirão	*(le) pâté de maisons*
antes de	*avant*
(o) semáforo	*(le) feu de signalisation*
viro, sigo, tomo	*(je) tourne, (je) continue, (je) prends*
é isso?	*c'est cela ?*
isso mesmo	*c'est cela, exactement*

autoévaluation Exercices

8.1 Certo ou errado? *Vrai ou faux ?*

	C	E
1 A amiga da Letícia chega amanhã.	☐	☐
2 Fernando não vai poder reconhecer sua amiga.	☐	☐
3 Eduardo pergunta como se vai para o Hotel Baía.	☐	☐

8.2 Perguntas e respostas *Questions et réponses*

1 Como está a amiga que vai chegar amanhã?
- **a** Está um pouco mais gorda e com o cabelo comprido.
- **b** Está mais gorda e com o cabelo um pouco mais curto.

2 Como vai estar vestida a amiga do Fernando?

  a De saia e casaco brancos.
  b De saia e casaco azuis.
  c Com uma saia branca e um casaco azul-claro.

3 Como se vai para o Hotel Baía?

a Vira-se à esquerda naquela esquina, depois segue-se em frente e toma-se a quinta ou sexta rua à esquerda.

b Naquela esquina vira-se à esquerda, depois segue-se em frente e toma-se a quinta ou sexta rua à direita.

Prononciation

CD1 piste 39

En écoutant l'enregistrement, entraînez-vous à prononcer les sons **g** et **gu**.

g La prononciation de **g** suit les mêmes règles qu'en français : il se prononce comme le **g** de *gare* dans la plupart des cas : che**g**ar ; a**g**ora ; **g**ordo. Cependant devant un **e** ou un **i**, il se prononce comme le **g** de *givre* : lon**g**e ; **g**eral ; re**g**ião.

gu se prononce *gou* + *voyelle*, comme dans *gouache* : á**gu**a, **gu**arda-sol, sauf devant un **e** ou un **i** où il conserve le son **g** de *gare* : se**gu**ir (*continuer, aller*).

Dans certains cas cependant, le **u** se prononce (légèrement) : não a**gu**ento (*je ne le supporte pas*). Avant la réforme de l'orthographe, le u de aguento possédait un tréma, d'où la différence de prononciation. Le tréma a désormais disparu mais la prononciation reste la même.

La prononciation de la lettre **x** varie selon l'origine des mots dans lesquels elle apparaît. Entraînez-vous à prononcer les mots suivants en vous aidant de l'enregistrement.

x se prononce souvent *ch* comme dans *chat* au début d'un mot et parfois entre deux voyelles : **x**arope (*sirop pour la toux*) ; **x**ícara (*tasse*) ; pu**x**ar.

x se prononce comme le *s* de *sel* entre deux voyelles : pró**x**imo ; má**x**imo (*maximum*) ; trou**x**e (*(j')ai apporté*).

x se prononce comme le *z* de *zèbre* lorsque **ex** précède une voyelle : **ex**ame (*examen*) ; **ex**emplo (*exemple*) ; **ex**austo (*épuisé*).

x se prononce *ks* comme dans *taxi* dans certains mots : tá**x**i ; fi**x**ar (*fixer, arranger*) ; se**x**o (*sexe*).

x se prononce comme le *s* de *sel* devant une consonne dans la plupart des régions du Brésil : se**x**ta-feira.

vocabulaire Les couleurs

Voici les adjectifs de couleur. Certains termes sont différents de ceux que vous avez appris pour décrire l'apparence physique. Ainsi, *gris* se traduit par **grisalho** quand on parle des cheveux, mais pas quand on parle de la couleur grise en général.

branco/a	*blanc(he)*
preto/a	*noir(e)*
vermelho/a	*rouge*
amarelo/a	*jaune*
verde	*vert(e)*
azul	*bleu(e)*
cinza	*gris(e)*
marrom	*marron*
laranja	*orange*
rosa	*rose*

Pour préciser si la couleur est claire ou foncée, on ajoute **claro** ou **escuro** : **azul-escuro**. À l'écrit, un tiret devra toujours apparaître entre les deux mots.

Les adjectifs de couleurs s'accordent (terminaisons en **o(s)** ou **a(s)**) avec les noms qu'ils décrivent, sauf **verde**, **azul**, **rosa** et **laranja**. À la place de ces deux derniers termes, on peut dire **cor-de-rosa** (litt. *couleur de rose*) et **cor-de-laranja** (litt. *couleur d'orange*).

vocabulaire Les vêtements

Comme nous l'avons vu précédemment, le genre des noms portugais ne correspond pas nécessairement à celui de leur traduction française. Apprenez bien les mots suivants avec leur article : **a saia** *la jupe*, **a blusa** *le chemisier*, **a camisa** *la chemise*, **a camiseta** *le tee-shirt* (ou plus rarement **a T-shirt**), **o vestido** *la robe*.

Pour tout ce qui vient par paire, comme *les chaussures*, les Brésiliens utilisent indistinctement le pluriel ou le singulier : **os sapatos** / **o sapato**. Cela s'applique également au *pantalon :* **as calças** / **a calça**. *Le jean* se dit donc **a calça de brim** ou **as calças de brim**.

O casaco signifie *le manteau* ou *la veste*. Si vous parlez d'une veste de costume, utilisez **o paletó** (plus rarement **o blazer**) pour un homme ou **o blazer** pour une femme. Si c'est une *veste en jean*, vous direz **a jaqueta de brim**.

Un costume pour homme s'appelle **um terno** (= **paletó + calça**). Pour dire *un tailleur*, on utilise le même mot qu'en français : **um tailleur**. *Un survêtement* se dit **um abrigo**.

Como se vai para...? *Comment fait-on pour aller à... ?*

Dans les chapitres précédents, vous avez appris à demander et expliquer où se trouve quelque chose, en utilisant **fica / ficam** ou **é / são**. Par exemple : **O hotel fica na segunda rua à esquerda**. Vous avez également appris à demander que l'on vous montre sur une carte l'endroit où vous souhaitez aller : **você pode me mostrar no mapa onde fica...** et l'endroit où vous êtes : **... onde estou**. Si vous voulez qu'on vous explique comment aller quelque part, vous pouvez demander : **como se vai para...?** ou **por onde se vai para...?**

Por favor, como se vai para o Hotel Baía? ou
Por favor, por onde se vai para o Hotel Baía?
Comment fait-on pour aller à l'Hôtel Baía, s'il vous plaît ?

Pour comprendre la réponse à cette question ou la donner vous-même, vous aurez besoin des formes verbales suivantes :

verbe conjugué	**vai**	**segue**	**continua**	**vira**	**toma**
traduction	*allez*	*allez, continuez*	*continuez*	*tournez*	*prenez*
infinitif	**ir**	segu**ir**	continu**ar**	vir**ar**	tom**ar**

On vous donnera peut-être comme point de repère **o semáforo** ou **a sinaleira** (*le feu de signalisation*). Les termes suivants pourront également vous être utiles : **paralela** (*parallèle*), **perpendicular** (*perpendiculaire*), **transversal** (*croisement* (litt. *(rue) transversale*)). Par exemple, **na segunda transversal** signifie *au deuxième croisement.*

Até *Jusqu'à*

Até, *jusqu'à*, est un autre mot très utile pour indiquer le chemin.

A senhora segue em frente até o segundo semáforo.
Vous continuez tout droit jusqu'au deuxième feu.

Souvenez-vous que **até** est également utilisé dans des expressions de temps comme : **até amanhã ; até segunda-feira ; até a próxima.**

Grammaire

Les verbes pronominaux

Lorsque l'action d'un verbe se fait sur le sujet de ce verbe, on a souvent, en portugais comme en français, une construction pronominale, c'est-à-dire que le sujet et l'objet du verbe sont les mêmes. Vous trouverez ci-dessous le présent du verbe **lavar** (*laver*) employé dans un sens pronominal : *se laver.*

eu	**me** lavo
tu	**te** lavas
você, o Sr. / a Sr.ª ele / ela	**se** lava
nós	**nos** lavamos
vocês, os Sr.es / as Sr.as eles / elas	**se** lavam

Les pronoms réfléchis peuvent être rattachés à la fin du verbe par un tiret (**lavo-me, lava-se**...), *mais, au Brésil, ils sont presque toujours placés avant le verbe* (**me lavo, se lava**...).

Pour éviter de commencer une phrase directement par le pronom réfléchi, on ajoute généralement le sujet du verbe **ele**, **nós**, etc. avant le pronom :

Ele se lava às sete horas. Nós nos lavamos às sete horas.

Dans les cas suivants, le pronom réfléchi doit nécessairement précéder le verbe.

- Dans les phrases négatives :

  Não se lava às sete horas. *Il ne se lave pas à 7h.*

- Dans les questions introduites par un mot ou une expression interrogatifs :

  Quando se lava? *Quand se lave-t-il ?*
  A que horas se lava? *À quelle heure se lave-t-il ?*

- Dans les phrases commençant par un adverbe court ou une locution adverbiale :

  Já se lavou. *Il s'est déjà lavé.*
  Depois de se lavar. *Après s'être lavé.*

- Dans les propositions subordonnées introduites par une conjonction (par exemple : *je pense* que...), ou un pronom relatif (par exemple : *la personne* qui...) :

  Penso que se lava às sete horas. *Je pense qu'il se lave à 7h.*
  Ele é a pessoa que se lava às sete horas. *C'est la personne qui se lave à 7h.*
  Se você não se importa, *Si cela ne te dérange pas,*

prefiro ficar em casa. *je préfère rester à la maison.*

Ces règles sont également valables lorsqu'on introduit un sujet (**ele**, etc.) :

Ele não se lava às sete horas.

Depois de ele se lavar.

Penso que ele se lava às sete horas.

Remarques :

- Généralement, l'emploi de la forme pronominale est similaire en portugais et en français. Il existe cependant des situations où le portugais fait appel à la forme pronominale là où le français ne le fait pas, par exemple lorsqu'en français on utilise le pronom personnel sujet *on* :

Por onde se vai para o Hotel Baía? *Comment fait-on pour aller à l'Hôtel Baía ?*

Como se escreve esse endereço? *Comment écrit-on cette adresse ?*

- Dans une réponse courte, on peut s'abstenir de répéter le pronom réfléchi :

  - E ainda se lembra como ela é?

  - Lembro.

Les règles ci-dessus sur la place du pronom réfléchi sont également valables pour les pronoms compléments d'objet, que nous verrons ultérieurement.

Les verbes : le futur proche

Une action ou un état futurs sont souvent exprimés par le verbe **ir** *aller* au présent de l'indicatif, suivi de l'infinitif du verbe que vous souhaitez utiliser. Cela correspond au futur proche français *aller + infinitif.*

Vamos partir amanhã. *Nous allons partir demain.*

	je vais...	*acheter*	*vendre*	*partir*
eu	**vou**	compr**ar**	vend**er**	part**ir**
tu	**vais**			
você, o Sr. / a Sr.ª ele / ela	**vai**			
nós	**vamos**			
vocês, os Sr.ᵉˢ / as Sr.ᵃˢ eles / elas	**vão**			

Attention : le verbe **ir** est irrégulier.

Dans le **Chapitre 7**, vous avez appris que l'on peut simplement utiliser le présent de l'indicatif pour parler du futur. Quelle est donc la différence avec le futur proche ?

Avec le présent de l'indicatif, on se contente d'énoncer une action ou un événement prévus dans le futur, tandis qu'avec le futur proche, on exprime une certaine détermination ou une certitude.

Notez qu'en portugais, dans la langue courante, le futur simple est très fréquemment remplacé par le futur proche, sans pour autant signifier que l'action se déroulera dans un futur immédiat.

Partimos amanhã. *Nous partons demain.*
(C'est ce qui est probable.)

Vamos partir amanhã. *Nous allons partir demain.*
(C'est notre intention.)

Vou estar vestida com um casaco azul. *Je vais porter une veste bleue.*
(Vous pouvez comptez sur cette information pour me reconnaître.)

autoévaluation

Exercices

8.3

Tricia aimerait aller à la piscine et a demandé :

Por onde se vai para a piscina?

8.3.1 Choisissez les mots dont vous avez besoin pour compléter les indications suivantes.

toma – vira – segue
transversal – perpendicular

Naquela esquina ali, a do semáforo,
você _______ à esquerda, depois
_______ em frente, na terceira
______ vira à direita e depois
_______ a primeira rua à esquerda.
A piscina é aí, à esquerda.

8.3.2 Qu'auriez-vous pu dire à la place de **você...** pour être plus courtois ?

8.4

CD1 piste 40

Quatre voyageurs parlent des vêtements qu'ils vont porter le lendemain.

8.4.1 Écoutez les phrases et numérotez les illustrations en fonction de la description donnée par chaque personne. Faites une croix à côté des vêtements concernés au fur et à mesure que vous les entendez prononcer.

8.4.2 Écoutez à nouveau l'enregistrement et écrivez la description complète de ce que chacun va porter.

8.4.3 Comment ces personnes diraient-elles que, pour voyager, c'est le type de vêtements qu'elles ont l'habitude de porter ? Nous vous donnons la première phrase à titre d'exemple.

1 Para viajar normalmente visto (um) terno.

8.4.4 Vous voulez désigner deux personnes dans une foule. Complétez les phrases suivantes en portugais de façon à expliquer de qui il s'agit en fonction de leurs vêtements.

i É aquela senhora de ______________ (*chemisier rose* + *jupe verte*).
ii É aquele senhor de ______________ (*chemise blanche* + *pantalon marron*).

8.5

La liste des participants à une excursion est introuvable et le guide essaie de savoir qui est qui. Les questions, les réponses et les déclarations suivantes viennent du groupe. Complétez-les, en remettant les mots dans l'ordre.

1. O senhor, por favor, como (chama / se)?
2. Eu? (chamo / Valdemar Nascimento / Me).
3. Por favor! Esta é a pessoa que (se / Mauro de Oliveira / chama).
4. Aquele senhor? Eu penso que (chama / Fernando Camargo / se / ele).
5. Desculpe a pergunta, a senhora (se / Flávia Couto / chama)?
6. Não, (Flávia Couto / . / Me / chamo / chamo / me / não / Clara Bento).

09

Ontem fui de carro

Hier j'y suis allée en voiture

Communication

- Décrire vos habitudes quotidiennes ou celles de quelqu'un d'autre
- Parler des mois, des saisons et du temps qu'il fait
- Parler de quelque chose que vous avez fait ou qui est arrivé dans le passé

Falando acerca do seu dia-a-dia
Conversation sur les habitudes quotidiennes

CD1 piste 41

Alexandra se renseigne sur les habitudes quotidiennes de Gustavo.

Gustavo	Levanto-me cedo, às sete e meia da manhã, e saio de casa às oito e meia. À noite volto para casa tarde, às nove, e deito-me em torno de dez e meia.
Alexandra	E no fim de semana?
Gustavo	Eu me deito mais tarde.
Alexandra	Então você se levanta também mais tarde?
Gustavo	Depende. Levanto-me mais tarde, quando não faz tempo bom. Quando faz tempo bom, levanto-me às sete e meia como de costume, mas para ir à praia. Gosto de chegar lá muito cedo.

vocabulaire

levanto-me	*(je) me lève*
cedo	*tôt*
saio de casa	*(je) quitte la maison*
volto para casa	*(je) rentre à la maison*
em torno de	*aux alentours de*
no fim de semana = aos fins de semana	
deito-me / eu me deito	*je me couche*
mais tarde	*plus tard*
depende	*(cela) dépend*
faz tempo bom	*il fait beau (temps)*
como de costume	*comme d'habitude*

Falando de como vai para o trabalho
Conversation sur les moyens de transport

CD1 piste 41

Vera explique à Marcos comment elle se rend au travail.

Marcos	Onde é que você trabalha?
Vera	Trabalho numa loja relativamente perto da minha casa.
Marcos	E como vai para o trabalho?
Vera	Normalmente vou a pé.
Marcos	E quanto tempo leva?
Vera	Levo meia hora. Mas às vezes, quando me levanto mais tarde ou não faz tempo bom, vou de carro. Por exemplo ontem fui de carro. Levei mais ou menos dez minutos.

vocabulaire

é que	*(c')est que*
trabalho	*(je) travaille*
relativamente	*relativement*
vou a pé	*(j'y) vais à pied, (je) marche*
quanto tempo leva?	*combien de temps (cela) prend(-il)?*
levo	*cela me prend* (litt. *(je) prends*)
às vezes	*parfois* (litt. *(il y a) des fois*)
vou de carro	*(j'y) vais en voiture*
por exemplo	*par exemple*
ontem	*hier*
fui de carro	*(j'y) suis allé(e) en voiture*
levei	*cela m'a pris* (litt. *(j')ai pris*)
mais ou menos dez minutos = uns dez minutos	

autoévaluation

Exercices

9.1 Certo ou errado? *Vrai ou faux ?*

	C	E
1 Gustavo sai de casa às 8h30.	☐	☐
2 Gustavo volta para casa às 22h30.	☐	☐
3 Sabemos que Vera gosta de ir à praia.	☐	☐

9.2 Perguntas e respostas *Questions et réponses*

1 Gustavo: quando é que ele se levanta às 7h30?
- **a** De 2.ª a 6.ª feira.
- **b** Nos finais de semana em que o tempo está bom.
- **c** De 2.ª a 6.ª feira e nos fins de semana em que faz tempo bom.

2 Vera: onde é que fica a loja em que ela trabalha?
- **a** A 15 minutos da casa dela, de carro.
- **b** A 30 minutos da casa dela, a pé.

3 Vera: ontem como é que ela foi para o trabalho?
- **a** Foi a pé e levou uma meia hora.
- **b** Foi a pé e levou uma hora e meia.
- **c** Foi de carro e levou uns 10 minutos.

prononciation

Prononciation

CD1 piste 42

Notez que de nombreux Brésiliens, selon la région où ils vivent, prononcent le **t** et le **d**, en particulier lorsqu'ils précèdent **e** ou **i**, respectivement *tch* et *dj*. Le **-e** en fin de mot se prononce comme un **i**. En écoutant l'enregistrement, prononcez les mots suivants :

dia ; tar**de** ; noi**te** ; universida**de** (*université*) ; **t**ive (*j'ai eu*).

Remarque :

Dans le langage parlé, le **e** final ne sera pas toujours prononcé avec intensité, il deviendra atone et c'est surtout la consonne qui le précède que l'on entendra : **tarde** deviendra « tard' » ; **noite** deviendra « noit' »...

Les mois et les dates

Que data é hoje? *Quelle est la date d'aujourd'hui ?*

janeiro	*janvier*	**julho**	*juillet*
fevereiro	*février*	**agosto**	*août*
março	*mars*	**setembro**	*septembre*
abril	*avril*	**outubro**	*octobre*
maio	*mai*	**novembro**	*novembre*
junho	*juin*	**dezembro**	*décembre*

Comme en français, les noms de mois s'écrivent avec une minuscule en portugais.

En règle générale, les jours du mois sont exprimés avec des nombres cardinaux (*deux*, *trois*, *quatre*, etc.), sauf le premier jour du mois qui se dit parfois **primeiro** (*premier*).

no primeiro de novembro

Les années se disent comme en français :

1999 : **mil, novecentos e noventa e nove**

Hoje é cinco de agosto.	*Aujourd'hui nous sommes le cinq août.*
Pedro Álvares Cabral avistou o Brasil no dia vinte e dois de abril de 1500.	*Pedro Álvares Cabral a aperçu le Brésil le vingt-deux avril 1500.*

Les saisons

As quatro estações do ano *Les quatre saisons*

(a) Primavera	*(le) printemps*	**(o) Outono**	*(l')automne*
(o) Verão	*(l')été*	**(o) Inverno**	*(l')hiver*

Les noms des saisons s'écrivent avec une minuscule, comme en français.

Em dezembro é inverno na França mas verão no Brasil.	*En décembre c'est l'hiver en France mais c'est l'été au Brésil.*

L'hiver dans l'hémisphère Nord coïncide avec l'été dans l'hémisphère Sud.

vocabulaire

Le temps

1. Está	nublado quente frio	*Il fait*	*nuageux* *chaud* *froid*
2. Faz	frio calor sol	*Il fait*	*froid* *chaud* *soleil*
3. Há	nevoeiro neblina geada gelo vento	*Il y a*	*du brouillard* *de la brume* *du givre* *du verglas* *du vent*
4. Chove Neva		*Il*	*pleut* *neige*

Voici quelques conseils pour parler correctement du temps qu'il fait :

1) Employez **está** (verbe **estar**) avec un adjectif (comme **quente**) ou un participe passé (comme **nublado**).

2) Utilisez **faz** (**fazer**) avec un nom (comme **sol**). Vous remarquerez d'ailleurs que **frio** peut être à la fois un adjectif (**um dia frio** *un jour froid*) et un nom (**o frio** *le froid*). Il apparaît donc dans les catégories (**1**) et (**2**) ci-dessus, et peut être associé au verbe **estar** comme au verbe **fazer**. Par analogie, le verbe **estar** est également utilisé avec **calor** (*chaleur*), qui constitue une alternative à **quente** (**está calor = está quente**).

3) Préférez **há** (**haver**) avec un nom pour ce qui semble dense ou statique (comme **nevoeiro** *brouillard*).

4) Pour tout ce qui ressemble de près ou de loin à des précipitations, comme la pluie, la neige, etc., utilisez un verbe qui décrit les conditions météorologiques : **chove (chover)**, **neva (nevar)**.

Le contraire de **tempo bom** (*beau temps*) est **tempo ruim** (*mauvais temps*).

Les adultes et les enfants

Le mot français *enfant(s)* se traduit **criança(s)** en portugais et *adulte(s)* **adulto(s)**. Le mot **criança** est grammaticalement féminin, même lorsqu'il désigne un garçon, tandis que **adulto** reste masculin, même lorsqu'il désigne une femme. Il existe également le mot **menino / menina** *petit garçon / petite fille* et **moça / moço** *jeune fille, demoiselle / jeune homme.* Vous remarquerez que selon le contexte, on utilisera des termes différents. Par exemple, une mère parlant de ses enfants dira :

Tenho dois filhos, um menino de quatro anos e uma menina de dois anos.

Mais si elle demande des billets pour elle et ses enfants elle dira :

Três, por favor, para um adulto e duas crianças.

Le mot **moça**, au féminin, est un terme neutre pour s'adresser à une jeune fille.

O leite é para a moça. *Le lait est pour la demoiselle.*

De la même façon, **moço** ou **rapaz** équivalent à *jeune homme, garçon.*

Tenho dois filhos, dois rapazes. *J'ai deux enfants, deux garçons.*

Grammaire

Les questions

Nous avons rencontré deux types de questions :

a les questions qui sont des phrases affirmatives terminées par un point d'interrogation : l'ordre des mots est le même, seule l'intonation change.

Você está de férias. *Vous êtes en vacances.* **(fait)**
Você está de férias? *Êtes-vous en vacances ?* **(question)**

b les questions introduites par un mot interrogatif (**onde**, **quando**, **como**, **qual**, etc.). Dans ces questions, le sujet reste devant le verbe.

Onde você trabalha? *Où travaillez-vous ?*

mot interrogatif (**onde**) + sujet (**você**) + verbe (**trabalha**)

Comme nous l'avons vu dans le **Chapitre 6**, le sujet peut être omis dans ces deux types de questions (**a** et **b**). Vous aurez donc sûrement l'occasion d'entendre les versions suivantes :

a Está de férias. (fait) Está de férias? (question)
b Onde trabalha? (question)

É que *C'est... que*

Eu é que agradeço. *C'est moi qui vous remercie.*

Onde é que você trabalha? *Où est-ce que vous travaillez ?*

Notez que le sujet peut être omis dans la deuxième phrase : **Onde é que trabalha?**

En général, les Brésiliens utilisent assez peu cette construction avec é que. Ainsi, ils préféreront **Onde você trabalha?** à **Onde é que você trabalha?**

Les genres

Voici comment on forme le féminin des noms.

1) Les mots qui se terminent en -**o** au masculin (mais pas en **-ão**) ont une terminaison en **-a** au féminin :

amigo / amiga *ami / amie*

2) Aux mots qui se terminent en **-or** ou **-ês** au masculin, on ajoute un **a** au féminin :

senhor / senhora *monsieur / madame*
francês / francesa *Français / Française*

Notez que l'accent circonflexe disparaît au féminin.

3) Les mots qui se terminent en **-eu** au masculin ont une terminaison en **-eia** au féminin :

europeu / europeia *Européen / Européenne*

4) Les mots qui se terminent en **-e** ou **-a** au masculin ne changent pas au féminin :

estudante *étudiant / étudiante*
dentista *dentiste*

5) Certains mots masculins qui se terminent en **-ão** perdent le **-o** final au féminin :

irmão / irmã *frère / sœur*

6) Le **ô** final des noms masculins se transforme en **ó** au féminin :

avô / avó *grand-père / grand-mère*

7) Certains mots ont un masculin et un féminin complètement différents.

pai / mãe *père / mère*

Les adjectifs, les participes passés adjectivés et les ordinaux suivent les règles ci-dessus selon le nom qu'ils définissent.

o senhor francês / a senhora francesa *le monsieur français / la dame française*
obrigado / obrigada *merci* (dit par un homme / une femme)
na primeira rua *dans la première rue*

Retenez la formation irrégulière du féminin des adjectifs *bon* et *mauvais* :

tempo **bom** (masc.) *beau temps* ; **boa** tarde (fém.) *bon après-midi*

mau tempo (masc.) *mauvais temps* ; **má** notícia (fém.) *mauvaise nouvelle*

Les pluriels

Comme en français, un nom masculin pluriel englobe parfois les deux genres. Ainsi, **os amigos** *les amis* inclut soit des hommes uniquement, soit des hommes et des femmes. Retenez **os pais**, qui signifie *les pères*, mais aussi *les parents (le père + la mère)*. Il y a une exception : pour dire *les grand-parents* (hommes + femmes), on dit **os avós**.

Le mot portugais **parente** a une signification plus exclusive que le terme français *parent*, car il désigne un parent proche, mais pas le père ni la mère.

Lorsqu'un adjectif ou un participe passé se rapporte aux deux genres à la fois, on utilisera le masculin pluriel.

o filho e a filha gêmeos *le fils et la fille jumeaux*

Les verbes : le passé simple portugais

	j'ai acheté... (j'achetai)	*j'ai vendu... (je vendis)*	*je suis parti... (je partis)*
eu	compr**ei**	vend**i**	part**i**
tu	compr**aste**	vend**este**	part**iste**
você, o Sr. / a Sr.ª ele / ela	compr**ou**	vend**eu**	part**iu**
nós	compr**amos**	vend**emos**	part**imos**
vocês, os Sr.ᵉˢ / as Sr.ᵃˢ eles / elas	compr**aram**	vend**eram**	part**iram**

On emploie le passé simple portugais pour :

- parler d'une action ou d'un événement qui s'est déroulé dans le passé à un moment déterminé.

Cheguei ontem. *Je suis arrivé(e) hier.* (chegar)
Ontem fui de carro. *Hier j('y) suis allé(e) en voiture.* (ir)

- parler d'une action ou d'un événement qui s'est déroulé dans le passé, y compris le passé récent, à un moment indéterminé.

Cheguei. *Je suis arrivé(e).* **(chegar)**
Saí de casa. *J'ai quitté la maison.* **(sair)**

(Voir **ir** dans le tableau des verbes irréguliers à la fin de l'ouvrage.)

Remarque :

L'utilisation du passé simple étant rare en français, surtout à l'oral, le passé simple portugais est très souvent rendu par un passé composé français.

Exercices

9.3

Complétez la phrase suivante en remplaçant les illustrations sur le temps et les saisons ci-dessous par des mots.

Onde ele mora...

 no  ,  no 

 na  e  no 

9.4

CD1 piste 43

(a) terra	*(la) terre, (le) pays d'origine*

Vous allez entendre six personnes parler du temps qu'il fait pendant certains mois dans leur pays d'origine ou celui d'autres personnes.

9.4.1 Écoutez l'enregistrement et complétez le tableau en suivant l'exemple donné pour la première phrase.

i	Na minha terra	*Maio*	*bom tempo*
ii	Na terra do meu marido		
iii	Na terra da minha esposa		
iv	Na terra dos meus avós		
v	Aquele rapaz é de uma terra onde		
vi	Estas crianças são de uma terra onde		

9.4.2 Écoutez à nouveau l'enregistrement et écrivez les six phrases.

9.4.3 Pouvez-vous décrire ces vacances d'été où le temps était exécrable ? Cherchez dans le tableau des verbes irréguliers à la fin de l'ouvrage la conjugaison de **fazer** et **haver**.

Il n'a pas fait beau. Il a fait froid, il y a eu du vent, il a plu, il y a eu du brouillard et il n'y a pas eu de soleil..

9.5

Observez les illustrations qui décrivent les habitudes quotidiennes de Daniel, et le déroulement inhabituel de sa journée d'hier.

Normalmente:

7h00 | 8h00 | 20h30 | 23h00

levantar | sair de casa | voltar para casa | deitar

Ontem:

8h00 | 9h00 | 22h00 | 24h00

levantar | sair de casa | voltar para casa | deitar

9.5.1 Aidez Daniel à décrire ses habitudes quotidiennes.

Commencez par **Normalmente eu…**

9.5.2 Aidez-le maintenant à expliquer en quoi elles ont changé hier.

Commencez par **Ontem eu….**

9.5.3 Comment la mère de Daniel décrirait-elle les habitudes quotidiennes de son fils ?

Commencez par **Normalmente ele….**

9.5.4 Comment décrirait-elle sa journée d'hier ?

Commencez par **Ontem ele….**

10

Lugares e pessoas

Des lieux et des gens

Communication

- Vous exprimer lors de vos voyages et des rencontres que vous ferez
- Parler de l'heure, de la date et du temps qu'il fait
- Parler du passé et du futur proche

autoévaluation

Exercices

10.1

CD2 piste 1

Vous êtes au Brésil et visitez le pays. Vous souhaitez savoir dans quelle direction vous devez aller pour vous rendre aux endroits que vous avez choisis.

N
norte
nord

NO noroeste *nord-est* — **nordeste NE** *nord-ouest*

O oeste *ouest* — **leste** (*ou* **este) L** (*ou* **E)** *est*

SO sudoeste *sud-est* — **sudeste SE** *sud-ouest*

sud
sul
S

10.1.1 Étudiez la rose des vents (**a rosa-dos-ventos**) **ci-dessus**, et écoutez l'enregistrement. Numérotez de 1 à 8 chaque point cardinal au moment où vous l'entendez prononcer.

10.1.2 Réécoutez l'enregistrement et écrivez chacune des phrases que vous entendez.

10.2

vocabulaire

(os) graus centígrados *(les) degrés centigrades*

a temperatura está alta = está quente

a temperatura está baixa = está frio

10.2.1 **À partir de** la carte météo du Brésil pour le week-end prochain, qui se trouve à la page suivante, reconstituez le bulletin de prévisions météo en associant chaque début de phrase (colonne de gauche) à la fin de phrase (colonne de droite) qui convient.

No próximo fim de semana...

i	vão fazer vinte e seis graus centígrados	**A**	no Sudeste
ii	vão fazer vinte e quatro graus centígrados	**B**	ao sul do Rio Paraná
iii	vai fazer sol	**C**	ao norte do Rio Amazonas
iv	vai ventar	**D**	ao norte do Rio Paraná
v	vai chover	**E**	em Manaus
vi	vai estar muito nublado	**F**	em Curitiba

10.2.2 Écrivez maintenant le bulletin météo que vous venez d'obtenir à l'exercice **10.2.1**, mais sous forme de compte-rendu du week-end dernier. Commencez par :

No fim de semana passado...

10.2.3 Répondez aux questions suivantes en donnant des réponses complètes.

i Fez mais calor em Manaus ou em Curitiba?

ii A temperatura esteve mais baixa em Curitiba ou em Manaus?

iii Fez tempo bom no norte ou no sul?

iv Como é que esteve o tempo ao norte do Rio Amazonas?

v Ventou no Sudeste?

vi Onde é que choveu?

10.3

10.3.1

Vocabulaire

(a) poltrona	*(le) siège*

Le billet suivant a été acheté dans une gare routière par une voyageuse qui se rend de Maringá à Curitiba. Complétez les phrases du dialogue entre elle et le guichetier.

BILHETE PASSAGEM RODOVIÁRIO

SEGURO FACULTATIVO — LEI FEDERAL

DE	**PARA**	**BILHETE N°**
MARINGÁ	CURITIBA	7500364
DATA EMBARQUE	**HORÁRIO**	**POLTRONA**
15/10	22:45	15
TIPO ÔNIBUS	**PLATAFORMA**	**DATA EMISSÃO**
EXECUTIVO	01	14/10

- Queria fazer uma reserva para Curitiba para amanhã à noite.
- À noite tem o Executivo.
- A que ________ parte?
- Às ________ e quarenta e cinco.
- Está bem. Eu queria na seção “não fumante”, somente ida.
- O ônibus é todo ________. É proibido ________.
- Certo.
- Aqui está a passagem da senhora. Poltrona ________ no Executivo das dez e ________, amanhã ________. O ________ sai da primeira plataforma.

10.3.2

Vocabulaire

(o) lugar (sentado)	*(la) place (assise)*
na janela	*côté fenêtre*
no corredor	*côté couloir*
(o) ônibus leito	*(le) car équipé de sièges couchettes*

Vous trouverez à la page suivante un autre billet acheté dans une gare routière. Complétez les phrases du dialogue entre le guichetier et la voyageuse qui se rend de Rio de Janeiro à Buenos Aires.

BILHETE PASSAGEM RODOVIÁRIO – LINHA INTERNACIONAL		
LEI FEDERAL		SEGURO FACULTATIVO
DE	**PARA**	**BILHETE Nº**
RIO DE JANEIRO	BUENOS AIRES	2500259
DATA EMBARQUE	**HORÁRIO**	**LUGAR**
22/09	10:15	JANELA 22
TIPO ÔNIBUS	**PLATAFORMA**	**DATA EMISSÃO**
ÔNIBUS LEITO	05	21/09

- Queria fazer uma reserva para Buenos Aires para amanhã de manhã.
- De manhã tem um ônibus ________.
- ________ parte?
- Às dez e ________.
- Está bem.
- Ida e volta?
- Só ida.
- Quer um lugar na janela?
- ________, sim. Obrigada.
- Aqui está a passagem da senhora. Lugar ________ e dois às ________ e quinze, amanhã ________. O ________ sai da plataforma cinco.

10.4

CD2 piste 2

vocabulaire

como é que se escreve? *comment ça s'écrit ?*
A de África... *A d'Afrique...*

10.4.1 Entraînez-vous à prononcer les lettres de l'alphabet en portugais en les répétant à voix haute.

A, B, C, D, E, F, G, H, I, J, K, L, M, N, O, P, Q, R, S, T, U, V, W, X, Y, Z.

10.4.2 Aidez Alain Prive à épeler son nom de famille dans le dialogue qui suit, en utilisant les mots encadrés (ce sont des mots qui vous sont déjà familiers).

- Como é que o senhor se chama?
- Alain Prive.
- Alain... (*escrevendo*) E o outro nome, como é que se escreve?
- P de praia...

estação
rua
viagem
idade

10.5

CD2 piste 3

10.5.1 Onde é que você mora?

Pouvez-vous poser cette question en utilisant **o senhor** pour dire *vous* ?

10.5.2 Regardez les noms de rues ainsi que les trois numéros **ci-dessous**.

i Deux personnes indiquent leur adresse. Écoutez-les et cochez le nom de leur rue et le numéro.

ii Imaginez que vous êtes la personne qui habite à la troisième adresse et dites où vous habitez.

TRAVESSA DA ALDEIA
N.º 21

RUA DA INDEPENDÊNCIA
N.º 42

RUA DA BELA VISTA
N.º 95

travessa = pequena rua transversal

10.6

CD2 piste 4

Magda parle à un chauffeur de taxi et lui montre l'adresse **suivante** :

Rua Atlântico, n.º 100

i Mettez les mots suivants dans l'ordre de façon à retrouver ce que dit Magda. Vous pouvez vérifier votre réponse en écoutant l'enregistrement.

Pode / levar / a / me / ? / endereço / este

ii Qu'a-t-elle demandé ?

iii Vous êtes Magda, mais vous n'avez pas noté l'adresse de votre destination. Demandez au chauffeur de vous conduire au numéro 100 de la Rua Atlântico :
Pode...

10.7

Trois personnes, qui se trouvent aux endroits marqués A, B et C sur le plan qui suit, cherchent le jardin botanique de Porto Alegre. Elles demandent leur chemin en disant :

Por onde se vai para o Jardim Botânico?

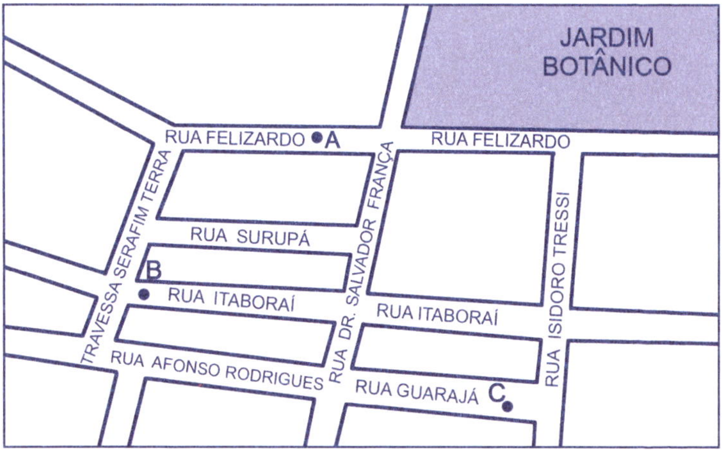

10.7.1 Voici ce qu'on leur répond. Associez chacune des indications avec la lettre qui lui correspond.

i Esta rua é perpendicular à rua Salvador França. Você toma a rua Salvador França à esquerda, passa a rua Surupá e, ao chegar à rua Felizardo, vira à direita.

ii **Você** segue em frente até a rua Salvador França. Na esquina, você vira à esquerda.

iii Você toma a primeira rua à esquerda (a rua Isidoro Tressi) e segue em frente até a rua Felizardo, que fica em frente ao Jardim Botânico.

10.7.2 Si vous souhaitez être plus courtois, par quoi pouvez-vous remplacer **você** ?

10.7.3 Quels changements devez-vous effectuer si c'est un groupe de personnes qui demandent leur chemin ?

10.8

CD2 piste 5

vocabulaire

(o) calção de banho *ou* **a sunga**	*(le) caleçon / (le) maillot de bain pour homme*
(o) maiô	*(le) maillot de bain*
(o) biquíni	*(le) bikini*

[**rosa**] [**laranja**]

10.8.1 Écoutez les trois échanges sur l'enregistrement et écrivez les réponses données aux questions suivantes.

i Qual é a sua filha? **ii** Qual é a sua irmã? **iii** Qual é o seu pai?

10.8.2

vocabulaire

em pé = de pé	*debout*
deitado	*couché*
sentado	*assis*

Écoutez les trois échanges suivants et écrivez les réponses aux questions.

i Qual é a sua neta? **ii** Qual é a sua mãe? **iii** Qual é o seu avô?

10.8.3 De la même façon, décrivez votre :

i amie (*bikini rouge, très bronzée, debout*)
ii ami (*caleçon vert, cheveux noirs, allongé*)

10.9

Me chamo Chico Ramos. Sou de Maputo, capital de Moçambique. Tenho dezoito anos e sou estudante. Moro aqui na África do Sul há dois anos, com os meus pais, a minha irmã e o meu irmão. Meus pais são brasileiros, e meu pai tem uma grande empresa no sul do Brasil. Vamos para lá no próximo ano e eu vou estudar na Universidade Federal do Rio Grande do Sul. Quero ser médico.

10.9.1 Quoi ? D'où ? Où ? Avec qui ? Combien de temps ?

D'après ce que Chico a dit sur lui et sa famille, quelles réponses donnerait-il aux questions suivantes ?

i Como é que você se chama?
ii De onde é que você é?
iii Quantos anos você tem?
iv Onde é que você mora?
v Há quanto tempo mora aqui?
vi Quando vai sair daqui?
vii Com quem você mora?
viii De onde são seus pais?
ix Para onde você vai no próximo ano?
x O que você quer ser profissionalmente?
xi Em que universidade você vai estudar?

10.9.2 Você *et* tu

Vous interviewez Chico pour le magazine de l'université de Porto Alegre. Posez les mêmes questions qu'à l'exercice **10.9.1** mais en utilisant **tu** au lieu de **você**. N'oubliez pas de modifier le verbe en conséquence. Comme nous l'avons signalé dans le **Chapitre 7**, le pronom personnel sujet tu est très peu utilisé au Brésil, sauf dans quelques villes, régions et États (dont Porto Alegre, capitale de l'État du Rio Grande do Sul). (Voir aussi la **page 78** pour l'emploi de você et tu.)

Voici la première question : **Como é que tu te chamas?**

10.10

CD2 piste 6

Vous aurez peut-être l'occasion d'écrire une carte en portugais pour un événement particulier. Étudiez dans le tableau suivant les messages appropriés à chaque circonstance et écoutez-les sur l'enregistrement.

Natal *Noël*	**Feliz Natal**
Ano novo *Nouvel an*	**Feliz Ano Novo / (Um) Próspero Ano Novo / Boas Festas**
Páscoa *Pâques*	**Feliz Páscoa**
Aniversário *Anniversaire*	**Feliz aniversário / Parabéns**
Casamento *Mariage*	**Parabéns / Felicidades**
Aniversário de casamento *Anniversaire de mariage*	**Parabéns / Felicidades**
Nascimento *Naissance*	**Parabéns / Felicidades**
Falecimento *Décès*	**Sentidos pêsames**
Sucesso, êxito *Réussite, Heureux événement*	**Parabéns / Felicidades**

10.10.1 Voici ce que Miguel a écrit sur la carte d'anniversaire qu'il a donnée à sa grand-mère :

Parabéns no seu sexagésimo aniversário. Muitas felicidades.

(On peut remplacer **no** par **pelo** dans cette phrase.)

Qu'écrirait-il sur la carte d'anniversaire de son cousin de 25 ans ?

10.10.2 Ajoutez sur la carte ci-dessous vos vœux pour la nouvelle année.

11

Siga em frente

Continuez tout droit

Communication

- Recevoir et donner des instructions
- Demander votre chemin et indiquer le chemin
- Préciser ce que vous voulez dans un magasin
- Parler de poids, de mesures et de quantités

Na rua *Dans la rue*

CD2 piste 7

Daniela arrête deux passants pour leur demander le chemin de l'épicerie.

Daniela	Por favor, onde é a mercearia?
1.º transeunte	Não sei. Eu não sou daqui. Desculpe.
Daniela	Tudo bem. Obrigada.

Daniela	Por favor, sabe me dizer onde é a mercearia?
2.º transeunte	Sei, sim. É perto. Siga em frente e no segundo semáforo vire à esquerda. A mercearia fica à direita.

vocabulaire

(a) mercearia	*(l')épicerie*
sabe me dizer...?	*pouvez-vous me dire...?* (litt. *savez-vous me dire...*)
siga	*continuez, allez*
vire	*tournez*

Na mercearia *À l'épicerie*

CD2 piste 7

Le vendeur de l'épicerie sert Daniela puis une seconde cliente.

Daniela	Queria meio quilo de queijo.
Vendedor	Qual prefere?
Daniela	Prefiro esse à sua direita.
Vendedor	Aqui tem o meio quilo de queijo. Mais alguma coisa?
Daniela	Não. Só isso. Quanto custa?

2.ª freguesa	Queria meia dúzia de ovos, duzentos gramas daquele queijo (*apontando*), uma garrafa de litro de água mineral e salsichas em lata... uma daquelas latas na segunda prateleira a contar de cima. E por favor me dê uma sacola (*pegando a sacola com as compras*). Obrigada. Quanto é tudo?

vocabulaire

meio quilo de queijo	*500 grammes* (litt. *un demi-kilo*) *de fromage*
prefere	*(vous) préférez*
prefiro	*(je) préfère*
só = somente	
só isso	*ça sera tout* (litt. *seulement ça*)

quanto custa? = quanto é?	
duzentos gramas	*200 grammes*
daquele (= de + aquele) queijo	*de ce fromage*
apontando	*désignant*
(a) garrafa de litro	*(la) bouteille d'un litre*
(a) água mineral	*(l')eau minérale*
(as) salsichas em lata	*(les) saucisses en boîte*
uma daquelas (= de + aquelas) latas	*une de ces boîtes*
(a) prateleira	*(l')étagère*
a contar de cima	*en partant du haut* (litt. *à compter d'en haut*)
me dê uma sacola	*donnez-moi un sac*
pegando a sacola	*prenant le sac*
quanto é tudo?	*ça fait combien ?* (litt. *combien (c')est tout ?*)

Exercices

11.1 Perguntas e respostas *Questions et réponses*

1 Quem sabe onde é que a mercearia é?
- **a** O primeiro transeunte.
- **b** O segundo transeunte.

2 Por onde é que Daniela vai para a mercearia?
- **a** Ela segue em frente e vira à esquerda no segundo semáforo.
- **b** Ela segue em frente e vira à direita no segundo semáforo.

3 Qual é o queijo que Daniela prefere?
- **a** Ela prefere o queijo que está à direita dela.
- **b** Ela prefere o queijo que está à direita do vendedor.

4 Quantas coisas é que a segunda freguesa quer comprar?
- **a** Quatro: ovos, queijo, água e salsichas em lata.
- **b** Cinco: ovos, queijo, água, salsichas e uma lata de outra coisa.

5 Onde é que está a lata que a segunda freguesa quer comprar?
- **a** Na quarta prateleira a contar de baixo.
- **b** Na segunda prateleira a contar da esquerda.
- **c** Na segunda prateleira a contar de cima.

Être servi

Quand on entre dans un magasin au Brésil, on est souvent accueilli par l'expression **pois não**. Cette formule de politesse est prononcée avec une intonation interrogative par le vendeur qui invite le client, de façon implicite, à dire ce qu'il veut.

• « J'aimerais... »

Pour demander ce que vous voulez, vous pouvez dire **(eu) queria...** (*j'aimerais...*), mais aussi **(eu) quero...** (*je veux...*).

Comme nous l'avons vu au **Chapitre 4**, vous pouvez utiliser les expressions **há...?** (*y a-t-il... ?*) et **tem...?** (*avez-vous... ?*) pour savoir s'il y a dans le magasin ce que vous désirez.

• « Lequel préférez-vous ? »

Si l'on vous demande **qual prefere?** (*lequel préférez-vous ?*), vous pouvez répondre en commençant par **prefiro...** (*je préfère...*) pour dire ce que vous préférez, ou en employant **tanto faz** si cela vous est égal.

Prefiro esse à sua direita.	*Je préfère celui-là à votre droite.*

• « Combien en plus / moins ? »

Pour répondre à cette question, vous pouvez choisir parmi les expressions suivantes : **mais** (*plus*), **menos** (*moins*), **muito mais** (*beaucoup plus*), **muito menos** (*beaucoup moins*), **um pouco mais** (*un petit peu plus*), **um pouco menos** (*un petit peu moins*), **mais um/a** (*un/e de plus*).

Um pouco menos, por favor.	*Un petit peu moins, s'il vous plaît.*

• « Assez » et « trop »

Bastante (*assez*) s'utilise souvent de façon hyperbolique pour dire *plutôt (beaucoup)*. De même, on emploie **muito** (*beaucoup*) comme un euphémisme pour dire *trop*.

É bastante caro.	*C'est plutôt cher.*
É muito caro!	*C'est trop cher !*

Si le vendeur vous sert et que vous voulez l'arrêter parce qu'il vous a donné assez ou trop de quelque chose, vous direz **chega** et **é demais**.

Chega!	*Ça suffit !* (litt. *Assez !*)
É demais!	*C'est trop !*

• « Est-ce que ça va ? », « C'est bon ? »

Pour exprimer l'approbation, dites **está bem** ou **certo** (*c'est bien, d'accord*).

• « Et avec ceci ? »

Si l'on vous demande **mais alguma coisa?** (*désirez-vous autre chose ?*) mais que vous ne voulez rien d'autre, vous direz **não, só isso** (*non, ça sera tout*) ou **não, nada mais** (*non, rien d'autre*).

• « C'est combien ? » et « ça fait combien ? »

Pour poser ces questions en portugais vous demanderez, respectivement, **quanto é?** ou **quanto custa?** et **quanto é tudo?** ou **quanto custa tudo?**.

• « Pouvez-vous me donner un sac ? »

Pour demander un sac plastique, vous pouvez dire : **Pode me dar uma sacola?** Mais en général, on vous fournira un sac sans que vous ayez à le demander.

vocabulaire — Les poids et les mesures

Comme en France, au Brésil on utilise le litre (**o litro**) pour mesurer les liquides et le kilogramme (**o quilograma** ou **o quilo**) pour exprimer les poids.

um litro de	*un litre de*
meio litro de	*un demi-litre de*
um quarto de litro de	*un quart de litre de*
um quilo (= quilograma) de	*un kilo (= kilogramme) de*
meio quilo de	*500 grammes / une livre de* (litt. *un demi-kilo de*)

Quand il s'agit de poids moins lourds, utilisez les grammes (**os gramas**). On peut également acheter le jambon (**o presunto**) par tranche (**a fatia**). Les œufs sont généralement vendus à la douzaine (**a dúzia**). Pour donner un poids ou une mesure approximative, vous aurez recours à **mais ou menos** (*plus ou moins*).

> Queria meio quilo de maçãs, mais ou menos 100 gramas de queijo, dez fatias de presunto, uma dúzia e meia de ovos e uma garrafa de meio litro de água.

vocabulaire — Bouteilles, pots, boîtes de conserve, paquets

Si vous parlez de boissons, **a garrafa** signifie *la bouteille* et **a lata** *la cannette. Le pot* se dit **o vidro**, mais s'il s'agit d'*un pot de yaourt* on dira **um pote de iogurte**. Parmi les autres types de récipients, on trouve **o tubo** *le tube*, **a caixa** *la boîte*, **o pacote** *le paquet*, et **a embalagem** *le carton, le paquet*.

> **Queria um pacote de manteiga** *(beurre)*, **um tubo de mostarda** *(moutarde)*, **um vidro de molho de tomate** *(sauce tomate)* **e duas latas de cerveja** *(bière)*.

Donner une instruction et inviter quelqu'un à faire quelque chose

Au **Chapitre 2**, nous avons vu que les instructions formelles sont souvent données à l'infinitif. On utilise également l'infinitif à l'oral pour demander à quelqu'un de faire ou de ne pas faire quelque chose.

Instruction ou invitation

Vous lisez une notice affichée sur une porte :

EMPURRAR

Vous êtes debout près de la porte et quelqu'un vous demande de l'ouvrir :

Faça o favor de empurrar.

On vous propose de vous asseoir :

Faça o favor de se sentar. *ou* **Queira se sentar.**
O senhor / a senhora quer se sentar? *ou* **Quer se sentar?**

Bien que les deux derniers exemples soient présentés sous forme de question au présent de l'indicatif, ce sont en réalité des invitations. Ces formulations sont souvent utilisées au Brésil où, selon l'intonation qui leur est donnée, elles peuvent avoir valeur d'impératif : *Vas-tu enfin t'asseoir ?*

Interdiction

Une pancarte indique qu'il est interdit de fumer :

NÃO FUMAR

Vous n'avez pas vu la pancarte *Ne pas fumer* et vous avez allumé une cigarette. On vous dit :

Favor não fumar.

On vous rappelle que vous êtes dans un espace non fumeur en utilisant le présent de l'indicatif :

Aqui não se fuma ou **você não pode fumar aqui** (*on ne fume pas ici / vous ne pouvez pas fumer ici*) ou, pour reprendre l'infinitif que vous avez appris au **Chapitre 2**, **Aqui é proibido fumar.**

Si l'on avait utilisé l'impératif dans les exemples précédents, on vous aurait dit :

Empurre! **Sente-se!** **Não fume!**

L'ajout de **por favor** permet de donner un ordre de façon plus courtoise :

Empurre, por favor. **Sente-se, por favor.** **Por favor, não fume.**

Notez qu'à l'impératif le pronom réfléchi se rattache à la fin du verbe par un tiret.

Le degré de politesse ou d'assurance variera aussi selon le ton avec lequel vous prononcerez ces mots.

Isto – isso – aquilo *Comment dire « celui-ci » et « celui-là »*

Revoyez les explications sur **este**, **esse** et **aquele** données au **Chapitre 6**. Sachez qu'il existe une troisième catégorie de pronoms démonstratifs : les pronoms neutres **isto** (*cette chose-ci, ceci*), **isso** (*cette chose-là, cela / ça à côté de vous*) et **aquilo** (*cette chose, cela / ça là-bas, loin de vous et moi*).

Ces trois catégories de pronoms servent à désigner des choses ou des personnes. Nous reviendrons sur leur fonctionnement dans la partie Grammaire de ce chapitre.

Grammaire

Les verbes : l'impératif

i	**tu** (une personne)	compr**a** *achète !*	vend**e** *vends !*	part**e** *pars !*
ii	**você** ou **o senhor / a senhora** (une personne)	compr**e** *achetez !*	vend**a** *vendez !*	part**a** *partez !*
iii	pluriel (plus d'une personne)	compr**em** *achetez !*	vend**am** *vendez !*	part**am** *partez !*

Vous direz donc **Fala mais baixo!** (*Parle moins fort !*) à une personne que vous tutoyez mais **Fale mais baixo!** (*Parlez moins fort !*) à une personne à qui vous vous adressez en utilisant **você** ou **o senhor / a senhora**. Si vous parlez à plusieurs personnes, que vous les tutoyiez ou que vous les vouvoyiez, vous direz **Falem mais baixo!** (*Parlez moins fort !*).

Conseils pratiques pour choisir la bonne terminaison à l'impératif

i **tu** : reprenez le tableau du présent de l'indicatif (**Chapitre 7**) et retirez le -s final :
compras → compr**a** vendes → vend**e** partes → part**e**

ii **você** ou **o senhor / a senhora** : reprenez le tableau du présent et intervertissez les terminaisons verbales (-a devient -e et -e devient -a) :
compra → compr**e** vende → vend**a** parte → part**a**

iii pluriel de **i** et **ii** : ajoutez simplement -m à la forme **ii**
compre → compr**em** venda → vend**am** parta → part**am**

(Pour les verbes irréguliers, reportez-vous toujours aux tableaux de conjugaison à la fin de l'ouvrage.)

Exercices

11.2

CD2 piste 8

Que ce soit pour prendre un ticket de parking ou un café, vous serez peut-être amené à vous servir d'un distributeur automatique.

11.2.1 Étudiez les indications qui apparaissent sur la machine à café.

pressionar a tecla	*appuyez sur la touche*
onde diz	*avec l'inscription* (litt. *où (cela) dit*)
retirar o troco	*prendre votre monnaie*

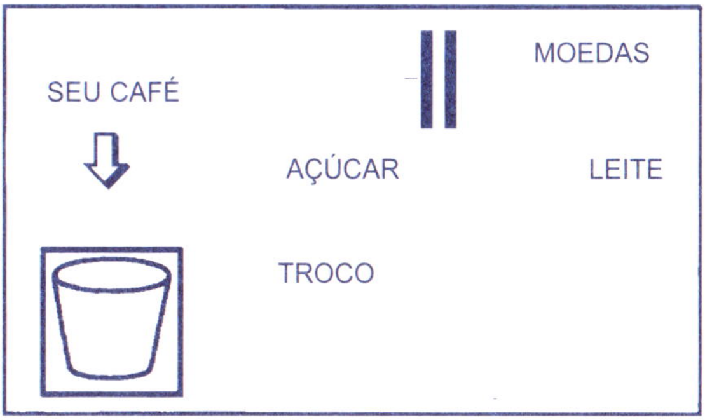

11.2.2 Mônica voudrait une tasse de café avec du lait mais sans sucre. Elle a du mal à faire fonctionner la machine à café et demande de l'aide.

i Écoutez l'enregistrement puis lisez ci-dessous sa question et la réponse qu'on lui donne.

- **Desculpe, o que tenho de fazer para comprar café com leite, sem açúcar?**
- **A senhora tem de introduzir as moedas, pressionar a tecla onde diz LEITE, esperar um pouco e depois retirar o troco e o café.**

ii Donnez des instructions similaires (à l'infinitif), mais pour un café noir avec du sucre.

11.2.3 Mônica essaie de nouveau, en vain. Elle demande à quelqu'un d'autre de l'aider.

i Écoutez puis lisez les indications que l'on donne à Mônica.

- **A senhora introduz as moedas, pressiona a tecla onde diz LEITE, espera um pouco e depois retira o troco e o café.**

ii Donnez des instructions similaires (en utilisant le présent de l'indicatif) pour un café noir avec du sucre.

L'infinitif et l'impératif peuvent s'utiliser tous deux sur des écriteaux, des notices ou des panneaux, mais on choisira l'impératif, plus direct, si l'on veut faire passer un message crucial, par exemple lorsque le non-respect de l'instruction risque de mettre des vies en danger.

Pare Escute Olhe — *Arrêtez Écoutez Regardez* (à un passage à niveau)

Les nombres de 101 à 1000

101	**cento e um/uma**	500	**quinhentos/as**
102	**cento e dois/duas**	600	**seiscentos/as**
121	**cento e vinte e um/uma**	700	setecentos/as
200	**duzentos/as**	800	**oitocentos/as**
300	**trezentos/as**	900	**novecentos/as**
400	**quatrocentos/as**	1 000	**mil**

cento e vinte e cinco gramas
cento e oitenta e duas pessoas
duzentas pessoas
mil pessoas

Isto, isso *et* aquilo

Malgré sa terminaison en **-o**, **isto** n'est pas masculin mais neutre. On l'utilise pour désigner une chose ou une personne qui est présente mais sur laquelle on n'a aucune information. Lorsque cette chose ou personne est définie et donc qu'elle acquiert un genre, on utilise **este** ou **esta**. **Isso – esse / essa** et **aquilo – aquele / aquela** fonctionnent de la même manière.

- O que é aquilo?	*Qu'est-ce que c'est que ça* (neutre), *là-bas ?*
- **É uma lata de cerveja.**	*C'est une cannette de bière.*
- **Ah! Me dê então aquela lata de cerveja.**	*Ah ! Dans ce cas, donnez-moi cette cannette de bière là-bas.*

Les neutres **isto**, **isso** et **aquilo** sont toujours singuliers mais les autres formes peuvent bien sûr se mettre au pluriel. Donc, dans la situation précédente, si l'on découvre qu'il y a plus d'une cannette de bière on dira :

Ah! Dê-me então aquelas latas de cerveja.	*Ah ! Dans ce cas, donnez-moi ces cannettes de bière là-bas.*

Notez que **isto**, **isso** et **aquilo** apparaissent toujours seuls : ce sont des pronoms démonstratifs, tandis que les autres formes peuvent être seules (pronoms) ou accompagnées d'un nom (adjectifs). En français en revanche, les pronoms et adjectifs démonstratifs ont une forme différente.

aquelas	*celles-là*
aquelas latas	*ces canettes(-là)*

11.2.4 Mônica doit demander de l'aide pour la troisième fois car elle ne parvient pas à faire fonctionner la machine.

i Écoutez puis lisez les instructions.

- Introduza as moedas, pressione a tecla onde diz LEITE, espere um pouco e depois retire o troco e o café.

ii Donnez des instructions similaires (à l'impératif) pour un café noir avec du sucre.

11.2.5 Mônica ne parvient toujours pas à obtenir son café. Voici pourquoi :

A máquina está com defeito.

Que signifie cette phrase ?

11.3

Vérifiez que vous savez traduire ce qui suit, pour faire vos courses :

1 J'aimerais...
2 C'est combien ?
3 Je préfére...
4 Un peu plus / moins, s'il vous plaît.
5 C'est bon.
6 C'est tout, merci.
7 Ça fait combien ?
8 Pouvez-vous me donner un sac ?

11.4

Vous êtes à l'épicerie. Parmi les articles que vous souhaitez acheter, certains se trouvent près de vous, ou près de vous et du vendeur (*emplacement 1*), d'autres sont assez loin de vous mais proches du vendeur (*emplacement 2*), et d'autres encore sont nettement éloignés de vous et du vendeur (*emplacement 3*).

Complétez les phrases qui suivent en choisissant le mot qui convient entre parenthèses.

Queria...

		empl.
i	______ que está à sua frente. (isto / isso / aquilo)	*2*
ii	______ lata de cerveja. (esta / essa / aquela)	*1*
iii	quatro fatias _______ presunto. (deste / desse / daquele)	*3*
iv	mais ou menos meio quilo ________ maçãs. (destas / dessas / daquelas)	*1*
v	uma garrafa de vinho, uma ________ de litro. (destas / dessas / daquelas)	*2*
vi	duzentos e cinquenta gramas ______ queijo, o terceiro a contar da esquerda. (deste / desse / daquele)	*3*

11.5

Sur les escaliers mécaniques qui mènent à une station de métro, on peut lire les instructions suivantes.

manter-se	*garder, se maintenir*
caminhar	*marcher, avancer*

MANTENHA-SE À DIREITA

CAMINHE PELA ESQUERDA

11.5.1 Que signifient les deux phrases ?

11.5.2 Donnez ces instructions aux amis qui vous accompagnent. Faites une phrase en commençant par **na escada rolante...** *sur les escaliers mécaniques...* sans oublier de conjuguer les verbes au pluriel.

12

Quando estará pronto?

Quand sera-t-elle prête ?

Communication

- Parler d'importantes sommes d'argent
- Expliquer ce que vous voulez à quelqu'un qui vous sert
- S'exprimer au futur

Nos correios *Au bureau de poste*

CD2 piste 9

Débora est à la poste avec Alexandre pour acheter des timbres.

Débora	Não tenho trocado para comprar selos. Você tem?
Alexandre	Não, tenho apenas notas.
Débora	Não faz mal. O funcionário aceita certamente notas.

Débora	(*falando para o funcionário*) Queria enviar cartões-postais para o estrangeiro, por via aérea. São dois, um cartão-postal para a Europa e um para o Canadá. Quanto é tudo?

vocabulaire

(o) (dinheiro) trocado	*(la) monnaie*
(o) selo	*(le) timbre*
apenas = só, somente	
(a) nota	*(le) billet (de banque)*
não faz mal	*ce n'est pas grave, tant pis*
aceita	*accepte*
certamente	*sûrement*
(o) cartão-postal	*(la) carte postale*
(o) estrangeiro	*(l')étranger*
por via aérea	*par avion*

No posto de gasolina *À la station-service*

CD2 piste 9

Carolina est dans une station-service et elle demande si quelqu'un pourrait vérifier la pression des pneus de sa voiture.

Carolina	Bom dia. É só autosserviço ou pode verificar a pressão dos pneus?
Empregado	Posso. Não há problema. A senhora pode deixar o carro que eu dou uma olhada nos pneus. Quer mais alguma coisa?
Carolina	Não, muito obrigada, é tudo. Quando estará pronto?
Empregado	Isso é rápido. Vai estar pronto daqui a dez minutos, mais ou menos. Enquanto espera, a senhora pode tomar um cafezinho. O bar é ali à esquerda.

(o) autosserviço	*(le) self-service*
verificar	*vérifier*
(a) pressão dos pneus	*(la) pression des pneus*
deixar	*laisser (quelque chose)*
eu dou uma olhada	*je jette un œil* (litt. *je donne un regard*)
pronto	*prêt*
rápido	*rapide*
daqui (= de + aqui)	*d'ici*
enquanto	*pendant que*
tomar	*prendre (une boisson)*
(o) cafezinho	*(l')expresso*
(o) bar	*(le) bar*

Exercices

12.1 Perguntas e respostas *Questions et réponses*

1 Quem não tem troco para comprar selos?

- **a** A Débora.
- **b** O Alexandre.
- **c** A Débora e o Alexandre.

2 Para onde é que a Débora quer comprar selos?

- **a** Para a Europa.
- **b** Para o Canadá.
- **c** Para o Canadá e a Europa.

3 O funcionário pode verificar a pressão dos pneus?

- **a** Não, não pode. É só self-service.
- **b** Pode e vai verificar a pressão dos pneus.

4 Quando é que o carro estará pronto?

- **a** Hoje.
- **b** Hoje à noite.
- **c** Amanhã de manhã.

5 Carolina quer mais alguma coisa?

- **a** Não, não quer.
- **b** Quer, quer também gasolina.
- **c** Quer tomar um café.

Self-service et distributeurs automatiques

Au Brésil, on ne trouve pas de distributeurs automatiques de timbres comme en France. En réalité, on n'achète pas de timbres à l'avance mais on fait affranchir directement son courrier au bureau de poste. En revanche, on trouve parfois des distributeurs automatiques de titres de transport (métro), qu'on appelle **a máquina de venda automática de...** , ou encore **a venda automática de...** Il est recommandé de faire de la monnaie (**trocar dinheiro**) avant de les utiliser, ainsi que pour toute autre machine à pièces.

Onde posso trocar dinheiro para...	*Où puis-je faire de la monnaie pour...*
... a venda automática de passagens?	*... le distributeur automatique de billets (de transport) ?*
... esta máquina?	*... cette machine ?*

Si vous préférez un service personnalisé au self-service, vous aurez besoin de l'expression **você pode...** ou **não se importa de....**

Você pode... / não se importa de...	*Pourriez-vous...*
... verificar a pressão dos pneus?	*... vérifier la pression des pneus ?*
... pôr gasolina no carro?	*... mettre de l'essence dans la voiture ?*
... encher?	*... faire le plein ?* (litt. *remplir*)

« Ici » ou « là »

isto	**isso**	**aquilo**	
↓	↓	↓ – ↓	concept parallèle
aqui = cá	**aí**	**ali lá**	
(ici)	(là)	(là) (là-bas)	

Notez qu'il n'y a pas de différence de sens significative entre **aqui** et **cá**. **Ali** est plus proche que **lá**, et **aí** est proche de la personne à qui vous parlez.

De même, **isso** représente ce qui est proche de votre interlocuteur (**aí**) et/ou de façon abstraite, de ce à quoi il pense :

É isso mesmo.	*C'est exactement ça (c' = ce que vous venez de dire).*
Isso é rápido.	*Ça ne prendra que quelques secondes (ça = ce que vous venez de mentionner).*
Isso é uma boa ideia.	*C'est une bonne idée (c' = votre idée).*

Notez qu'on peut également utiliser **aqui**, **aí**, **ali** et **lá** pour des durées.

Daqui (= de + aqui) a dez minutos. *D'ici dix minutes.*
Dali (= de + ali) a uma semana. *D'ici une semaine.*

Grammaire

Les verbes : le futur simple de l'indicatif

	j'achèterai...	*je vendrai...*	*je partirai...*
eu	compr**arei**	vend**erei**	part**irei**
tu	compr**arás**	vend**erás**	part**irás**
você, o Sr. / a Sr.ª ele / ela	compr**ará**	vend**erá**	part**irá**
nós	compr**aremos**	vend**eremos**	part**iremos**
vocês, os Sr.ᵉˢ / as Sr.ᵃˢ eles / elas	compr**arão**	vend**erão**	part**irão**

Le futur simple de l'indicatif se construit en ajoutant les terminaisons **-ei**, **-ás**, **-á**, **-emos**, **-ão** à l'infinitif de chaque verbe. Il y a cependant trois exceptions : **dizer**, **fazer** et **trazer**. Pour ces verbes, les terminaisons sont ajoutées à des formes raccourcies de l'infinitif : **dir**ei, **far**ei, **trar**ei.

Un petit « truc »

Avez-vous remarqué que les terminaisons du futur simple sont exactement les mêmes que celles du présent de l'indicatif du verbe **haver** ?

-ei	**-ás**	**-á**	**-emos**	**-ão**
hei	**hás**	**há**	**havemos**	**hão**

Les verbes : le futur « emphatique »

Il est composé de **haver** (*avoir, exister*) suivi de **de** et de l'infinitif du verbe que vous voulez utiliser. N'oubliez pas que **haver** est un verbe irrégulier.

Je pense/J'ai l'intention de/J'espère...		*acheter*	*vendre*	*partir*
eu	**hei-de**	compr**ar**	vend**er**	part**ir**
tu	**hás-de**			
você, o Sr. / a Sr.ª ele / ela	**há-de**			
nós	**havemos de**			
vocês, os Sr.ᵉˢ / as Sr.ᵃˢ eles / elas	**hão-de**			

Comparaison des différents futurs

On utilise le futur simple :

- à l'écrit ou à l'oral dans un style soutenu ou familier lorsque l'idée de futur est la notion dominante :

Partiremos amanhã.	*Nous partirons demain.*

- pour exprimer une incertitude :

Não sei se partiremos amanhã.	*Je ne sais pas si nous partirons demain.*

On utilise le futur « emphatique » pour exprimer l'intention ou le souhait d'accomplir une action future :

Havemos de partir amanhã.	*Nous pensons partir demain.*

Reprenez le **Chapitre 8** et révisez la partie sur le futur proche.

Ana, Sandra et Daniela ont prévu d'aller à la plage le lendemain. Voici ce que dit chacune à propos de la météo :

Ana	Não sei se **fará** sol amanhã. (futur simple)
Sandra	**Vai fazer** sol amanhã. (futur proche)
Daniela	**Há de fazer** sol amanhã. (futur « emphatique »)

Ana se demande s'il fera beau, alors que Sandra sait que les prévisions météo sont bonnes. Daniela, quant à elle, espère que le temps ne les décevra pas.

Les diminutifs et les augmentatifs

Les diminutifs et les augmentatifs sont généralement considérés comme des noms à part entière, et prennent la forme du pluriel appropriée.

café → **(o) cafezinho** *(le) petit café (pour une petite tasse de café)*
um cafezinho – dois cafezinhos
flor → **(a) florzinha** *(la) petite fleur*
uma florzinha – duas florzinhas
casa → **(o) casarão** *(la) grande maison*
um casarão – dois casarões

Exception :

pão → **(o) pãozinho** *(le) petit pain*
pães → **um pãozinho – dois pãezinhos**.

Pour les pluriels, voir le **Chapitre 4.**

Les diminutifs sont très utilisés en portugais, pas seulement pour exprimer l'idée de petitesse, mais aussi pour ajouter une connotation affectueuse. On peut les employer aussi bien pour des objets que pour des personnes. Ainsi, le surnom affectueux de **Ana** est **Aninha**.

Les nombres : 1 000 et au-delà

1 001	**mil e um / uma**
1 022	**mil e vinte e dois / duas**
2 000	**dois / duas mil**
100 000	**cem mil**
1 000 000	**um milhão**
2 000 000	**dois milhões**
1 000 000 000	**um bilhão**
2 000 000 000	**dois bilhões**

Remarques :

- **e** est généralement utilisé pour séparer les milliers des centaines, les centaines des dizaines, et les dizaines des unités : **vinte e um / uma** (21) ; **mil e quarenta e dois** (1 042) ; **um milhão, duzentos/as mil e sessenta e cinco** (1 200 065).

  Cependant, lorsque **mil** est suivi d'un nombre égal ou supérieur à 101, **e** disparaît après **mil** : **mil, duzentos/as e vinte** (1 220).

  Lorsque **mil** est suivi de 100, 200, 300, 400, 500, 600, 700, 800 ou 900, on utilise **e** : **mil e duzentos** (1 200) ; **um milhão, duzentos/as mil e cem** (1 200 100).

- **cem** (100) devient **cento** lorsqu'il précède un nombre entre 1 et 99 : **cem** pessoas (*100 personnes*) ; **cento e vinte pessoas** (*120 personnes*).

- lorsque le nombre suit le nom, il s'écrit au masculin pour s'accorder avec **(o) número**, que ce dernier soit présent dans la phrase ou simplement sous-entendu.

  (a) porta (número) vinte e um *(la) porte (numéro) 21*

- l'utilisation de la virgule, (**a**) **vírgula**, est la même qu'en français : **1 001,5 – mil e um vírgula cinco** (*1 001,5 – mille un virgule cinq*). Variante : après les milliers, le point peut remplacer l'espace. **1.001,5 – mil e um vírgula cinco** (*1 001,5 – mille un virgule cinq*).

autoévaluation

Exercices

12.2

CD2 piste 10

La monnaie nationale brésilienne est *le réal* **o real** (pl. reais) qui se divise en *centimes* **centavos**.

12.2.1 Lisez les nombres de la grille ci-dessous à voix haute. Il manque certains chiffres. Écoutez l'enregistrement pour la compléter.

i						9	.	8	0	
ii					4		.	5		0
iii				7		0	.	1	2	
iv	1		.	6	3		.	7		1
v		8	.		0	7	.		0	6
vi	9		.	3		0	.	8		

12.2.2 Écoutez à nouveau l'enregistrement et écrivez ce que vous entendez.

12.2.3 Écrivez en lettres les prix indiqués sur ces étiquettes en suivant l'exemple donné pour la première étiquette.

i Quarenta e dois reais e cinquenta centavos.

i	R$ 42,50	**iv**	R$ 2.025,00	**vii**	R$ 200
ii	R$ 99,00	**v**	R$ 31,50	**viii**	R$ 2.070
iii	R$ 500,00	**vi**	R$ 47		

12.3

Carlos est au café avec ses amis Gabriela, Jorge, Sandra, Fábio et Eliana.

12.3.1 Dans ce dialogue, Carlos prend la commande de tout le monde.

Carlos Então, o que é que vocês querem?
Eliana Queria uma água mineral e um iogurte de banana.
Fábio Por favor, um café sem leite e com açúcar e um sanduíche de presunto.
Jorge Eu queria um café com leite sem açúcar e um sanduíche de presunto.
Gabriela Queria uma cerveja e um sanduíche de queijo.
Sandra Eu não quero nada, obrigada.

12.3.2 Prenez la place de Carlos et faites une liste pour le serveur, en y ajoutant une bière et un sandwich au jambon pour vous.

12.3.3 Le serveur invite le groupe à passer commande en disant : **Pois não?** Lisez votre liste à voix haute.

12.3.4 Mettez les mots suivants dans le bon ordre de façon à demander si vous allez devoir attendre longtemps :

Teremos / muito / ? / que / tempo / esperar

12.3.5 Lorsque le serveur arrive avec la commande, il ne sait plus qui a commandé quoi. Expliquez que l'eau minérale et le yaourt sont pour la jeune fille avec le tee-shirt rouge, et que le café au lait et l'un des sandwichs au jambon sont pour le jeune homme avec le tee-shirt vert.

12.3.6 C'est le moment de payer. Mettez les mots suivants dans l'ordre de façon à demander l'addition (**a conta**) :

A / por / . / favor /, / conta

Remarque :

Laisser un pourboire sur la table n'est pas habituel, car il est généralement déjà inclus dans la note.

12.4

vocabulaire

incomodar	*déranger, gêner*
arrumar	*ranger*

Vous êtes à l'hôtel. Voici la petite pancarte que vous pouvez accrocher à la poignée de porte de votre chambre. D'un côté elle comporte le message « ne pas déranger », de l'autre elle indique que la femme de chambre peut entrer et faire son travail.

12.4.1 La petite pancarte est passée inaperçue et l'on est en train de faire beaucoup de bruit dans le couloir.

i En utilisant l'expression inscrite sur la pancarte, demandez à voix haute que l'on ne vous dérange pas.

ii Faites la même chose en employant l'impératif et **por favor**.

12.4.2 Vous avez retourné la pancarte sur la poignée, et c'est désormais le second message qui apparaît. Alors que vous quittez votre chambre, vous croisez la femme de chambre dans le couloir.

i En commençant par **você já pode...** et en utilisant l'expression inscrite sur la pancarte, dites-lui qu'elle peut s'occuper de votre chambre maintenant. Ajoutez **por favor**.

ii Mettez les mots suivants dans l'ordre de façon à lui demander quand la chambre sera prête :

Quando / é / ? / quarto / pronto / o / que / estará

12.5

Voici le formulaire de la blanchisserie pour la lingerie de Pierre et Jeanne Cresson, clients de l'hôtel Santa Teresa à Rio de Janeiro.

LAVAGEM DE ROUPA – SERVICE DE LAVERIE		
Quarto *405*	Nome *Cresson*	Data *6 de fev.*
Quant. *Qtté*	Roupa de noite e de baixo *Vêtements de nuit et sous-vêtements*	Total (R$)
1	Pijama - *pyjama*	
1	Camisola - *chemise de nuit*	
2	Roupão - *peignoir*	
	Camiseta interior - *débardeur*	
4	Cueca - *slips, caleçons*	
4	Calcinha - *slip, petite culotte*	
2	Sutiã - *soutien-gorge*	
	Meia - *chaussette, bas*	

Qtd. = Quantidade

12.5.1 Lisez le formulaire. Jeanne a ajouté un petit mot pour demander si les vêtements pouvaient être prêts avant mercredi. Lisez son message.

Será possível ter tudo pronto antes de 4.a feira? Obrigada
J. Cresson

i Si Jeanne avait souhaité que seuls les peignoirs (**os roupões**) soient prêts avant jeudi qu'aurait-elle écrit ?

ii Écrivez un message similaire pour demander si le pyjama peut être prêt avant vendredi.

13

Eu costumo calçar 41

Je chausse normalement du 41

Communication

- Faire des comparaisons et des choix
- Décrire la matière, la forme et les motifs d'un vêtement ou d'un accessoire
- Vous exprimer de différentes manières au passé

Numa sapataria *Dans un magasin de chaussures*

CD2 piste 11

Ricardo entre dans un magasin de chaussures et regarde les paires qui sont exposées.

Ricardo Queria um par desses sapatos e um dessas sandálias, número 41.
Vendedor O senhor quer se sentar e esperar um momento?

Vendedor (*trazendo os dois pares*) Experimente estes, por favor.
Ricardo (*experimentando um sapato e uma sandália*) Desculpe. Eu costumo calçar 41, mas esta sandália está um pouco folgada e este sapato está muito apertado. Por favor, traga-me outros iguais a estes, mas as sandálias um número menor e os sapatos dois números acima.

um par	*une paire*
(a) sandália	*(la) sandale*
experimente	*essayez*
estes	*ceux-ci*
eu costumo calçar	*je chausse normalement du* (litt. *j'ai l'habitude de chausser du*)
folgada	*lâche*
apertado	*serré*
iguais a estes	*identiques à ceux-ci*
um número menor	*une taille plus petite* (litt. *un numéro en dessous*)
dois números acima	*deux tailles plus grandes* (litt. *deux numéros au-dessus*)

Numa loja de roupas *Dans une boutique de vêtements*

CD2 piste 11

Marlene est dans une boutique de vêtements et cherche un ensemble.

Marlene Queria um conjunto de saia e blusa.
Vendedora Temos vários. A senhora pode dar uma olhada naqueles ali (*acompanhando a cliente*). Seu tamanho é 40 ou 42?
Marlene 42.
Vendedora (*mostrando um conjunto*) Gosta deste?
Marlene Gosto, mas preferia uma blusa com manga comprida e na cor violeta.
Vendedora Em violeta não temos mas (*mostrando outro conjunto*) temos este aqui em rosa-escuro e com manga comprida. Fica bem na senhora.
Marlene Sim... talvez este. Posso provar?
Vendedora Claro, as cabines de provas são ali à esquerda.

Marlene (*voltando da cabine*) O conjunto serve bem. Vou levá-lo.

vocabulaire

um conjunto	*un ensemble*
vários	*plusieurs*
naqueles (= em + aqueles)	*à ceux-là*
ali	*là-bas*
acompanhando	*(en) accompagnant*
a cliente = a freguesa	
(o) tamanho	*(la) taille*
gosta deste (= de + este)?	*aimez-vous celui-ci ?*
(a) manga	*(la) manche*
violeta	*mauve*
fica bem na senhora	*(cela) vous va bien*
provar = experimentar	
(as) cabines de provas	*(les) cabines d'essayage*
serve bem	*(ça) (me) va*
vou levá-lo	*(je) le prends* (litt. *je vais l'emporter*)

autoévaluation

Exercices

13.1 Perguntas e respostas *Questions et réponses*

1 O que Ricardo quer comprar?
- **a** Dois pares de sapatos.
- **b** Dois pares de sandálias.
- **c** Um par de sandálias e um de sapatos.

2 Quais são os números que vão ficar melhor?

i Sandálias: **a** 40. **b** 42. **c** 43.
ii Sapatos: **a** 40. **b** 42. **c** 43.

3 Que tamanho Marlene veste?

a 40. **b** 40 ou 42. **c** 42.

4 O que ela quer comprar?

a Um conjunto com blusa de manga curta.
b Um conjunto com blusa de manga comprida.

5 De que cor é a blusa do conjunto que ela vai levar?

a Violeta. **b** Rosa-escuro. **c** Rosa-claro.

vocabulaire

Chaussures et accessoires

Pour essayer des chaussures au Brésil, partez du principe qu'il faut généralement compter deux pointures de moins que la vôtre (ex : un 43 français équivaut en général à un 41 brésilien).

Si vous souhaitez acheter des accessoires, vous aurez besoin des termes suivants : **a gravata** *la cravate* ; **o lenço (de pescoço)** *le foulard* (carré) ; **o cachecol** *l'écharpe* ; **o cinto** *la ceinture* ; **o chapéu** *le chapeau* ; **o chapéu de praia** *le chapeau de plage* ; **o boné** *la casquette* ; **o par de luvas** *la paire de gants* ; **a bolsa** *le sac à main*. Notez que la *valise* se dit **a mala** ou **a mala de viagem**.

vocabulaire

C'est en quelle matière ?

Pour poser cette question, dites **de que é feito?**

Isto aqui, de que é feito?	*C'est en quelle matière, ça ?*
De que são (feitas) aquelas gravatas que estão ali?	*De quelle matière les cravates qui sont là-bas sont-elles faites ?*

Les réponses peuvent être : **de algodão** *en / de coton* ; **linho** *lin* ; **lã** *laine* ; **seda** *soie* ; **couro** *cuir* ; **pelica** *peau* ; **fibras sintéticas** *fibres synthétiques*.

Esta blusa é de seda.	*Ce chemisier est en soie.*
Aquelas blusas são feitas de algodão.	*Ces chemisiers sont en coton.* (litt. ... *sont faits de coton*)

Motifs

Pour dire *uni(e)* on emploie **liso/a**, *rayé(e)* se dit **listrado/a**, *à carreaux* **xadrez** et **estampado/a** signifie *avec des motifs.*

uma camisa xadrez	*une chemise à carreaux*
uma blusa rosa, lisa	*un chemisier rose, uni*
um vestido estampado	*une robe avec des motifs*
uma gravata listrada em azul- escuro e branco	*une cravate rayée bleu foncé et blanc*

Grammaire

Les comparatifs

i mais **ii** menos		...	(do) que
iii tão			como / quanto

i mais... do que *plus... que*

O Pierre é **mais** alto **(do) que** a Marie.
O Pierre fala português **mais** fluentemente **(do) que** a Marie.
O Pierre tem **mais** bagagem **(do) que** a Marie.
O Pierre tem **mais** malas **(do) que** a Marie.

ii menos... do que *moins... que*

O Pierre é **menos** alto **(do) que** a Marie.
O Pierre fala português **menos** fluentemente **(do) que** a Marie.
O Pierre tem **menos** bagagem **(do) que** a Marie.
O Pierre tem **menos** malas **(do) que** a Marie.

Vous remarquerez que dans les phrases précédentes (**i** et **ii**) le **do** de **do que** est souvent omis.

iii tão... como *ou* **tão... quanto** *aussi... que*

O Pierre é **tão** alto **quanto** a Marie. = O Pierre é **tão** alto **como** a Marie.
O Pierre não é **tão** alto **quanto** a Marie. = O Pierre não é **tão** alto **como** a Marie.
O Pierre fala português **tão** fluentemente **quanto** a Marie.
= O Pierre fala português **tão** fluentemente **como** a Marie.

iv tanto / tanta / tantos / tantas... como *ou*
tanto / tanta / tantos / tantas... quanto *autant... que*

O Pierre tem **tanta** bagagem **quanto** a Marie.

= O Pierre tem **tanta** bagagem **como** a Marie.
O Pierre tem **tantas** malas **quanto** a Marie.
= O Pierre tem **tantas** malas **como** a Marie.

Les verbes : l'imparfait de l'indicatif

	j'achetais...	*je vendais...*	*je partais...*
eu	compr**ava**	vend**ia**	part**ia**
tu	compr**avas**	vend**ias**	part**ias**
você, o Sr. / a Sr.ª ele / ela	compr**ava**	vend**ia**	part**ia**
nós	compr**áva-mos**	vend**íamos**	part**íamos**
vocês, os Sr.es / as Sr.as eles / elas	compr**avam**	vend**iam**	part**iam**

Les terminaisons ci-dessus servent à former l'imparfait de tous les verbes, y compris les verbes irréguliers à l'exception de **ser**, **ter**, **vir**, **pôr** et leurs dérivés, comme con**ter** (*contenir*) et su**por** (*supposer*).

Un petit « truc »
Vous avez probablement remarqué qu'il n'y a que deux séries de terminaisons : une pour les verbes de la 1re conjugaison (verbes en *-ar* : 1re colonne), et une autre pour les verbes des 2e et 3e conjugaisons (verbes en *-er* et *-ir* : 2e et 3e colonnes). Cette dernière correspond à l'imparfait de l'indicatif du verbe **ir**.

1re :	**-ava**	**-avas**	**-ava**	**-ávamos**	**-avam**
2e + 3e :	**-ia**	**-ias**	**-ia**	**-íamos**	**-iam**

On utilise l'imparfait pour :

- parler d'un état, d'une condition, d'une action ou d'un événement continus dans le passé :

Estava / Fazia calor. *Il faisait chaud.*
Eu lia o jornal. *Je lisais le journal.*

- parler d'une action ou d'un événement réguliers dans le passé :

Eu lia o jornal regularmente. *Je lisais le journal régulièrement.*
Eu tomava chá todas as manhãs. *Je prenais du thé tous les matins.*

Alternative : imparfait de **costumar** + infinitif :

Eu costumava ler o jornal regularmente. *Je lisais / j'avais pour habitude de lire le journal régulièrement.*

- faire preuve de politesse, lorsqu'on demande quelque chose par exemple :

Eu queria um pão.	*Je voudrais un pain.* (litt. *Je voulais un pain.*)
Preferia uma blusa violeta.	*Je préférerais un chemisier mauve.* (litt. *Je préférais un chemisier mauve.*)

Comparaison des passés

L'imparfait sert à faire un « gros plan » sur un événement passé, tandis que le passé simple évoque un événement passé considéré comme entièrement révolu.

Imparfait

Événement (ou état, condition, action) qui se déroule dans le passé :

Estava calor. Eu lia o jornal.

Imparfait + imparfait

Événement (ou état, condition, action) qui se déroule dans le passé en même temps qu'un autre événement (ou état, condition, action) :

Eu lia o jornal enquanto ela estudava.
Je lisais le journal tandis qu'elle étudiait.

eu lia

ela estudava

Quando eu era criança, passava muito tempo na praia.
Lorsque j'étais enfant, je passais beaucoup de temps à la plage.

eu era criança

(eu) passava muito tempo na praia

Passé simple + imparfait

Événement qui se produit alors qu'un autre événement (ou état, condition, action) se déroule dans le passé :

Quando cheguei, estava calor. *Lorsque je suis arrivé, il faisait chaud.*

cheguei
↓
estava calor

Le passé simple portugais

Événement (ou état, condition, action) entièrement révolu qui s'est produit dans le passé et que l'on envisage dans sa globalité et non dans son déroulement :

Cheguei na quarta-feira passada. *Je suis arrivé mercredi dernier.*
Li o jornal esta manhã. *J'ai lu le journal ce matin.*

Exercices

13.2

CD2 piste 12

Marie est allée en vacances au Brésil l'année dernière. Elle parle de deux tee-shirts qu'elle a achetés à deux endroits différents au cours de son voyage.

Rio de Janeiro
no sudeste

Salvador
no nordeste

13.2.1 Écoutez l'enregistrement puis faites une croix à côté de chaque tee-shirt quand vous entendez Marie en parler.

13.2.2 Écoutez à nouveau la phrase et écrivez-la.

13.2.3 Quels sont les deux temps verbaux utilisés par Marie ? Pourquoi ?

13.2.4 Marie parle maintenant de son séjour au Brésil en général. Reconstituez ses phrases à partir des mots donnés ci-dessous, puis écoutez les phrases sur l'enregistrement.

Estive / ano / . / lá / passado / no

Fui / voltei / . / março / maio / em / em / dois / e / depois /, / meses

13.2.5 Les deux phrases de l'exercice **13.2.4** sont les réponses à une question posée à Marie. Reconstituez cette question, que vous pourrez écouter ensuite sur l'enregistrement.

Quando / você / é / lá / esteve / que / ?

13.3

Patrícia souhaite acheter une robe mais n'en trouve aucune qui lui aille.

13.3.1 Voici ce qu'elle dit à la vendeuse :

Este vestido está muito comprido. Tem outro mais curto do que este?

Sur le même modèle, faites des phrases selon les indications suivantes :

i robe très courte ; une plus longue (**curto**; **comprido**).
ii robe très serrée ; une plus large (**apertado**; **folgado**).

13.3.2 Voici maintenant ce qu'elle dit :

Este vestido está muito curto. Tem outro menos curto do que este?

Continuez :

i robe trop longue ; moins longue. **ii** robe trop large ; moins large.

13.4

Adrien veut acheter une paire de bottes (**a(s) bota(s)**) et donne au vendeur la pointure qu'il fait dans son pays.

13.4.1 Remettez les phrases suivantes dans l'ordre afin de reproduire le dialogue avec le vendeur.

a - Talvez o número acima, o 41.
b - No meu país calço 42 e meio mas aqui não sei que número é.
c - Então quer experimentar o 40?
d - *(experimentando o número 39)* Esta bota está muito apertada.
e - *(experimentando o número 41)* Esta está bem, obrigado. Levo este par.
f - *(experimentando o número 40)* Esta está menos apertada do que a 39, mas ainda está um pouco apertada.
g - 42 e meio... isso será número 40 ou 41. Eu trago três botas, uma em 39, uma em 40 e uma em 41.

13.4.2 Réécrivez le dialogue pour Sarah. Elle cherche des tennis (**o(s) têni(s)**). Dans son pays elle chausse du 38 et demi et le vendeur lui suggère d'essayer les pointures 35, 36 et 37.

13.4.3 Un peu plus tard Sarah raconte à une amie qu'elle a essayé plusieurs paires de tennis avant de trouver celles qui lui allaient. Voici ce qu'elle lui dit. Complétez les phrases avec la forme correcte du verbe **estar**.

O número 35 ________ muito apertado. O 36 ________ menos apertado que o 35, mas ainda _________ um pouco apertado. Finalmente, o 37 ________ bem. Comprei o 37.

13.5

Vous êtes en train d'acheter des vêtements et des accessoires et vous êtes particulièrement exigeant quant à la matière, le motif et la couleur.

13.5.1 Ce que vous voulez acheter

uma camisa
uns sapatos
um vestido
uma gravata
uma saia

Demandez :

i une chemise **ii** des chaussures **iii** une robe **iv** une cravate **v** une jupe

Nous vous donnons la première phrase à titre d'exemple.

i Por favor, eu queria uma camisa.

13.5.2 La matière

de...
algodão
pelica
linho
seda
fibras sintéticas

Ajoutez la matière que vous aimeriez :

i coton **ii** peau **iii** lin **iv** soie **v** fibres synthétiques

i Por favor, eu queria uma camisa de algodão.

13.5.3 Le motif

liso/a
lisos/as
estampado/a
listrado/a
xadrez

Ajoutez le motif que vous aimeriez :

i unie **ii** unies **iii** avec des motifs **iv** rayée **v** à carreaux

i Por favor, eu queria uma camisa de algodão, lisa.

13.5.4 La couleur

em...
branco
azul-escuro
amarelo e verde
preto e vermelho
duas ou três cores diferentes

Ajoutez votre choix de couleur :

i blanche **ii** bleu foncé **iii** jaune et verte **iv** rouge et noire **v** de deux ou trois couleurs différentes.

i Por favor, eu queria uma camisa de algodão, lisa, em branco.

13.5.5 Vous avez fait beaucoup de shopping récemment et vos amis vous posent des questions sur vos dernières acquisitions.

i On vous demande :
Quando é que você comprou esses sapatos?
Dites :
J'ai acheté ces chaussures la semaine dernière.

ii On vous demande :
Quando é que você comprou essa camisa e essa gravata?
Dites :
J'ai acheté cette chemise lundi dernier et cette cravate mercredi dernier.

iii Reformulez les deux questions en utilisant **vocês** à la place de **você**.

14

Fazendo isto e aquilo

Faire ceci et cela

Communication

- Organiser des sorties avec vos amis
- Vous adapter à la vie et aux horaires locaux
- Parler de ce qui est en train de se passer et exprimer l'idée de progression

Combinando um encontro *Se donner rendez-vous*

CD2 piste 13

Marta et Tiago sont en train d'organiser une promenade à cheval.

Marta	Você ainda quer ir andar a cavalo esta semana?
Tiago	Quero. Quando e onde é que nós nos encontramos?
Marta	Quando, talvez 6.ª feira.
Tiago	Ou sábado de manhã?
Marta	Pode ser sábado de manhã. Eu não me importo.
Tiago	E onde? Eu escolhi o dia, escolha você o lugar e a hora.
Marta	No supermercado, às 9 e meia.
Tiago	Dentro ou fora?
Marta	Dentro, junto da caixa central.
Tiago	Sábado, às 9 e 30, junto da caixa central do supermercado.
Marta	Combinado. Até sábado.

vocabulaire

andar a cavalo	*monter à cheval*
eu não me importo ou **tanto faz**	*ça m'est égal, comme tu veux / vous voulez*
eu escolhi	*j'ai choisi*
escolha você	*tu choisis / vous choisissez*
supermercado	*supermarché*
dentro ou fora	*à l'intérieur ou à l'extérieur*
junto de = junto a	*près de*
caixa central	*caisse centrale*
combinado	*entendu, c'est d'accord*

Tomando alguma coisa *Autour d'un verre*

CD2 piste 13

Artur et Lúcia se sont donné rendez-vous au café pour prendre un verre, grignoter quelque chose et discuter.

Lúcia	(*chegando*) Como vai?
Artur	(*sentado a uma mesa*) Bem, obrigado, e você?
Lúcia	Tudo bem. Desculpe se estou um pouco atrasada. Tive que fazer umas compras antes de vir.
Artur	Não, não está. Eu é que cheguei muito cedo. Enquanto estava sozinho, pensei em perguntar se você queria ir ao cinema.
Lúcia	Quero, sim. Ainda temos bastante tempo antes da segunda sessão.

Artur	Temos. E agora, o que é que havemos de pedir?
Lúcia	Para mim, um sorvete de morango e depois um chá. E para você?
Artur	Uma água mineral com gás e uma porção de batatas fritas.

vocabulaire

(a) mesa	*(la) table*
como vai? = como está?	*comment ça va ?, comment allez-vous / vas-tu ?*
atrasado/a	*en retard*
fazer umas compras	*faire des courses*
pensei em	*j'ai pensé que*
(o) cinema	*(le) cinéma*
(a) sessão	*(la) séance*
pedir	*passer commande*
para mim	*pour moi*
(o) sorvete de morango	*(la) glace à la fraise*
com gás	*pétillant(e)*
(a) porção	*(la) portion*
(as) batatas fritas	*(les) frites*

autoévaluation

Exercices

14.1 Perguntas e respostas *Questions et réponses*

1 Em que dia a Marta e o Tiago vão se encontrar?

a Na sexta-feira. **b** No sábado. **c** No domingo.

2 A que horas?

a Às oito e meia. **b** Às novo. **c** Às nove e meia.

3 Onde?

a Fora do supermercado. **b** Dentro do supermercado.

4 Quem está atrasado?

a O Artur. **b** A Lúcia. **c** Ninguém.

5 O que o Artur e a Lúcia vão pedir?

a Uma água mineral sem gás, meia porção de batatas fritas, um sorvete de chocolate e um chá.

b Uma água mineral com gás, uma porção de batatas fritas, um sorvete de morango e um chá.

6 O que eles vão fazer depois?

a Vão à praia. **b** Vão ao cinema. **c** Vão fazer compras.

De carro, a cavalo *En voiture, à cheval*

Nous avons vu qu'on empoie la préposition **de** suivie du moyen de transport dans les expressions suivantes : **de** carro ; **de** táxi ; **de** ônibus.

De même, on dit : **de** metrô (*en métro*) ; **de** bonde (*en tramway*) ; **de** barco (*en bateau*) ; **de** navio (*en bateau*) ; **de** avião (*en avion*) ; **de** moto (*en moto*) ; **de** bicicleta (*en bicyclette*) ; **de** carona (*en autostop*).

- Onde é que você foi ontem?
- A Brasília.
- E como é que você foi?
- De avião.

Nous avons également vu l'expression **a pé** (*à pied*). À partir de cette expression, on obtient **andar a pé** qui signifie *marcher / aller (quelque part) à pied*. De la même manière, **a cavalo** veut dire *à cheval* et **andar a cavalo** ou **ir a cavalo** *monter à cheval*.

« En retard », « en avance » et « à l'heure »

Pour dire qu'une personne est en retard, on utilise **atrasado** (pour un homme) ou **atrasada** (pour une femme), mais s'il s'agit d'un événement ou d'une action on emploie plutôt **tarde**. Pour dire *en avance*, on utilise **adiantado/a** pour une personne, mais **cedo** pour une action ou un événement.

Desculpe se estou um pouco atrasada.	*Excusez-moi si je suis un peu en retard.*
Eu é que cheguei muito cedo.	*C'est moi qui suis arrivé très en avance.*

Dans la phrase précédente, il est possible de remplacer **cedo** par **adiantado**. Dans ce cas, **adiantado** décrit la personne et non l'action.

Adiantado et **atrasado** peuvent s'employer également pour parler d'une montre ou d'une horloge.

- Que horas são no seu relógio?	*Quelle heure est-il à votre montre ?*
- Uma e dez.	*Une heure dix.*
- Está adiantado. É uma em ponto.	*Elle avance. Il est une heure pile.*

Si vous voulez dire *à l'heure*, utilisez **certo** pour parler d'une montre ou d'une horloge, et **na hora** ou **a tempo** pour une action ou un événement.

Este relógio está certo. *Cette montre est à l'heure* (litt. *exacte*).
Cheguei na hora. *ou* **Cheguei a tempo.** *Je suis arrivé à l'heure.*

Remarque :

N'oubliez pas d'ajuster votre montre en arrivant au Brésil ! De mars à septembre, il y a cinq heures de moins à Brasília qu'à Paris, et d'octobre à février la différence est de trois heures seulement. Les dates de changement d'heure n'étant pas les mêmes dans les deux pays, il arrive que l'écart soit de quatre heures en février, mars, septembre et octobre. Le pays lui-même compte quatre fuseaux horaires.

vocabulaire — Como está? *Comment allez-vous ?*

Dans le Chapitre d'introduction, nous avons vu les mots et expressions essentiels pour saluer et prendre congé de quelqu'un. Voici d'autres expressions que vous pouvez utiliser lorsque vous parlez à quelqu'un que vous connaissez :

Pour demander à quelqu'un comment il va, vous pouvez dire **Como está?** ou **Como vai?**

Les réponses possibles sont : **ótimo** (*génial, super*) ; **muito bem** (*très bien*) ; **tudo bem** (*ça va*) ; **bem** (*bien*) ; **mais ou menos** (*plus ou moins bien*) ; **não muito bem** (*pas très bien*) ; **ruim** / **muito mal** (*mal / très mal*) ; **terrível** (*terriblement mal*).

Si vous voulez demander comment va une tierce personne, vous direz : **Como está / vai / vai passando** suivi du nom de cette personne. Pour que l'on passe le bonjour à quelqu'un de votre part, dites **Dê** ou **Faça o favor de mandar um abraço a** (*salue/embrasse... de ma part*) suivi du nom de cette personne. S'il s'agit d'enfants, vous pouvez dire **Beijos nas crianças** (*embrassez les enfants*).

Pour prendre congé, en plus des expressions que vous connaissez déjà, il existe **passe bem** (*prenez soin de vous*). Mais c'est **tchau** (*au revoir, salut*) que vous entendrez la plupart du temps. **Um abraço** (*embrassade, accolade*), expression très courante au Brésil, peut s'utiliser en prenant congé de quelqu'un au téléphone ou en sa présence.

- Como vai?
- Eu vou bem. E você, tudo bem?

- Olá! bom dia. Como está e como vai a sua mãe?
- Vamos bem, obrigada.

- Tchau. Manda um abraço à sua esposa. E beijos nas crianças.

Grammaire

Les verbes : le présent et le passé continus

je suis en train...		*d'acheter*	*de vendre*	*de partir*
eu etc.	**estou** etc.	compr**ando**	vend**endo**	part**indo**

j'étais en train...		*d'acheter*	*de vendre*	*de partir*
eu etc.	**estava** etc.	compr**ando**	vend**endo**	part**indo**

Le présent et le passé continus peuvent s'utiliser respectivement à la place du présent de l'indicatif **(Chapitre 7)** et de l'imparfait de l'indicatif **(Chapitre 13)** . Le français ne dispose pas d'une construction verbale équivalente, mais l'expression « être en train de » traduit bien la notion exprimée par les temps continus portugais.

Le **présent continu** se construit avec le présent de l'indicatif du verbe **estar**, suivi du participe présent (verbe + **-ando** / **-endo** / **-indo**) du verbe que vous souhaitez utiliser.

Le **passé continu** se construit avec l'imparfait de l'indicatif du verbe **estar**, suivi du participe présent (verbe + **-ando** / **-endo** / **-indo**) du verbe que vous souhaitez utiliser.

Les formes continues insistent sur le déroulement d'une action ou d'un événement qui est en train de se produire dans le présent ou dans le passé..

Eu estou lendo a lição 14 neste momento.
Je suis en train de lire la leçon 14 en ce moment.

Eu estava lendo o jornal quando ele chegou.
J'étais en train de lire le journal lorsqu'il est arrivé.

Vous entendrez parfois le verbe **andar** à la place du verbe **estar**, particulièrement lorsque l'on fait référence à « ces derniers temps », « ces temps-ci », « dernièrement ».

je suis en train...		*d'acheter*	*de vendre*	*de partir*
eu, etc.	**ando,** etc.	compr**ando**	vend**endo**	part**indo**

j'étais en train...		*d'acheter*	*de vendre*	*de partir*
eu, etc.	**andava,** etc.	compr**ando**	vend**endo**	part**indo**

Eu ando estudando muito.

J'étudie beaucoup ces temps-ci.

Le verbe **ir** est une autre alternative à **estar** pour la formation du présent et du passé continus.

je suis en train...		*d'acheter*	*de vendre*	*de partir*
eu, etc.	**vou,** etc.	compr**ando**	vend**endo**	part**indo**

j'étais en train...		*d'acheter*	*de vendre*	*de partir*
eu, etc.	**ia,** etc.	compr**ando**	vend**endo**	part**indo**

- Como **vai**? — *Comment allez-vous ?*
- Eu **vou indo** bem. E você? — *Je vais bien en ce moment. Et vous ?*

En choisissant **ir** plutôt que **estar**, on peut insister sur la notion de progression.

Vou indo um pouco melhor. *Je me remets (petit à petit). (après une maladie)*

Vou fazendo progressos. *Je progresse. (dans mes études)*

Remarque :

Les formes continues portugaises sont parfois naturellement exprimées en français avec un temps simple du présent ou du passé, qui peut être suivi d'un adverbe ou d'une locution adverbiale.

La voix passive

En portugais, on forme la voix passive de la même façon qu'en français . verbe **ser** + participe passé du verbe que vous voulez utiliser.

As cadeiras de rodas são transportadas gratuitamente.

Les chaises roulantes sont transportées gratuitement.

Le participe passé (**transportadas**) s'accorde en genre et en nombre avec le sujet de la phrase (**cadeiras de rodas**). Comme en français, l'agent, qui réalise l'action, n'est pas forcément exprimé. S'il est exprimé, il est introduit par la préposition **por** (*par*).

As cadeiras de rodas são transportadas gratuitamente pelo (= por + o) pessoal da empresa.

Les chaises roulantes sont transportées gratuitement ***par*** *le personnel de la compagnie.*

autoévaluation

Exercices

14.2

14.2.1 Regardez l'illustration et répondez aux questions suivantes sur Carla.

i Ela vai de carro?
ii Como é que ela vai?

14.2.2 Voici ce que dit Carla. Reconstituez ses phrases en portugais.

i *J'aime monter à cheval.*
(Gosto / a / andar / cavalo / . / de)
ii *Je monte à cheval tous les samedis.*
(Ando / sábados / todos / cavalo / a / os / .)
iii *Je suis montée à cheval samedi dernier.*
(Andei / cavalo / sábado / . / a / no / passado)

14.2.3 Complétez les propos de Carla en portugais.

Eu encontrei o Raul quando ______ (*j'étais en train de monter à cheval*) ______ no sábado passado. Ele também ______ (était en train de monter à cheval) ______.

14.2.4 Traduisez les propos de Carla en français.

14.3 Você fala português muito bem *Vous parlez très bien portugais*

vocabulaire

amável	*aimable*
fazer erros	*faire des fautes*
corrigir	*corriger*
aprender	*apprendre*
conseguir	*réussir*

14.3.1 Mettez les phrases suivantes dans l'ordre de façon à former un petit dialogue.

a Você fala português muito bem.
b Há dois meses.
c Está. Há quanto tempo aprende português?
d Estudando um pouco todos os dias.
e Há só dois meses!? Como consegue aprender tão rapidamente?
f Obrigado. Você é muito amável. Eu ainda faço muitos erros. Corrija-me, está bem?

14.4

14.4.1 Lisez la conversation suivante qui a eu lieu dans un magasin portant l'écriteau suivant.

- Aceitam este cartão de crédito?
- Aceitamos.

Aceitam-se cheques e cartões de crédito

Traduisez en français ce court échange.

14.4.2

Vocabulaire

em dinheiro *en liquide, en espèces*

Dans le même magasin, d'autres clients posent des questions sur les modes de paiement. Donnez la réponse la plus probable à chaque question.

i Aceitam este cheque? (aceit**ar**)
ii Posso pagar com este cheque? (pod**er**)
iii Tenho de pagar em dinheiro? (t**er** de)

14.5

CD2 piste 14

14.5.1 Étudiez les écriteaux **page 156**.

14.5.2 Répondez aux questions suivantes en portugais. Donnez des réponses complètes.

i A que horas é que o clube abre?
ii A que horas o jantar começa?
iii Até que horas o museu está aberto?
iv Quando começa a primeira sessão?
v Em que dia da semana há futebol?
vi A piscina está aberta à noite?
vii A partir de que horas a piscina está aberta?
viii A que horas a biblioteca fecha?
ix Posso estudar na biblioteca de manhã?
x A farmácia está fechada às dez horas da noite?
xi Qual é o horário de atendimento do médico?
xii Vou pôr uns cartões-postais no correio antes das vinte horas. Ainda vou a tempo da terceira coleta?

14.5.3 Écoutez l'enregistrement. Chaque personne pose une question sur un établissement de la ville. Donnez les réponses à partir des écriteaux.

14.5.4 Écoutez à nouveau les quatre questions et écrivez-les.

14.5.5 Posez les questions suivantes en portugais.

i *À quelle heure le restaurant ouvre-t-il ?*
ii *À quelle heure la séance du soir commence-t-elle ?*
iii *Jusqu'à quelle heure la pharmacie est-elle ouverte ce soir ?*
iv *À quelle heure le musée ferme-t-il ?*

CLUBE - RESTAURANTE
Club - Restaurant
ABRE ÀS 8H DA NOITE
SERVE-SE JANTAR A
PARTIR DAS 8H30

CINEMA
1.ª sessão 15h00
2.ª sessão 18h00
sessão da noite 21h30

ESTÁDIO
stade
FUTEBOL DOMINGO À
TARDE

MUSEU - GALERIA DE ARTE
Musée - Galerie d'art
HORÁRIO DE ABERTURA
Heures d'ouverture
DAS 11H00 ÀS 16H00

BIBLIOTECA
Bibliothèque
DAS 9 HORAS DA MANHÃ ÀS
9 HORAS DA NOITE

PISCINA
Piscine
ABERTA
DAS 8H DA MANHÃ
ÀS 6H DA TARDE

Farmácia de Serviço
Pharmacie de garde
Aberta toda a noite

MÉDICO - CLÍNICA GERAL
Médecin - Cabinet Médical
HORÁRIO DE ATENDIMENTO
17H00 - 20H00

CAIXA DE CORREIO
Coletas
Heures de la levée
7h00 12h00 21h00

15

Ontem, hoje e amanhã

Hier, aujourd'hui et demain

Communication

- Vérifier l'addition dans un restaurant
- Commander à l'hôtel un petit déjeuner au lit
- Parler de différents moyens de transport
- Demander ce dont vous avez besoin à la plage
- Réviser ce que vous avez appris jusqu'ici

Ce chapitre de révision vous permettra de revoir tout ce que vous avez étudié jusqu'ici. Vous pourrez vous entraîner à vous exprimer au présent, au passé et au futur et vous exercer à utiliser dans des contextes nouveaux les constructions et expressions que vous connaissez déjà.

Exercices

15.1

Les expressions de la colonne de droite sont le contraire de celles de gauche, mais elles sont dans le désordre. Reliez chaque expression de gauche à son contraire à droite comme nous l'avons fait pour l'expression 5.

antes	**1**	**a**	tarde
cedo	**2**	**b**	depois
adiantado	**3**	**c**	amanhã
ontem	**4**	**d**	atrasado
na 2.ª feira passada	**5**	**e**	no ano que vem
no ano passado	**6**	**f**	no mês que vem
no mês passado	**7**	**g**	na 2.ª feira que vem

15.2

SÁBADO

trabalhar

Voici ce qui apparaît dans l'agenda d'Aline, Guilherme, Ester et Rafael, qui travaillent tous les quatre dans le même magasin. Reconstituez les propos de chacun en portugais.

1 **Sexta-feira**. Aline travaille tous les samedis et elle parle de sa journée de travail de demain comme d'un événement prévu, d'un fait acquis.
(Amanhã /, /, / sábado / . / trabalho)

2 **Sexta-feira**. Guilherme ne travaille pas tous les samedis, mais il s'est engagé à travailler demain.
(Amanhã / . / trabalhar / vou)

3 **Sexta-feira**. Ester n'est pas encore sûre si elle va travailler demain, mais il est probable que oui.
(Provavelmente / . / amanhã / trabalharei)

4 *Sexta-feira*. Rafael n'a jamais travaillé le samedi, mais il pense cependant travailler demain.
(Amanhã / . / trabalhar / de / hei)

5 **Sábado**. Aline est en train de travailler quand Hugo lui téléphone pour lui proposer de faire une pause. Aline répond qu'elle ne peut pas.
(Agora / . / não / posso / trabalhando / . / Estou)

6 **Domingo.** Aline dit à une amie qu'elle a travaillé hier.
(Trabalhei /, / ontem / . / sábado)

7 **Domingo**. Aline raconte à une amie que Hugo lui a téléphoné hier alors qu'elle était au travail.
(Hugo / telefonou / eu / . / quando / trabalhando / ontem / estava)

8 **Umas semanas depois**. Aline est avec Hugo aujourd'hui. Elle ne travaille plus le samedi.
(Eu / aos /, / agora / não / trabalhava / sábados / mas / . /trabalho) *ou*
(Eu / aos /, / costumava / agora / não / trabalhar / sábados / . / mas / trabalho)

15.3

La montre de Rafael et celle de Bernardo ne donnent pas la même heure.

o relógio do Rafael

o relógio do Bernardo

L'horloge parlante (**a informação das horas**) donne l'heure suivante :

vinte horas e quarenta e cinco minutos

15.3.1 En portugais, donnez des réponses courtes aux questions suivantes :

i **O relógio do Rafael está certo, atrasado ou adiantado?**

ii **O relógio do Bernardo está certo, atrasado ou adiantado?**

15.3.2 Rafael et Bernardo ont convenu de se retrouver à un café situé à mi-chemin entre la maison de l'un et celle de l'autre. En partant de chez eux à la même heure ils devraient arriver également à la même heure. Ils partent tous deux à 20h30 d'après leur montre respective. Indiquez le prénom correspondant à chaque illustration.

i ii

15.4

Vous venez d'emménager et l'on vous donne une facture qui résume ce que vous devez payer pour le premier mois : un mois de caution (**o caução**), un mois de loyer (**o aluguel**) et un mois de charges diverses (**as despesas**). Mais il y a un problème : l'addition (**a soma**) est incorrecte (**errada**).

uma soma errada

Caução	570
Aluguel	570
	1 140
Despesas	137
Total	1 287

uma soma certa

Caução	570
Aluguel	570
	1 140
Despesas	137
Total	1 277

15.4.1 Vous expliquez l'erreur à votre propriétaire. Complétez les phrases suivantes.

Esta soma está errada. Mil, ______________ e quarenta de caução e aluguel mais ______________ e sete de despesas não são ______________ e sete. São ______________ e sete.

15.4.2

2+3 = 5
dois mais três é igual a cinco
ou
dois mais três são cinco

Toujours au sujet de l'erreur de calcul, dites en portugais : 4 + 3 = 7, et non pas = 8.

15.5

Júlio essaie de se concentrer et de faire son travail mais ses collègues sont un peu bruyants. Il les prie poliment de parler moins fort, puis voyant que sa requête n'est pas suivie d'effet, Júlio rappelle ses collègues à l'ordre de façon de plus en plus autoritaire. Reconstituez ses phrases.

1 **(Vocês / baixo / por / mais / ? / podem / falar / , / favor)**
2 **(Por /, / falar / baixo / favor / . / queiram / mais)**
3 **(Querem / mais /, / por / falar / baixo / ? / favor)**
4 **(Falem / ! / baixo / mais)**

15.6

CD2 piste 15

aperte = pressione

15.6.1 Regardez les illustrations ci-dessous. L'illustration **A** présente une instruction pour ouvrir la porte d'accès au distributeur automatique d'une banque, tandis que l'illustration **B** présente une instruction près d'un passage piéton.

A

B

i Quels sont les verbes à l'impératif utilisés sur les deux illustrations ?
ii Que dit l'instruction de l'illustration **A** ?
iii Que dit l'instruction de l'illustration **B** ?
iv Réécrivez les deux instructions (**A** et **B**) en utilisant l'infinitif, que vous avez appris au **Chapitre 2.**

15.6.2 Écoutez et écrivez les conseils donnés par des passants à Fabiola qui ne semble pas avoir vu l'instruction concernant la porte d'accès au distributeur automatique de la banque.

15.6.3 Écoutez et écrivez maintenant les conseils qu'on donne à Airton au passage piéton.

15.7

15.7.1 Marilia explique de quelle façon elle se rend toujours (**sempre**) à l'école (**a escola**).

- Como você vai para as aulas de português?
- Vou ____________.
- Normalmente ou sempre?
- Sempre. A escola fica muito perto da minha casa.

15.7.2 En parlant de la veille, comment expliquerait-elle de quelle façon elle s'est rendue à l'école ? Commencez par **Ontem...**

15.7.3 Et que dirait-elle pour la journée du lendemain ? **Amanhã...**

15.7.4 Comment poseriez-vous la première question de l'exercice **15.7.1** si Marilia était accompagnée de son frère ?

15.8

vocabulaire

(o) horário *ou* **(a) tabela de horários**	*(l')horaire*

Pode me dar a tabela de horário dos ônibus?

En prenant exemple sur le modèle ci-dessus, demandez l'horaire

a **dos ferries** ou **ferryboats** *des ferrys*

b **dos metrôs**

15.9

CD2 piste 16

vocabulaire

sem escala	*sans escale*
fazer escala em	*faire escale à*

15.9.1 Ricardo vit à Brasília et veut aller rendre visite à son frère qui vient de s'installer à Manaus. Écoutez l'enregistrement et écrivez sa question et la réponse qu'on lui donne.

15.9.2 Ronaldo, qui habite São Paulo, vient de se voir offrir un poste très intéressant à Rio de Janeiro. Il doit s'y rendre pour un entretien. Écoutez l'enregistrement et écrivez sa question et la réponse qu'on lui donne.

15.10

vocabulaire

direto	*direct*
semidireto	*non direct (avec arrêts sur le trajet)*

- O ônibus das 15h25 para o Rio é direto ou semidireto?
- É direto.

PARTIDA

RIO DE JANEIRO
BELO HORIZONTE –
OURO PRETO
DIR* 15H25

*DIR: direto

Lisez le bref dialogue qui précede. Sur le même modèle, formulez une question et une réponse à partir des informations données sur le panneau pour :

i Belo Horizonte. **ii** Ouro Preto.

15.11

Vous avez un car à prendre et vous devez donc vous rendre à la gare routière, mais vous ne savez pas où elle est. Demandez à un passant, en utilisant les deux expressions utilisées au Brésil pour dire *la gare routière* : **a estação rodoviária** ou, plus familièrement et beaucoup plus couramment, **a rodoviária**.

Por favor...

15.12

CD2 piste 17

a

bicicleta

b

carro

c

ônibus

d

metrô

15.12.1 Six Brésiliens parlent des moyens de transport qu'ils utilisent pour se rendre à un endroit et du temps que cela leur prend. Écoutez l'enregistrement et complétez le tableau en suivant le modèle de la **phrase 6.**

	où ?	comment ?	combien de temps ?
1			
2			
3			
4			
5			
6	*praia*	*bicicleta*	*+/- 5 minutos*

15.12.2 Écoutez à nouveau l'enregistrement et écrivez les six phrases.

15.12.3 À partir des illustrations précédentes (**a**, **b**, **c** et **d**) et des indications suivantes, construisez des phrases comparant le moyen de transport que vous utilisez pour vous rendre au travail maintenant et celui que vous utilisiez auparavant, sur le modèle de la phrase **i**.

i b mas **a**. **ii c** mas **d**. **iii d** mas **b**. **iv c** mas **a**.

i Agora normalmente vou para o trabalho de carro mas costumava ir de bicicleta.

15.13

Dans une foule, désignez Mariazinha, Bruno, Cecília et Rubem en précisant leur apparence physique, leurs vêtements, l'endroit où ils se trouvent ou ce qu'ils sont en train de faire :

1 Mariazinha (4 ans) **Aquela menina...**
(*cheveux blonds et longs + robe rouge et blanche*)

2 Bruno (14 ans) **Aquele rapaz...**
(*debout près du distributeur de café*)

3 Cecília (30 ans) **Aquela...**
(*bikini noir + en train de parler + à côté de la voiture jaune*)

4 Rubem (45 ans) **Aquele**...
(*cheveux noirs et courts + chemise rayée + assis + en train de lire le journal*)

15.14

CD2 piste 18

Vous êtes à la réception d'un hôtel, en train de faire une réservation pour un groupe.

15.14.1 Essayez de prononcer cette phrase, que vous pouvez écouter sur l'enregistrement. C'est un bon exercice de diction !

Quero quatro quartos no quarto andar para quatro noites.

15.14.2

vocabulaire

o andar térreo	*le rez-de-chaussée*
o subsolo	*le sous-sol*

Vous êtes dans l'ascenseur de l'hôtel.

Vous demandez aux personnes qui viennent de monter : **Para que andar?**. Écoutez la réponse de chacun et écrivez-la.

4 ❑
3 ❑
2 ❑
1 ❑
T ❑
s/s ❑

15.14.3 Vous êtes de retour à l'hôtel et vous demandez la clé de votre chambre, que vous aviez laissée à la réception en sortant : **Por favor, pode me dar...**

Terminez la phrase en donnant votre numéro de chambre :

i chiffre par chiffre (*4-3-9*).

ii avec le nombre complet (*quatre cent trente-neuf*).

15.15

Vous êtes dans un hôtel au Brésil et vous devez remplir un formulaire pour commander votre petit déjeuner.

15.15.1 Vous souhaitez prendre votre petit déjeuner dans votre chambre entre 8h et 8h30 et vous voulez des tartines, de la confiture, du beurre, du jus d'orange, du café, du lait, un œuf dur et du jambon. Complétez le formulaire. Indiquez ensuite sur les lignes prévues à cet effet vos trois requêtes particulières : un œuf bien cuit (**um ovo bem cozido**), du lait demi-écrémé (**leite semidesnatado**) et du pain complet (**pão integral**).

Favor servir entre as *Veuillez servir entre*
07:00-07:30 ❑ 08:00-08:30 ❑ 09:00-09:30 ❑

pãezinhos quentes *petits pains chauds*...❑ **mel** *miel*........................ ❑
torradas *tartines beurrées*........................❑ **geleia** *gelée/confiture*.... ❑
manteiga *beurre*........................./........... ❑ **margarina** *margarine*..... ❑

suco de fruta *jus de fruits*: **laranja** ❑ **outro**: **indicar** *autre : précisez*....
café ❑ **chá** ❑ **leite** ❑ **chocolate** ❑
cereais *céréales* ❑ **iogurte** ❑
ovos: cozidos *durs* ❑ **mexidos** *brouillés* ❑
fritos *frits* ❑ **omelete** *omelette* ❑
presunto ❑
Alimentação especial ou outras necessidades *Régime spécial ou autres requêtes particulières* : ______________________________

15.15.2 Le formulaire est une fiche cartonnée de forme rectangulaire avec une large perforation en haut, qui comporte le message suivant : **Antes de se deitar, queira pendurar no lado de fora da porta**. À votre avis, que signifie cette phrase ?

15.15.3 Lorsque vous vous réveillez à 8h le lendemain matin, vous vous rendez compte que le formulaire est resté sur votre table de nuit. Vous appelez la réception pour expliquer ce qui s'est passé et vous passez commande de vive voix. Complétez le dialogue suivant :

- Bom dia. Eu me esqueci de pendurar no lado de fora da porta o cartão para pedir o (*petit déjeuner*). Ainda posso pedir?
- Pode, sim. O que deseja?
- Eu queria (*un œuf dur, des tartines, du jambon, du beurre, de la confiture, du jus d'orange, du café et du lait*).
- Prefere o ovo bem ou mal cozido?
- (*Bien cuit*). E só mais duas coisas, por favor. Prefiro (*du lait demi-écrémé et du pain complet*). Vou ter que (*attendre*) muito tempo?
- Não, meia hora mais ou menos.

Notez que **esquecer-se** (**de**) est le contraire de **lembrar-se** (**de**).

15.16

Les expressions suivantes expriment toutes une position. Reliez celles de la colonne de gauche à leur contraire dans la colonne de droite.

à direita	1	a	atrás de
em frente de	2	b	dentro de
acima de	3	c	à esquerda
em cima de	4	d	abaixo de
do lado de cá	5	e	no fundo
fora de	6	f	ao fundo
do lado de fora	7	g	do lado de lá
em volta de	8	h	no lado interior de
na superfície	9	i	a contar de baixo
em primeiro plano	10	j	do lado de dentro
no lado exterior de	11	k	de baixo para cima
de cima para baixo	12	l	o último a contar de cima
a contar de cima	13	m	no meio de ou no centro de
o primeiro a contar de cima	14	n	embaixo de

15.17

vocabulaire

no lado exterior = no lado de fora

na parede *sur le mur*

ao lado de = junto de / a

na vitrine *dans la vitrine*

no balcão *au comptoir*

de um e do outro lado de = em ambos os lados de

no chão *par terre, sur le sol*

no teto *au plafond*

no canto *au coin*

nos fundos *au fond (de la maison)*

15.17.1 Lisez la description suivante d'un magasin, puis vérifiez votre compréhension du texte en répondant aux questions en français.

No lado exterior da loja se vê a palavra ALIMENTAÇÃO na parede, acima da porta, que fica ao lado da vitrine. Dentro da loja, há, no centro, um balcão. Na parede atrás do balcão há três prateleiras. Nas paredes de um e do outro lado do balcão há prateleiras, do chão até o teto. Abaixo da vitrine há uma prateleira. No canto direito ao fundo há uma porta para os fundos da loja.

i Que lit-on au-dessus de la porte principale en approchant du magasin ?
ii Que voit-on à côté de la porte ?
iii Où se trouve le comptoir à l'intérieur du magasin ?
iv Que peut-on voir sur le mur derrière et de chaque côté du comptoir ?
v Qu'y a-t-il tout au fond du magasin, au coin à droite ?

15.17.2 Ana, Clara, Paulo et Laura entrent dans le magasin. Chacun demande une boîte de chocolats différente.

Ana	Eu queria a caixa grande que está em cima do balcão.
Clara	Quero a segunda caixa a contar da esquerda na prateleira abaixo da vitrine.
Paulo	Eu queria a caixa grande que está entre as duas caixas pequenas na prateleira do meio atrás do balcão.
Laura	Prefiro uma das caixas pequenas que estão perto da caixa grande, na prateleira dentro do balcão.

Répondez aux questions suivantes en portugais, en faisant des phrases complètes.

i **Onde está a caixa que Ana quer?**
ii **A caixa que Clara quer está perto ou longe da vitrine?**
iii **A caixa que Laura quer está fora ou dentro do balcão?**
iv **Qual é a pessoa que prefere uma das caixas pequenas perto da caixa grande?**
v **Quem quer uma caixa que está na segunda prateleira a contar de baixo, atrás do balcão?**

15.18

15.18.1 Vous êtes dans un magasin et précisez que vous êtes juste en train de regarder. Complétez ce qui suit avec le verbe entre parenthèses mis à la forme qui convient.

Estou só ___________ (olh**ar**).

15.18.2 Vous avez du mal à trouver le bon magasin. Complétez la phrase suivante avec la forme correcte des mots entre parenthèses, de façon à demander où vous pouvez trouver un magasin qui vend des parasols.

Onde ____________________ **(poder, encontrar) uma loja que (vender, guarda-sol)** ________________.

(Voir **pages 77 et 176** pour le verbe **vender**.)

15.18.3 Vous êtes sur le point de terminer vos achats, mais on vous demande avant de vous remettre les articles de montrer un ticket (**o comprovante**) pour prouver que vous les avez bien payés. Voici ce que dit la vendeuse :

Por favor, quer pagar ali na caixa? Depois me traga o comprovante.

Que devez-vous faire ?

15.19

vocabulaire

(a) maré	*(la) marée*
(a) maré alta	*(la) marée haute*
(a) maré baixa	*(la) marée basse*

marés

Maré alta 02h50 e 15h15

Maré baixa 08h43 e 20h55

15.19.1 Répondez aux questions suivantes, en écrivant les heures en toutes lettres. Vous utiliserez le système de 24 heures.

i A que horas termina a maré baixa de manhã?

ii A que horas termina a maré baixa de noite?

iii A que horas termina a maré alta de noite?

iv A que horas termina a maré alta de tarde?

Notez que **terminar** est le contraire de **começar**.

15.19.2 Répondez aux questions suivantes :

i Ao meio-dia a maré estará mais alta do que está agora? (agora são 10 horas da manhã)

ii Às seis horas da tarde a maré estará mais baixa do que está agora? (agora são 4 horas da tarde)

15.20

a cadeira de praia
la chaise pliante

o guarda-sol
le parasol

15.20.1 Demandez où vous pouvez louer (alugar) un parasol et une chaise pliante.

Pode me dizer onde...

15.20.2 Remettez les phrases suivantes dans l'ordre pour dire que vous voudriez louer :

i une chaise pliante pour une journée

Queria / um / cadeira de praia / . / dia / por / uma / alugar

ii un parasol pour une demi-journée

Queria / meio-dia / um / alugar / . / guarda-sol / por

15.20.3 Demandez combien coûte :

i la chaise pliante pour une journée.

ii le parasol pour une demi-journée.

16

Espero que a consulta seja hoje

J'espère que le rendez-vous sera aujourd'hui

Communication

- Se débrouiller en cas de maladie ou de blessure
- Faire la distinction entre un souhait, une invitation, une suggestion et un ordre
- Utiliser une nouvelle façon de s'exprimer au futur

Marcando uma consulta pelo telefone *Prendre rendez-vous par téléphone*

CD2 piste 19

Leonor téléphone au cabinet médical pour prendre un rendez-vous d'urgence.

Leonor	Eu queria marcar consulta para hoje.
Recepcionista	Por quê hoje?
Leonor	Porque não me sinto nada bem. É urgente. Agradeço que a consulta seja hoje, mesmo que seja tarde.
Recepcionista	Então... às 20 horas e 30.

vocabulaire

por quê?	*pourquoi ?*
porque	*parce que*
não me sinto nada bem	*je ne me sens pas bien du tout*
seja	*(cela) soit*
agradeço que a consulta seja hoje	*je vous serais reconnaissante de me donner un rendez-vous aujourd'hui* (litt. *je vous remercie que la consultation soit aujourd'hui*)
mesmo que	*même si*

No consultório do médico e depois na farmácia *Chez le médecin puis à la pharmacie*

CD2 piste 19

Leonor est maintenant chez le médecin, à qui elle explique ce qui ne va pas.

Leonor	Tenho uma dor forte no estômago.
Médico	É a primeira vez que você tem essa dor?
Leonor	Não, a primeira vez foi há um ano. Estive no hospital.
Médico	Foi operada?
Leonor	Não, não fui.
Médico	Por favor, tire a roupa e deite para eu examiná-la. (*examinando Leonor*) Dói aqui?
Leonor	Ai! Dói, sim.
Médico	(*escrevendo a receita*) Você deve tomar este medicamento de 4 em 4 horas. Se não se sentir melhor dentro de dois dias, marque outra consulta. (*se despedindo*) Estimo melhoras.

Leonor	Para quando você pode preparar esta receita?
Farmacêutico	Isso é rápido. O medicamento vai estar pronto daqui a quinze minutos, o mais tardar.

uma dor forte no estômago	*une grosse douleur à l'estomac*
(a) vez	*(la) fois*
há um ano	*il y a un an*
foi operada?	*avez-vous été opérée ?*
tire a roupa	*déshabillez-vous* (litt. *retirez vos vêtements*)
deite	*allongez-vous*
dói aqui?	*est-ce que ça fait mal ici ?*
ai!	*aïe !*
(a) receita	*(l')ordonnance*
você deve tomar	*vous devez prendre*
de 4 em 4 horas	*toutes les 4 heures*
se não se sentir melhor	*si vous ne vous sentez pas mieux*
marque	*prenez (rendez-vous)*
se despedindo	*prenant congé*
estimo melhoras	*bon rétablissement*
preparar esta receita	*préparer cette ordonnance*
o mais tardar	*au plus tard*

Exercices

16.1 Perguntas e respostas *Questions et réponses*

1 A Leonor quer falar com o médico. Por quê?

- **a** Porque não foi operada.
- **b** Porque toma um medicamento.
- **c** Porque tem uma dor no estômago.

2 Quando a Leonor esteve no hospital?

a Há seis meses. **b** Há um ano. **c** Há um mês.

3 Quantas vezes por dia a Leonor deve tomar o medicamento?

a Duas vezes. **b** Seis vezes. **c** Quatro vezes.

4 Que mais a Leonor deve fazer?

- **a** Marcar consulta o mais tardar daqui a dois dias.
- **b** Marcar consulta se não se sentir melhor dentro de dois dias.

5 Quando o medicamento estará pronto?

- **a** Dentro de 10 minutos.
- **b** Daqui a 15 minutos ou menos.

Au téléphone

Répondre au téléphone

Vous pourrez entendre :

- le numéro, par exemple : 104 99 23 56 **um zero quatro, nove nove, dois três, cinco meia**. Notez qu'il est courant au Brésil de dire **meia** (de **meia dúzia**) au lieu de **seis** quand on donne un numéro chiffre par chiffre.
- le nom de l'abonné, par exemple : **Consultório do Doutor Armando Gonçalves**.
- **Alô?** qui correspond au *allô* français.

Se présenter

Vous pouvez utiliser **Aqui fala...** : Aqui fala Henrique Bernardes.

Exposer l'objet de son appel

Vous avez le choix entre **Eu queria...** (*j'aimerais...*) ou **Posso...** (*puis-je...*).

Eu queria marcar uma consulta.	*J'aimerais prendre rendez-vous.* (pour une consultation médicale par exemple)
Eu queria marcar hora para...	*Je voudrais prendre rendez-vous pour...* (chez le coiffeur par exemple)

A vez *La fois*

Le mot **vez**, avec son pluriel **vezes**, équivaut au mot français *fois*.

quantas **vezes**?	*combien de fois ?*	
duas **vezes**	*deux fois*	
às **vezes**	*parfois*	**= ocasionalmente**
muitas **vezes**	*souvent* (*beaucoup de fois*)	**= frequentemente /**
poucas **vezes**	*rarement* (*peu de fois*)	**= raramente**
outra **vez**	*encore* (*une fois*)	

Vez peut aussi se traduire par *tour*, comme dans **é a sua vez** (*c'est à votre tour*).

Omission de certains mots

Les petits mots tels que les articles (**o** (*le*) et **um** (*un*), par exemple) sont parfois omis à l'oral ou à l'écrit, dans un style familier, en particulier dans les messages brefs. Vous entendrez ou lirez par exemple :

Faça favor de... à la place de **Faça o favor de...**

Queria fazer reserva. à la place de **Queria fazer uma reserva.**

Queria marcar consulta. à la place de **Queria marcar uma consulta.**
Apertar cintos (le symbole lumineux *Attachez votre ceinture* dans les avions).

vocabulaire Vêtements, chaussures et chapeaux

Étudiez le tableau suivant :

vestir-se despir-se	vestir despir pôr tirar	o casaco, etc.	*ce qui couvre le corps*
calçar-se descalçar-se	calçar descalçar pôr tirar	o sapato, etc. a luva	*ce qui se glisse sur les pieds ou les mains*
	pôr tirar	o chapéu, etc.	*ce qui se met sur la tête, etc.*

Vous remarquerez que l'on peut utiliser **pôr / tirar** comme alternative à **vestir / despir** et **calçar / descalçar**, mais que le contraire n'est pas toujours vrai. Dans la vie de tous les jours, ce sont les verbes **pôr** et **tirar** qui sont le plus souvent utilisés.

Quer tirar (= despir) seu casaco? *Voulez-vous retirer votre manteau ?*

vocabulaire Urgences

Le service d'urgence d'un hôpital ou un centre de premiers secours est généralement indiqué comme suit :

EMERGÊNCIA

ou

URGÊNCIA

ou

PRONTO-SOCORRO

Retenez également ces termes : **Cuidado!** (*attention !*) ; **É perigoso!** (*c'est dangereux !*) ; **Fogo!** (*au feu !*) ; **Depressa!** (*vite !*) ; **Socorro!** (*au secours !*).

Grammaire

Les verbes le présent du subjonctif

que...	*j'achète...*	*je vende...*	*je parte...*
eu	compr**e**	vend**a**	part**a**
tu	compr**es**	vend**as**	part**as**
você, o Sr. / a Sr.ª ele / ela	compr**e**	vend**a**	part**a**
nós	compr**emos**	vend**amos**	part**amos**
vocês, os Sr.ᵉˢ / as Sr.ᵃˢ eles / elas	compr**em**	vend**am**	part**am**

On forme le présent du subjonctif des verbes réguliers et de la plupart des verbes irréguliers en remplaçant le **-o** final de la première personne du singulier (**eu** *je*) du présent de l'indicatif (voir **Chapitre 7**), par les terminaisons en caractères gras du tableau ci-dessus.

Un petit « truc »

Avez-vous remarqué que les formes du présent du subjonctif sont similaires à celles de l'impératif, à l'exception de la forme pour **tu** (voir **Chapitre 11**) ? En réalité, c'est le contraire. L'impératif a « emprunté » ses formes au subjonctif présent.

Tu est la seule personne qui ait conservé sa forme impérative d'origine. La forme impérative d'origine pour **vós** (voir **Chapitre 7**) n'est normalement plus utilisée.

On utilise le présent du subjonctif :

- pour exprimer un souhait ou un espoir.

Espero que a consulta seja hoje. — *J'espère que le rendez-vous sera aujourd'hui.*

- pour exprimer le chagrin ou la compassion.

Sinto muito que ela esteja doente. — *Je suis désolé qu'elle soit malade.*

- pour parler d'une action ou d'un événement potentiels.

Talvez ela tome uma bebida quente. — *Il se peut qu'elle prenne une boisson chaude.*

- après une déclaration qui implique une influence sur des personnes ou des choses.

A aeromoça pede ao passageiro que aperte o cinto de segurança. *L'hôtesse de l'air demande au passager d'attacher sa ceinture* (litt. *qu'il attache*) *de sécurité.*

Peço a Maria que compre o jornal. *Je demande à Marie qu'elle achète le journal.*

Peço a Maria que me faça o favor de comprar o jornal. *Je demande à Marie qu'elle veuille bien acheter le journal.*

Un souhait, un espoir... et un impératif poli

souhait → espoir → attente

Les formes de l'impératif empruntées au subjonctif expriment un souhait transformé en attente. On en parle souvent comme de l'impératif « poli ».

Compre o jornal. *Achetez le journal (s'il vous plaît).*

Sauf si le ton de la voix suggère le contraire, la phrase n'est pas aussi autoritaire que la traduction française pourrait le faire croire. N'oublions pas que l'essence même du subjonctif est l'incertitude.

« Allons-y ! »

Le subjonctif à la première personne du pluriel, **nós** (*nous*), est utilisé comme en français :

compr**emos** / vend**amos** / part**amos** *achetons / vendons / partons*

De nos jours, cette construction est surtout utilisée avec le verbe **ir**.

Vamos! *Allons-y !*

« Ne... pas »

Pour former l'impératif négatif, il suffit d'ajouter **não** devant le verbe (voir **Chapitre 11**).

Não compre isso. *N'achetez pas cela.* **Não fume.** *Ne fumez pas.*

Dans ce cas, l'impératif de **tu** emprunte sa forme au subjonctif comme les autres.

Não compres isso. *N'achète pas cela.* **Não fumes.** *Ne fume pas.*

Les verbes : le futur du subjonctif

(*si*) (*lorsque*)	*j'achète...* *j'achèterai...*	*je vends...* *je vendrai...*	*je pars...* *je partirai...*
eu	compr**ar**	vend**er**	part**ir**
tu	compr**ares**	vend**eres**	part**ires**
você, o Sr. / a Sr.ª ele / ela	compr**ar**	vend**er**	part**ir**
nós	compr**armos**	vend**ermos**	part**irmos**
vocês, os Sr.ᵉˢ / as Sr.ᵃˢ eles / elas	compr**arem**	vend**erem**	part**irem**

On forme le futur du subjonctif en remplaçant le **-ram** final de la troisième personne du pluriel (**eles / elas**, *ils / elles*) du passé simple portugais (voir **Chapitre 9**) par **-r**, **-res**, **-r**, **-rmos**, **-rem**.

Un petit « truc »

Si votre phrase commence par *quand, lorsque* (**quando**) ou *si* (**se**) et évoque quelque chose qui ne s'est pas encore réalisé, utilisez le futur du subjonctif.

On utilise le futur du subjonctif pour exprimer une condition préalable à la réalisation d'une action ou d'un événement futurs.

Quando chegarem lá, atravessem.	*Lorsque vous arriverez là, traversez.* (il faut qu'ils arrivent « là » avant de traverser)
Pode me dizer por favor quando chegarmos lá?	*S'il vous plaît, pouvez-vous me dire quand nous y arriverons ?* (l'arrêt de bus où vous voulez descendre)
Se quiser, podemos / poderemos ir ao cinema amanhã.	*Si vous voulez, nous pouvons / pourrons aller au cinéma demain.*

On peut utiliser le futur du subjonctif pour dire *s'il vous plaît* de façon très élégante : **se fizer favor**. L'expression **Boa noite! Até amanhã, se Deus quiser** (du verbe **querer**) comporte elle aussi un verbe au futur du subjonctif. Elle correspond en français à *Bonne nuit ! À demain, si Dieu le veut !*

Les comparatifs irréguliers

Certains adjectifs et adverbes ont des comparatifs irréguliers.

bom (*bon*), **bem** (*bien*)	**melhor** (meilleur / *mieux*)
mau, ruim (*mauvais*), **mal** (*mal*)	**pior** (*pire*)
grande (*grand*)	**maior** (*plus grand*)
pequeno (*petit*)	**menor** (*plus petit*)
muito (*beaucoup*)	**mais** (*plus, davantage*)
pouco (*peu*)	**menos** (*moins*)

autoévaluation Exercices

16.2

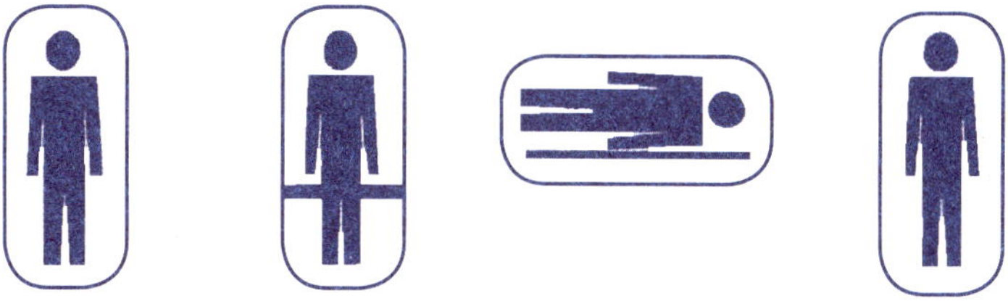

A B C D

On a invité la personne **A** à s'asseoir (**Quer se sentar?**), la personne **B** à s'allonger (**Quer se deitar?**), et la personne **C** à se lever (**Quer se levantar?**).

16.2.1 Demandez :

i à la personne **D** de s'allonger.
ii à la personne **C** de se lever et de s'asseoir.
iii à la personne **B** de se lever.

16.2.2 En commençant vos phrases par **Faça o favor de...** demandez :

i à la personne **A** de prendre la position de la personne **B.**
ii à la personne **B** de prendre la position de la personne **C**.
iii à la personne **C** de prendre la position de la personne **D**.

16.2.3 Faites les mêmes requêtes qu'à l'exercice **16.2.2**, mais en commençant vos phrases par **Queira...**

16.2.4 Faites les mêmes requêtes qu'à l'exercice **16.2.2**, mais en utilisant l'impératif.

16.2.5 Faites de nouveau les mêmes requêtes à l'impératif, mais en vous adressant cette fois à plusieurs personnes.

16.3

En commençant votre phrase par **Queira...**, demandez à quelqu'un de retirer :

i son manteau **ii** ses bottes **iii** son chapeau

16.4 Me dói... *J'ai mal...*

16.4.1 En utilisant les éléments figurant dans le tableau, construisez des phrases pour expliquer au médecin que vous avez :

i très mal à la gorge depuis dimanche dernier.
ii mal à une dent depuis deux jours.
iii très mal à l'oreille droite depuis hier soir.
iv un peu mal ici depuis mercredi dernier.

Me dói	muito um pouco	a garganta um dente o ouvido direito aqui	há dois dias desde ontem à noite desde domingo passado desde 4.ª feira passada

16.4.2 Dites au médecin que vous avez ôté vos vêtements.

Já me _________. (**despir**) ou Já _________ a roupa. (**tirar**)

16.4.3 Dites en français à quelle fréquence les médicaments **i**, **ii** et **iii** doivent être pris.

i de 6 em **6 horas** **ii** 2 vezes **por dia** **iii** dia sim **dia não**

16.5

Lisez la fiche d'informations médicales complétée par Catherine, qui est allergique à la pénicilline et souffre du cœur. La fiche comporte le nom et numéro de téléphone de son médecin traitant et de la personne à contacter en cas d'accident.

Répondez aux questions suivantes à la place de Catherine :

1 Sofre de alguma doença?
2 De que você sofre?
3 É alérgica a algum medicamento?
4 Tomou alguma vacina recentemente?
5 Em caso de acidente, quem devo avisar? Qual é o número de telefone?

MÉDICO ASSISTENTE *Dr. Rui Vasco*
TEL.: *457109603*
VACINA __________ EM__/__/__
VACINA __________ EM__/__/__
EM CASO DE ACIDENTE, POR FAVOR INFORMAR
o meu marido, Óscar Campos TEL.: *438102267*
OUTRA INFORMACÃO *sofro do coração ; sou alérgica à penicilina*

16.6

CD2 piste 20

Sept personnes appellent à l'aide ou préviennent d'un danger. Écoutez l'enregistrement et écrivez chaque expression, que vous direz ensuite à voix haute.

16.7

vocabulaire

(a) calçada	*(le) trottoir*
(o) acostamento	*(le) bas-côté*

16.7.1 L'affiche suivante vise à sensibiliser les écoliers aux dangers de la circulation. Le message utilise la forme verbale de **você**, pour s'adresser directement à chaque enfant.

Caminha pelo lado direito da calçada ou do acostamento

i Traduisez le message en français.

ii Reformulez-le pour plusieurs enfants.

16.7.2 Voici une autre affiche comportant des instructions destinées aux écoliers.

Para atravessar

Para na calçada.

Olha primeiro para a esquerda e depois para a direita para ver se vem algum carro.

Se não vier nenhum, atravessa, olhando novamente para a esquerda até o meio da rua e depois para a direita.

i Traduisez les instructions en français. (Notez que **vier** vient de **vir**.)

ii Réécrivez-les pour plusieurs enfants.

17

Se os acharem, telefonem logo

Si vous les trouvez, téléphonez-moi aussitôt

Communication

- Faire une déclaration de perte
- Vous débrouiller en cas d'accident de la route ou de panne de voiture
- Résoudre un certain nombre d'autres problèmes

"Achados e perdidos" « *Objets trouvés* »

CD2 piste 21

Heloísa déclare la perte de biens personnels.

Heloísa Perdi minha carteira e um saquinho com joias que eu tinha dentro da bolsa.

Empregado Sabe onde e quando você perdeu essas coisas?

Heloísa Não, não sei, mas usei a carteira há umas quatro horas quando fui fazer compras. Creio que não foi roubo. A carteira e o saquinho devem ter caído da bolsa.

Empregado E o que havia dentro?

Heloísa Na carteira havia cartões de crédito, notas e moedas e o saquinho tinha um anel de ouro com um brilhante e um pingente de prata em forma de coração. (*depois de dar o endereço e o número do telefone do hotel*) Se os acharem, telefonem logo para o hotel, por favor.

vocabulaire

achados e perdidos	*objets trouvés (litt. trouvés et perdus)*
perder	*perdre*
(a) carteira	*(le) portefeuille*
(o) saquinho	*(le) petit sac*
(as) joias	*(les) bijoux*
creio que	*je crois que*
(o) roubo	*(le) vol*
(o) anel de ouro	*(la) bague en or*
(o) brilhante	*(le) diamant*
(o) pingente de prata	*(le) pendentif en argent*
em forma de coração	*en forme de cœur*
achar	*trouver*

Numa oficina *Au garage*

CD2 piste 21

Carla amène sa voiture au garage pour la faire réparer.

Carla Eu queria mandar consertar o carro. Está amassado na frente e riscado num lado. Além disso, às vezes não pega. Eu tenho muita pressa, preciso muito do carro. Para quando você pode consertá-lo?

Mecânico O carro não pega... Depende do motivo. Se o problema não for grande, estará pronto daqui a dois dias, incluindo a pintura.

Carla Obrigada. Você também pode verificar o óleo, completar a água do limpador de pára-brisa e verificar o tanque.

Mecânico Vai estar tudo em ordem quando a senhora vier, mas é melhor telefonar primeiro.

vocabulaire

mandar consertar	*faire réparer*
amassado	*cabossé*
riscado	*rayé*
além de	*en plus de*
pegar	*démarrer*
ter pressa	*être pressé*
(a) pintura	*(la) peinture*
(o) óleo	*(l')huile*
completar	*faire le plein (litt. compléter)*
(o) limpador de pára-brisa	*(le) lave-glace*
(o) tanque	*(le) réservoir*

autoévaluation

Exercices

17.1 Perguntas e respostas *Questions et réponses*

1 O que havia dentro da carteira que a Heloísa perdeu?

- **a** Notas e moedas.
- **b** Dinheiro e passagens.
- **c** Cartões de crédito, notas e moedas.

2 Que joias a Heloísa perdeu?

- **a** Um anel de ouro e um pingente de prata.
- **b** Um anel de prata e um pingente de ouro.

3 De que forma era o pingente?

- **a** De estrela.
- **b** De coração.

4 O carro da Carla precisa ser consertado. Por quê?

- **a** Porque às vezes não pega, está riscado num lado e amassado na frente.
- **b** Porque está amassado num lado e riscado na frente e às vezes não pega.

5 Além do carro consertado, o que mais a Carla quer?

- **a** Água no limpador de pára-brisa, gasolina no tanque e mais óleo.
- **b** Mais óleo se necessário, o limpador de pára-brisa cheio de água e o tanque cheio de gasolina.

Ser *ou* estar? Estar com *ou* ter? *Comment dire « être » et « avoir »*

Nous avons évoqué au **Chapitre 3** (avec **está** et **é**) la différence entre **estar** (*être*) et **ser** (*être*). **Estar** s'utilise pour quelque chose qui peut changer ou bouger facilement : un sentiment, une sensation ou un état passager, la position de quelque chose ou de quelqu'un. **Ser**, en revanche, s'emploie pour décrire une caractéristique inhérente, permanente.

ser (caractéristique inhérente)
Sou professor. *Je suis enseignant.*
Ela é bonita. *Elle est jolie.*
Ele é simpático. *Il est sympathique.*
Sou doente. *Je n'ai pas une bonne santé.*

estar (caractéristique non inhérente)
Hoje está quente. *Il fait chaud aujourd'hui.*
Estou cansado. *Je suis fatigué.*
Ele está resfriado. *Il est enrhumé.*
Estou doente. *Je suis malade* (*en ce moment*).

On emploie **estar com** (litt. *être avec*) ou **ter** (*avoir*) avec les expresssions suivantes :

Tenho	**sede / fome.**	*J'ai*	*soif / faim.*
	frio / calor.		*froid / chaud.*
	pressa.	*Je suis*	*pressé.*
Estou com	**febre.**	*J'ai*	*de la fièvre.*
	dor de cabeça.		*mal à la tête.*

Pour exprimer une douleur physique, on peut utiliser **me dói** (*j'ai mal*).

Eu caí. Me dói aqui... e aqui... *Je suis tombé. J'ai mal ici... et ici...*

« Il y a »

L'équivalent portugais de *il y a* est **há**.

Há quanto tempo está aqui? (verbe au présent) — *Il y a combien de temps que vous êtes ici ?*
Estou aqui há duas horas. (verbe au présent) — *Il y a deux heures que je suis là.*
Cheguei há duas horas (atrás). (verbe au passé) — *Je suis arrivé il y a deux heures.*

Dans le dernier exemple, on peut ajouter **atrás**, mais ce n'est pas indispensable.

Grammaire

Les temps « parfaits »

En portugais, il existe deux temps dits « parfaits » : un présent, qui n'a pas d'équivalent en français, et un passé, qui équivaut au plus-que-parfait français. Ces deux temps se forment à partir du verbe **ter** conjugué suivi du participe passé du verbe que l'on veut employer.

Le « parfait » de l'indicatif : *ter* au présent + participe passé
On l'utilise pour parler d'un état continu, ou bien d'une action, d'un événement, ou d'une série d'actions ou d'événements continus ou fréquemment répétés, qui ont lieu dans un laps de temps non écoulé. Le passé composé français peut parfois remplir la fonction de « parfait ».

O tempo tem estado bom.	*Il fait beau (en ce moment).*
Tenho trabalhado muito ultimamente.	*J'ai beaucoup travaillé ces derniers temps.*

Le plus-que-parfait de l'indicatif : *ter* à l'imparfait + participe passé
On l'utilise pour parler d'un état qui a existé ou d'une action ou d'un événement achevés dans le passé avant l'intervention d'un autre facteur, ou avant un moment déterminé.

Eu já tinha saído quando ele chegou.	*J'étais déjà sorti lorsqu'il est arrivé.*
Ele ainda não tinha chegado quando eu saí.	*Il n'était pas encore arrivé quand je suis sorti.*

D'une valeur identique au plus-que-parfait de l'indicatif, il existe un autre temps, simplifié, ou plutôt synthétisé : le plus-que-parfait de l'indicatif simple.

Ele ainda não chegara quando eu saí.	*Il n'était pas encore arrivé quand je suis sorti.*

Ce temps n'est plus utilisé de nos jours qu'en littérature et dans un style soutenu, mais vous en trouverez tout de même les formes dans le tableau à la fin de l'ouvrage. Dans la langue parlée, il existe encore dans certaines expressions idiomatiques.

Tomara que ele saia de férias logo.	*J'espère qu'il partira bientôt en vacances.*

On peut dire du plus-que-parfait (simple ou composé) qu'il exprime le passé dans le passé. Sa forme composée peut également être utilisée avec d'autres temps du verbe **ter** et exprimer le « passé du futur » (futur antérieur), ou encore bien d'autres concepts.

Vamos poder conversar quando eu tiver acabado este trabalho.
Nous pourrons parler quand j'aurai terminé ce travail.
Espero que você tenha conseguido consulta ontem.
J'espère que vous avez obtenu un rendez-vous hier.

Remarque :
Vous trouverez peut-être le verbe **haver** à la place du verbe **ter** pour former les temps parfaits composés, mais cette pratique tend à disparaître de nos jours.

Eu já havia saído quando ele chegou.

Le discours indirect

On utilise le discours indirect lorsque l'on rapporte les propos ou que l'on exprime les pensées de quelqu'un. On emploie les mêmes temps en portugais qu'en français.

Ele disse que gosta de música. *Il a dit qu'il aime la musique.*

mais aussi

Ele disse que gostava de música. *Il a dit qu'il aimait la musique.*
Pensei que ele ia falar. *Je pensais qu'il allait parler.*

Não funciona *ou* não está funcionando*? Comment dire « ça ne marche pas »*

Les Brésiliens tendent à préférer les formes verbales continues comme le parfait et le plus-que-parfait aux formes verbales simples comme le présent. Par exemple, pour dire qu'une machine ne fonctionne plus, vous entendrez **Não está funcionando** plutôt que **Não functiona**.

Les superlatifs

i **muito** *très*

O Pierre é muito alto.
O Pierre fala português muito fluentemente.

muito / muita / muitos / muitas *beaucoup de*

O Pierre tem muita bagagem.
O Pierre tem muitas malas.

ii **-íssimo / -íssima / -íssimos / -íssimas** *vraiment, / très, / extrêmement ; / énormément de* ; **-issimamente** *extrêmement*

O Pierre é alt**íssimo**.
O Pierre tem muit**íssima** bagagem.
O Pierre tem muit**íssimas** malas.
O Pierre fala português fluent**issimamente**.

Remarque :
Les formes du superlatif en **-íssimo**, **-íssima**, etc. sont très peu utilisées dans le langage parlé. À l'oral, les Brésiliens préfèrent utiliser **muito**, **muita**, etc., dont ils allongent parfois la voyelle **i**, pour insister sur l'idée du superlatif.

iii **o mais...** *le plus...*

O Pierre é **o mais** alto (de todos).
Pierre é o que fala português **(o) mais** fluentemente (de todos).

a maior quantidade de... *la plus grande quantité de…*

O Pierre tem **a maior quantidade de** bagagem (de todos).

o maior número de... *le plus grand nombre de...*

O Pierre tem **o maior número de** malas (de todos).

L'expression contraire **o menos...** *le moins…* est très peu utilisée.

O Joseph é **o menos** alto (de todos).

Les superlatifs irréguliers décrits au paragraphe **iii** sont les mêmes que les comparatifs que vous avez appris au **Chapitre 16.** Pour ce qui est des superlatifs **i** et **ii** où aucune comparaison n'est faite, retenez les formes suivantes :

grande	**máximo**
pequeno	**mínimo**
bom, bem	**ótimo**, **otimamente**
mau, ruim, mal	**péssimo**, **pessimamente**

Mais que *ou* mais de *? « Plus que » ou « plus de » ?*

Comme en français, on emploie **mais (do) que** (*plus que*) et **menos (do) que** (*moins que*) lorsque le second élément de la comparaison implique un verbe, qu'il soit explicite ou implicite (voir **Chapitre 13**).

O Pierre é mais alto do que a Marie (é).	*Pierre est plus grand que Marie (ne l'est).*

De même, **mais de** (*plus de*) et **menos de** (*moins de*) s'utilisent devant un nombre ou une autre expression de quantité, lorsqu'il n'y a pas de comparaison.

Mais de 60 km por hora.	*Plus de 60 km / heure.*
Menos de 60 km por hora.	*Moins de 60 km / heure.*

Le genre

En portugais, il n'y a pas de genre « neutre » à proprement parler, mais nous avons vu que la terminaison masculine **-o** peut remplir la fonction de neutre, par exemple dans ist**o** (**Chapitre 11**).

Comparez également ce qui suit :

Essa infração de trânsito é gravíssima.
Cette infraction de circulation est extrêmement grave.
(Utilisation du féminin partout.)

mais

É gravíssimo. *C'est très grave.* (La terminaison **-o** sert de neutre.)

Exercices

17.2 Tive um acidente *J'ai eu un accident* CD2 piste 22

17.2.1

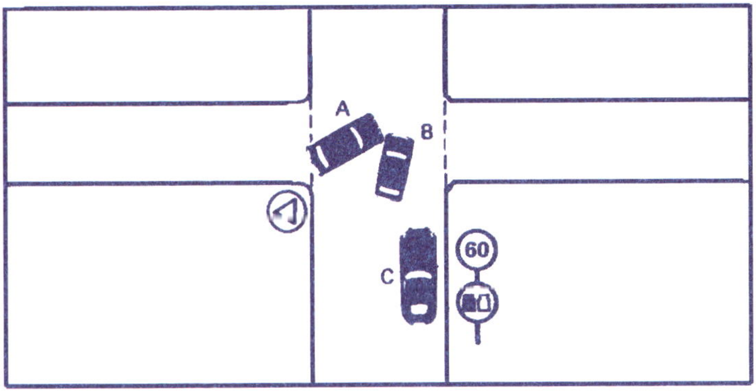

O cruzamento = o ponto de encontro com a estrada transversal

infringindo	*en infraction*
(a) placa de parada obrigatória	*(le) stop*
(a) placa de proibido ultrapassar	*(le) panneau d'interdiction de doubler*

Lisez l'échange entre les deux conducteurs qui viennent d'avoir un accident, et devinez qui conduisait quelle voiture.

Pedro	O senhor não parou no cruzamento, infringindo a placa de parada obrigatória.
Guilherme	O senhor ultrapassou, infringindo a placa de proibido ultrapassar.

17.2.2

vocabulaire

(o) ferido	*(le) blessé*
(o) morto	*(le) mort*
(o) carro-guincho	*(la) dépanneuse*
rebocar	*remorquer*

Pedro appelle les services de secours. Lisez ses propos ci-dessous et écoutez les questions de la standardiste sur l'enregistrement, puis écrivez et jouez le dialogue.

- **Na estrada entre Belo Horizonte e Congonhas, a mais ou menos 10 km de Belo Horizonte.**

- **Não preciso de ambulância. Não há feridos, nem mortos. Mas preciso de um carro-guincho para rebocar o carro. Meu carro não está funcionando.**

17.2.3

vocabulaire

(a) velocidade	*(la) vitesse*
(o) quilômetro	*(le) kilomètre*

Les gendarmes arrivent...

Faites correspondre les questions du gendarme et les réponses de Pedro.

1	**O senhor ultrapassou?**	a	**Vi...**
2	**A que velocidade estava?**	b	**Hum... ultrapassei.**
3	**Não viu o outro carro?**	c	**Hum... a 60 km por hora.**

17.2.4

vocabulaire

parecer que	*sembler que, paraître que*
avançar	*avancer*
bater em	*cogner, renverser*

Complétez la déclaration d'accident de Pedro, en mettant les verbes entre parenthèses à la forme qui convient.

Eu ________ (seguir) pela estrada a 60 km por hora. Na minha frente ________ (seguir) o carro C, muito devagar. Eu ________ (ver) o carro A, que parecia que tinha parado no cruzamento. Eu ________ (ultrapassar) o carro C, mas o carro A ________ (avançar) e ________ (bater) no meu.

17.3

Voici une affiche contre l'alcool au volant.

17.3.1 Traduisez le message de prévention en français.

17.3.2 En commençant votre phrase par **nunca**, dites en portugais : *Je ne bois jamais quand je conduis*.

17.4 Problèmes et solutions

Lisez cette liste de problèmes.

i **Creio que roubaram minha carteira e o celular.**

ii **Perdi o passaporte e o visto.**

iii **Perdi uma lente de contato.**

iv **O quarto é muito barulhento.**

v **O chuveiro não está funcionando.**

Trouvez ci-dessous une solution à chaque problème.

a **Onde é o oculista mais próximo?**

b **Por favor, pode mandar consertar o chuveiro?**

c **Então você deve informar a polícia.**

d **Talvez seja melhor pedir para mudar de quarto.**

e **Pergunte na seção de achados e perdidos.**

17.5

vocabulaire

fugir *fuir, prendre la fuite*

17.5.1 Le pendentif d'Élise a peut-être été volé. Elle a vu quelqu'un, peut-être le voleur, s'enfuir en courant dans une rue à côté. Aidez-la à décrire ce qui suit :

i le pendentif : (*en or et en forme d'étoile*).

ii le suspect : **Ele fugiu pela rua ali à direita. Ele deve ter uns vinte anos,** (*cheveux noirs / tee-shirt blanc / jean*).

17.5.2 Benjamin s'est fait renverser par une voiture et le conducteur ne s'est pas arrêté. Aidez-le à décrire ce dont il se souvient pour sa déclaration à la police.

i la voiture : **Não vi bem o número da placa nem de que marca é o carro. O motorista fugiu. Sei apenas que...** (*une voiture vert foncé*).

ii le conducteur : **Não vi bem. Foi tudo muito rápido, mas creio que ele...** (*la quarantaine / cheveux blonds et courts / chemise jaune*).

17.6

On vous apprend deux mauvaises nouvelles.

1 **Ontem minha melhor amiga foi atropelada. Está no hospital em observação.**

2 **Caí. Torci o pé direito e machuquei a mão esquerda. Hoje não posso nadar.**

Trouvez ci-dessous la réaction appropriée à chaque mauvaise nouvelle.

a **Não se preocupe. Podia ter sido pior.**

b **Sinto muito. Eu lhe estimo rápidas melhoras.**

17.7 A multa *L'amende*

À Curitiba, la capitale de l'État de Paraná, les autorités locales viennent de publier une brochure indiquant les pénalités encourues en cas d'excès de vitesse.

	VELOCIDADE	INFRAÇÃO
30 km/h FISCALIZAÇÃO ELETRÔNICA	38-52 km/h	Grave
	Mais de 52 km/h	Gravíssima*

Com suspensão da carteira de habilitação por 2 a 7 meses.

17.7.1 Lisez l'extrait de la brochure et répondez aux questions suivantes.

carteira de habilitação = carteira de motorista

i **Numa rua de 30 km por hora, 40 km/h é grave ou gravíssimo?**

ii **A partir de que velocidade é gravíssimo?**

iii **Se você andar a mais de 52 km/h que outra penalidade você vai ter além da multa?**

17.7.2 De l'autre côté de la brochure on peut voir l'illustration et le message suivant.

CUIDADO COM O EXCESSO DE VELOCIDADE. A PRESSA E A SEGURANÇA NUNCA ESTÃO NA MESMA MÃO.

i Que signifie la première phrase ?

ii Et la deuxième ? Comprenez-vous le jeu de mots? (Voir la remarque sur **mão page 43.**)

18

Eu gostaria muito de viajar mais

J'aimerais beaucoup voyager davantage

Communication

- Dire ce que vous aimez et ce que vous n'aimez pas
- Parler de vos centres d'intérêt et de vos loisirs
- Exprimer une condition, un souhait ou un espoir

Falando de lazer e férias *Conversation sur les loisirs et les vacances*

CD2 piste 23

Roberto et Natália parlent de leurs loisirs et de leurs vacances.

Roberto O que você faz nas horas vagas?

Natália Tenho poucas horas vagas, mas, quando posso, me sento na frente da televisão e relaxo.

Roberto E quando você está de férias, o que faz? Para onde vai?

Natália Normalmente não vou para longe. Passo o tempo na praia, no sol. Tomo banhos de mar e banhos de sol... e não faço nada. Gostaria muito de viajar mais. Infelizmente agora não posso, mas espero poder num futuro próximo, talvez no ano que vem ou daqui a dois anos.

vocabulaire

(as) horas vagas	*(le) temps libre*
na frente de	*en face de*
relaxo	*je me repose*
tomar banhos de mar	*se baigner*
tomar (banhos de) sol	*prendre des bains de soleil*
(eu) gostaria de	*(j')aimerais*
gostaria muito de	*j'aimerais beaucoup*
viajar mais	*voyager davantage*

Comparando interesses *Comparaison des centres d'intérêt*

CD2 piste 23

Silvana et Alfredo comparent leurs centres d'intérêt et leurs loisirs.

Alfredo O que você faz no seu tempo livre?

Silvana Leio, principalmente romances históricos, e adoro pintar quadros. Nos fins de semana normalmente vou a uma galeria de arte ou visito um museu. Também gosto muito de música, ou seja, música clássica, e às vezes vou a um concerto. Também vou ao teatro, uma ou duas vezes por mês. E você?

Alfredo Eu não gosto muito de ler mas leio revistas e novelas policiais. Gosto de música popular. Faço natação. Jogo futebol, de vez em quando, mas tenciono jogar mais vezes.

Silvana Eu detesto jogos de bola, principalmente futebol. Nado, mas raramente, e só na piscina; no mar não. Às vezes dou um passeio a pé e uma vez que outra dou uma caminhada.

Alfredo Hum... Temos interesses bastante diferentes.

(o) tempo livre = (as) horas vagas	
(o) romance histórico	*(le) roman historique*
adoro	*j'adore*
pintar quadros	*faire de la peinture*
ou seja	*c'est-à-dire*
(a) novela policial	*(le) roman policier*
(a) natação	*(la) natation*
jogo futebol	*je joue au foot*
de vez em quando	*de temps en temps*
tenciono	*j'ai l'intention de*
eu detesto	*je déteste*
(os) jogos de bola	*(les) jeux de ballon*
dou um passeio a pé	*je vais me promener*
dou uma caminhada	*je fais une randonnée*

Exercices

18.1 Perguntas e respostas *Questions et réponses*

1 Quem tem pouco tempo livre?

a O Roberto. **b** A Natália.

c O Alfredo. **d** A Silvana.

2 Como a Natália passa o dia quando está de férias?
a Nada na piscina.
b Nada no mar.
c Toma banhos de mar e sol.

3 O que a Silvana gosta mais de fazer nas horas vagas?
a Pintar quadros.
b Dar passeios.
c Ler livros e revistas.

4 O que a Silvana detesta?
a Futebol.
b Caminhadas.
c Jogos de bola.

5 Quais são os interesses do Alfredo?
a Jogar bola, caminhar, nadar e ler romances históricos.
b Ir a concertos e ao teatro, e visitar galerias de arte e museus.
c Futebol, natação, música popular, e ler revistas e novelas policiais.

L'intention

Tencionar ou **ter a intenção de** (*avoir l'intention de*) servent à exprimer une intention. On peut aussi utiliser **pretender**.

Tenciono / tenho a intenção de / pretendo fazer mais exercício.

J'ai l'intention de faire davantage d'exercice.

Vous pouvez également utiliser les formules avec **vou...** (**Chapitre 8**) et **hei de...** (**Chapitre 12**).

Vou fazer mais exercício. *Je vais faire davantage d'exercice.*
Hei de fazer mais exercício. *Je pense faire davantage d'exercice.*

Jouer

Le verbe français *jouer* a plusieurs traductions en portugais.

jogar (*participer à un jeu*)

Jogo futebol. *Je joue au foot.*

tocar (*jouer d'un instrument de musique*)

Toco piano. *Je joue du piano.*

brincar (jouer pour les enfants)

Ela brinca com suas bonecas. *Elle joue avec ses poupées.*

brincar (*se livrer à des jeux frivoles, comme par exemple jouer avec les mots, plaisanter*)

Isso não é sério, você está brincando.

Vous n'êtes pas sérieux, vous êtes en train de plaisanter.

Passear *et* dar um passeio *« Se promener » et « faire une promenade »*

Pour dire *se promener*, que ce soit à pied, en voiture ou à vélo, on emploie **passear** ou **dar passeios**, ou bien encore **dar uma volta** (*faire un tour*). On peut préciser **a pé** (*à pied*), **de carro** (*en voiture*), **a cavalo** (*à cheval*), etc.

Vou passear / dar um passeio / dar uma volta a pé.

Je vais me promener / faire une promenade / faire un tour à pied.

Vou passear / dar um passeio / dar uma volta de carro.

Je vais me promener / faire une promenade / faire un tour en voiture.

Grammaire

Les verbes : le conditionnel

	j'achèterais...	*je vendrais...*	*je partirais...*
eu	compr**aria**	vend**eria**	part**iria**
tu	compr**arias**	vend**erias**	part**irias**
você, o Sr. / a Sr.ª ele / ela	compr**aria**	vend**eria**	part**iria**
nós	compr**aríamos**	vend**eríamos**	part**iríamos**
vocês, os Sr.ᵉˢ / as Sr.ᵃˢ eles / elas	compr**ariam**	vend**eriam**	part**iriam**

On forme le conditionnel en ajoutant les terminaisons **-ia**, **-ias**, **-ia**, **íamos**, **-iam** à l'infinitif du verbe. Comme pour le futur simple (**Chapitre 12**), les trois exceptions sont les verbes **dizer**, **fazer** et **trazer**, pour lesquels les terminaisons s'ajoutent à une forme raccourcie de l'infinitif : **dir**ia, etc., **far**ia, etc., **trar**ia, etc.

Un petit « truc »

Vous remarquerez que ces terminaisons sont identiques à celles de l'imparfait de l'indicatif du verbe **ir**.

On utilise le conditionnel :

- lorsqu'une condition est introduite.

  Podemos sair, mas eu gostaria de, primeiro, ler o jornal.
  Nous pouvons sortir, mais, d'abord, j'aimerais lire le journal.

- dans le discours indirect pour exprimer quelque chose qui n'avait pas encore eu lieu quand on en parlait ou on y pensait (voir également **Chapitre 17**).

  Pensei que ele iria falar. *Je pensais qu'il parlerait.*

Remarque :

À l'oral, le conditionnel est souvent remplacé par l'imparfait de l'indicatif (**Chapitre 13**).

Pensei que ele ia falar. *Je pensais qu'il allait parler.*
Pensei em perguntar se você queria ir ao cinema. *Je pensais vous demander si vous aimeriez aller au cinéma.*

« J'aimerais »

Eu gosto de jogar golfe signifie *J'aime jouer au golf.* **Eu gostaria de jogar golfe** se traduit par *J'aimerais jouer au golf.* C'est l'expression d'un souhait plutôt qu'une façon aimable de demander quelque chose. Si c'est une demande polie que vous voulez faire, utilisez plutôt **eu queria jogar golfe**, ou même simplement **queria jogar golfe**. En réalité, **queria** est l'imparfait de l'indicatif (que vous avez appris au **Chapitre 13**) utilisé à la place du conditionnel.

Les verbes : l'imparfait du subjonctif

que...	*j'achète...** *(j'achetasse...)*	*je vende...* *(je vendisse...)*	*je parte...* *(je partisse...)*
eu	comprasse	vend**esse**	part**isse**
tu	compr**asses**	vend**esses**	part**isses**
você, o Sr / a Sr.ª ele /ela	compr**asse**	vend**esse**	part**isse**
nós	compr**ássemos**	vend**êssemos**	part**íssemos**
vocês, os Sr.ᵉˢ / as Sr.ᵃˢ eles / elas	compr**assem**	vend**essem**	part**issem**

*À l'oral et à l'écrit, il est désormais admis et plus naturel d'utiliser en français le présent du subjonctif après un verbe principal au passé. Seules les formes de la troisième personne du singulier des verbes *avoir* et *être* (*eût* et *fût*) sont encore parfois employées.

On forme l'imparfait du subjonctif en remplaçant la terminaison -**ram** de la troisième personne du pluriel (**eles** / **elas** *ils / elles*) du passé simple (voir **Chapitre 9**) par les terminaisons **-sse**, **-sses**, **-sse**, **-ssemos**, **-ssem**.

On utilise l'imparfait du subjonctif :

- pour exprimer un souhait ou un espoir (comme le subjonctif présent, **Chapitre 16**, 1re utilisation) dans le passé et/ou un degré de probabilité plus faible.

Esperava que a consulta fosse hoje.	*J'espérais que le rendez-vous soit / fût aujourd'hui.*

- pour exprimer le chagrin ou la compassion (comme le subjonctif présent, **Chapitre 16**, 2e utilisation) dans le passé.

Senti muito que ela estivesse doente.	*J'ai été désolé qu'elle soit / fût malade.*

- pour une action ou un événement potentiels (comme le subjonctif présent, **Chapitre 16**, 3e utilisation), qui ont peu de chance de se réaliser.

Talvez ela tomasse uma bebida quente.	*Il se peut qu'elle prenne une boisson chaude.*

- après une déclaration qui implique une influence sur des personnes ou des choses (comme le subjonctif présent, **Chapitre 16**, 4e utilisation), exprimée dans le passé.

  A aeromoça pediu ao passageiro que apertasse o cinto de segurança.
  L'hôtesse de l'air a demandé au passager d'attacher (litt. *qu'il attache*) *sa ceinture.*

  Eu pedi a Maria que fizesse o favor de comprar o jornal.
  J'ai demandé à Marie qu'elle veuille bien acheter le journal.

« Si »

Les phrases conditionnelles se composent en général de deux parties :

a la condition avec *si* (la proposition subordonnée)
b la conclusion (la proposition principale)

1) Lorsque **a** se rapporte au présent ou au passé et exprime une condition qui peut se réaliser, on utilise le présent de l'indicatif pour **a** et **b**.

   Normalmente se chove fico em casa, se faz tempo bom, dou um passeio.
   Normalement s'il pleut je reste à la maison, s'il fait beau je vais faire un tour.

2) Lorsque **a** exprime une condition non réalisée, on utilise l'imparfait du subjonctif pour **a** et le conditionnel (ou l'imparfait de l'indicatif) pour **b**.

   Se não estivesse chovendo, daria (ou dava) um passeio.
   S'il ne pleuvait pas, je ferais un tour.

3) Lorsque **a** exprime une condition qui doit être réalisée (ou non) dans le futur, on utilise le futur du subjonctif pour **a** et le futur de l'indicatif (simple ou proche) pour **b**.

   Se chover amanhã, não darei um passeio.
   S'il pleut demain, je n'irai pas faire un tour.

   Se chover amanhã, não vou dar um passeio.
   S'il pleut demain, je ne vais pas aller faire un tour.

   Parfois le présent de l'indicatif est utilisé à la place du futur du subjonctif.
   Se chove amanhã, não vou dar um passeio.

Verbe conjugué + verbe à l'infinifif

Comme en français, il arrive que certains verbes portugais conjugués soient associés à un autre verbe à l'infinitif :

Eu vou comprar...	*Je vais acheter...* (**Chapitre 8**)
Eu costumava ler o jornal regularmente.	*J'avais pour habitude de lire / Je lisais le journal régulièrement.* (**Chapitre 13**)

Voici d'autres exemples courants de ces verbes parfois suivis d'un verbe à l'infinitif : **começar a...** *commencer à...*, **deixar de...** *arrêter de...*, **voltar a...** *faire... de nouveau*, **acabar de...** *venir de...*

> **Eu costumava pintar. Mas agora deixei de pintar e vou começar a fazer fotografia. Acabo de me inscrever em um curso de fotografia. Um dia talvez eu volte a pintar.**
>
> *Avant, je peignais. Mais maintenant j'ai arrêté de peindre et je vais commencer à faire de la photographie. Je viens de m'inscrire à un cours de photographie. Un jour peut-être je me remettrai à peindre.*

autoévaluation

Exercices

18.2

o golfe
le golf

a pesca
la pêche

o mergulho
la plongée sous-marine

o esqui aquático
le ski nautique

o tênis
le tennis

a vela
la voile

o surfe
le surf

a caça
la chasse

o hipismo
l'équitation

18.2.1 Deux lieux de vacances, **A** et **B**, proposent les activités suivantes.

A

B

En fonction des souhaits des vacanciers, dites s'ils doivent choisir le lieu **A** ou **B**.

i **Quero fazer esqui aquático.**
ii **Pretendo jogar golfe e fazer caça.**
iii **Tenho a intenção de fazer surfe e mergulho.**
iv **Vou fazer vela e pesca.**
v **Hei de jogar tênis e fazer hipismo.**

18.2.2 Mettez dans l'ordre les mots entre parenthèses pour reconstituer les propos de Yann qui parle des sports qu'il pratique.

Tous les jours, je fais du jogging tôt le matin. Le week-end, je fais du ski nautique, quand il fait beau ; et j'en ferais plus souvent si j'avais plus de temps.

vocabulaire

fazer cooper *faire du jogging*

(Todos os dias, / Nos fins de semana, / quando faz / pratico / praticaria / tempo bom; / mais tempo. / faço cooper / de manhã cedo. / mais vezes, / esqui aquático, / e / se / tivesse)

18.3

CD2 piste 24

Les informations suivantes ont été publiées par une agence de tourisme de Curitiba, pour les vacanciers désireux de connaître l'île **Ilha do Mel**.

A Ilha do Mel é praticamente uma reserva natural, sendo 90% do território Área Protegida, onde abundam fauna e flora raras.

A Ilha do Mel sempre foi reconhecida como um paraíso para passeios a pé. Os passeios podem ser tão suaves ou tão desfiadores quanto você desejar. Os que não querem se cansar muito podem desfrutar os belos passeios ao longo das praias que circundam toda a ilha, oferecendo as melhores vistas panorâmicas. Para os mais aventureiros há muitas trilhas, bem assinaladas com placas, que levam aos morros.

Mas a Ilha do Mel também oferece uma grande variedade de atividades esportivas. É claro que, sendo uma ilha, a Ilha do Mel é rica em esportes aquáticos. Além disso, a Ilha do Mel está adquirindo uma grande reputação como destino privilegiado para a pesca, sendo o local certo para pescar tainhas.

Mas o melhor de tudo é que você pode praticar seu esporto favorito durante todo o ano.

vocabulaire

morros *collines*
tainhas *mulets (poissons)*

18.3.1 Lisez les informations sur l'**Ilha do Mel**.

18.3.2 Eduardo envisage de passer ses vacances sur l'Ilha do Mel et il se renseigne sur des activités qui plairaient à toute sa famille. Écoutez sur l'enregistrement les réponses qu'on lui donne et écrivez le dialogue.

- A Ilha do Mel tem plantas raras? E animais?

- Que passeios a pé tem para pessoas que não estão em boa forma?

- E que passeios tem para os mais aventureiros?

- Desculpe. Não compreendo. O que significa "trilhas"?

- Pode se praticar mergulho e vela?

- Só mais uma pergunta. Seria possível pescar?

18.4

18.4.1 Complétez le court dialogue à partir de l'affiche suivante, placée au guichet d'un stade.

- Ainda tem lugares ________?

- Não, não tenho. Não tem mais.
Só ________.

- Então não quero.

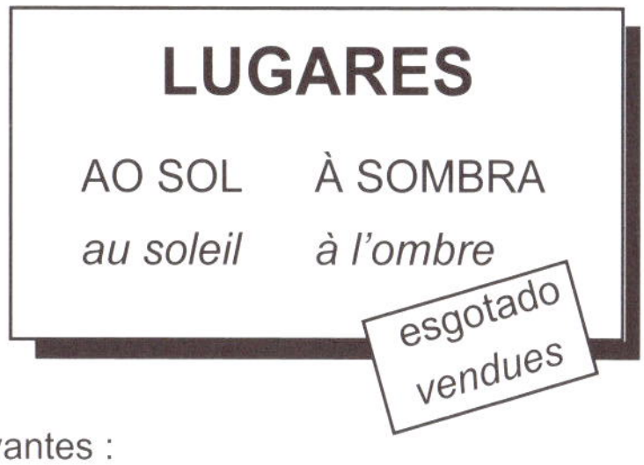

18.4.2 Répondez aux questions suivantes :

i **Esta pessoa comprou ou não comprou uma entrada?**

ii **Por quê?**

iii **Esta pessoa teria comprado uma entrada se ainda houvesse lugares na sombra?**

18.5

todo (o) mundo = toda a gente

Répondez en portugais aux questions sur le dialogue qui suit entre le Français Philippe et la Brésilienne Estela. La réponse à la première question vous est donnée.

1 Qu'est-ce qu'un *carioca* ? **É uma pessoa natural do Rio de Janeiro.**
2 Quel événement a lieu au Brésil, et surtout à Rio, trois jours avant le Carême ?
3 Quand les préparations ont-elles lieu ?
4 Quel nom donne-t-on aux écoles de samba ?
5 Où les gens dansent-ils ?
6 Quel nom donne-t-on lors d'un défilé d'une école de samba **a** aux danseurs, **b** aux percussionnistes, et **c** aux costumes ?

dialogue Le Carnaval

Philippe Então você é *carioca*, é da capital do Carnaval?

Estela Sim, sou *carioca*. O Brasil inteiro tem Carnaval, mas o Rio de Janeiro é sem dúvida a capital do Carnaval.

Philippe É verdade que vocês preparam tudo com muita antecedência?

Estela É. Tem que estar tudo pronto com muita antecedência para os três dias antes da Quaresma. É quando há festas de Carnaval por toda a parte. Todo mundo vai para a rua.

Philippe Mas o ponto mais alto da festa é o desfile, não é?

Estela É, sim, o desfile das *escolas de samba*.

Philippe E que nome vocês dão a esses bailarinos?

Estela São os *passistas*. E quem toca a música é a *bateria*. E as *fantasias* são as roupas alegóricas.

Philippe E quando é o desfile?

Estela Durante as noites de domingo, segunda e terça. São três noites.

Philippe Eu gostaria muito de ver o desfile. Se puder, vou assistir no ano que vem.

18.6

Vocabulaire

(a) arquibancada	**(les) gradins**
números pares	*nombres pairs*
números ímpares	*nombres impairs*

18.6.1 Votre ticket d'entrée pour le défilé du Carnaval de Rio porte le numéro 00303, secteur (**o setor**) 9, rangée (**a fila**) C, place (**o lugar**) 001. Donnez ces informations en portugais à voix haute : **É o número...**

18.6.2 Vous êtes du côté nord de l'avenue, en train de chercher votre place. Vous demandez : **Por onde se vai para este lugar?**. Et l'on vous répond : **Não é por aqui. Deste lado são números pares. Esse lugar fica numa arquibancada no lado sul, do outro lado da Avenida.**

i Quel est le problème ?

ii Que devez-vous faire ?

18.7

On vous a donné ce ticket de transport à utiliser pour votre retour à l'hôtel après le défilé du Carnaval.

BILHETE DE TRANSPORTE – RIO CARNAVAL

Válido para uma (01) pessoa para transporte do desfile de Carnaval para qualquer Hotel.

Válido somente para 14/fevereiro, 15/fevereiro e 16/fevereiro.

1 Présentez vos excuses et dites qu'il semble que vous l'ayez perdu.

2 Dites que vous l'avez retrouvé et tendez-le au chauffeur.

19

Se fosse uma coisa diferente

Si cela avait été autre chose

Communication

- Connaître la cuisine et les boissons locales
- Décrire un endroit et ce qui le rend unique
- Donner des informations détaillées sur votre ville natale et votre région

dialogue Jantando fora *Un dîner au restaurant*

CD2 piste 25

Marília et Gustavo dînent dans un nouveau restaurant ce soir. Miguel, le serveur (**o garçom**), prend leur commande.

Miguel	Os senhores já escolheram?
Gustavo	Já. Para começar, queremos uma canja e uma sopa de tomate.
Miguel	E depois da entrada, o que vão pedir? Peixe, carne, frango ou um prato vegetariano?
Marília	Para mim um prato com peixe, moqueca de camarão.
Gustavo	Para mim bife na brasa.
Miguel	Prefere mal ou bem-passado?
Gustavo	No ponto.
Miguel	E o acompanhamento?
Gustavo	Traga uma salada mista para os dois.
Miguel	E para beber?
Gustavo	Uma garrafa de vinho da casa.
Miguel	Branco ou tinto?
Gustavo	É melhor meia garrafa de branco para beber com o peixe e meia garrafa de tinto para a carne.
	(*Depois do prato principal*)
Miguel	Estava tudo bem?
Gustavo	Estava excelente.
Miguel	E o que vão querer para sobremesa?
Gustavo	Para mim, fruta... Pode ser uma laranja.
Marília	Não conheço o doce da casa. Talvez eu queira provar, mas primeiro gostaria de saber de que é feito.
Miguel	É um doce de ovos.
Marília	Não... Se fosse uma coisa diferente... Não, não quero. Prefiro um sorvete. Que sabores tem?
Miguel	Chocolate, morango...
Marília	Morango, por favor. (*falando para Gustavo*) Adoro morango.

vocabulaire

(a) canja	*(le) bouillon de poulet*
(a) sopa de tomate	*(la) soupe de tomate*
(a) entrada	*(l')entrée*
(o) peixe	*(le) poisson*
(a) carne	*(la) viande*
(o) frango	*(le) poulet*

vocabulaire

prato com peixe	*plat de poisson*
(a) moqueca de camarão	*spécialité de crevettes*
(o) bife na brasa	*(le) steak grillé*
bem / mal-passado	*bien cuit / saignant*
no ponto	*à point*
(o) acompanhamento	*(la) garniture*
(a) salada mista	*(la) salade composée*
e para beber?	*et comme boisson ?* (litt. *et pour boire ?)*
(o) vinho	*(le) vin*
branco ou tinto	*blanc ou rouge*
(a) sobremesa	*(le) dessert*
(o) doce	*(le) dessert, (la) sucrerie (crème, gâteau, confiture, etc.)*
de que é feito	*en quoi ça consiste (litt. de quoi c'est fait)*
(o) sabor	*(le) parfum*

autoévaluation

Exercices

19.1 Perguntas e respostas *Questions et réponses*

1 O Gustavo e a Marília já tinham escolhido quando o garçom perguntou o que eles queriam?

a Já. **b** Ainda não.

2 O que eles escolheram como entrada?

a Uma salada e uma sopa. **b** Canja e sopa de tomate.

3 Que comida eles escolheram para prato principal?

a Um prato com peixe e um
b Dois pratos de carne vegetariano.
c Um prato com peixe, um prato com carne e salada mista para dois.

4 E que bebidas pediram?

a Uma garrafa de vinho tinto.
b Uma garrafa de vinho branco.
c ½ garrafa de vinho tinto e ½ de branco.

5 Quais são as sobremesas que eles preferiram?

a Doce da casa e fruta.
b Laranja e sorvete de morango.
c Sorvete de chocolate e uma laranja.

Pedir *ou* perguntar ?

Pedir et **perguntar** se traduisent tous deux par *demander*. Voici comment savoir lequel des deux utiliser :

pedir = demander à quelqu'un de faire quelque chose	**perguntar** = demander un renseignement, poser une question

A cliente pediu sal e pimenta.
La cliente a demandé (*qu'on lui apporte*) *du sel et du poivre.*

O cliente pediu um prato com carne.
Le client a demandé (*qu'on lui serve*) *un plat de viande.*

O garçom perguntou se ele queria a carne bem-passada.
Le serveur a demandé au client s'il voulait la viande bien cuite.

Que *ou* qual ?

Tout comme les autres noms, le pronom interrogatif **que** peut être utilisé avec ou sans l'article **o**.

O que é isto? = **Que** é isto?	Qu'est-ce que c'est ?

Notez également que, en général, **qual** se traduit par *lequel* / *laquelle* ou *quel* / *quelle* et son pluriel **quais** par *lesquels* / *lesquelles* ou *quels* / *quelles*, tandis que **que** se traduit par *que*, mais il y a des exceptions.

Qual prefere? *Lequel préférez-vous ?*	le(s)quel(s) ? → **qual / quais**
Que prato prefere? *Quel plat préférez-vous ?*	quel(s) (+ nom) ? → **que**
(O) que é moqueca de camarão? *Qu'est-ce que la « moqueca » de crevettes ?*	pour demander une description ou une définition → **(o) que**
Quais são os pratos com peixe que você prefere? *Quels sont les plats de poisson que vous préférez ?*	pour un choix à faire, une sélection → **qual / quais**

« J'aimerais » et « j'aime »

Pour exprimer un souhait, vous pouvez dire **(eu) gostaria (muito) de...**

Eu gostaria muito de viajar mais.
J'aimerais (beaucoup) voyager davantage.

La même expression au présent : **(eu) gosto (muito) de...** signifie *j'aime (beaucoup)...* Pour exprimer des sentiments plus forts, vous pouvez utiliser les verbes **adorar** (*adorer*) et **detestar** (*détester*).

Adoro jardinagem e detesto cozinhar.
J'adore jardiner et je déteste cuisiner.

Adoro viajar. É meu passatempo predileto.
J'adore voyager. C'est mon passe-temps favori.

Adoro animais. Tenho um cachorro e também um gato.
J'adore les animaux. J'ai un chien et aussi un chat.

Pour dire *aimer (d'amour)*, on emploie le verbe **amar**.

Amo meus filhos.
J'aime mes enfants.

Grammaire

A mala da senhora *La valise de la dame*

Comme vous l'avez sans doute remarqué, on exprime la possession de la même façon en portugais et en français :

chose possédée	+	**de**	+	possesseur
a mala *la valise*		**da** (= de + a) *de la*		**senhora** *dame*

Les possessifs

Mon, ma, mes ; le mien, la mienne, les miens, les miennes

Contrairement au français, l'adjectif possessif (par exemple *mon*), et le pronom possessif (par exemple *le mien*), ne constituent en portugais qu'un seul et même mot (par exemple **meu**).

Comme en français, le possessif s'accorde en genre et en nombre avec la chose possédée : **meu** (masc. sing.), **minha** (fém. sing.), **meus** (masc. pl.), **minhas** (fém. pl.).

(O) meu casaco e (as) minhas malas.	*Mon manteau et mes valises.*
O casaco é meu.	*C'est mon manteau* (litt. *Le manteau est le mien*).
As malas são minhas.	*Ce sont mes valises* (litt. *Les valises sont les miennes*).

Remarque :

N'oubliez pas que les articles **o / a / os / as** devant les adjectifs possessifs sont facultatifs.

Notre, nos ; le nôtre, la nôtre, les nôtres

De même *notre*, *nos* et *le nôtre*, *la nôtre*, *les nôtres* se traduisent par **nosso** (masc. sing.), **nossa** (fém. sing.), **nossos** (masc. pl.), **nossas** (fém. pl.).

(Os) nossos casacos.	*Nos manteaux.*
A mala é nossa.	*C'est notre valise* (litt. *La valise est la nôtre*).
Os casacos e a mala são nossos.	*Ce sont nos manteaux et notre valise* (litt. *Les manteaux et la valise sont les nôtres*).

Votre, vos ; le vôtre, la vôtre, les vôtres

La règle est la même pour *votre*, *vos* et *le vôtre*, *la vôtre*, *les vôtres* lorsque vous vouvoyez quelqu'un : **seu**, **sua**, **seus**, **suas**.

(Os) seus casacos e (a) sua mala.	*Vos manteaux et votre valise.*
Este casaco é seu?	*Ce manteau est-il le vôtre ?*

Ton, ta, tes ; le tien, la tienne, les tiens, les tiennes

Les formes **teu**, **tua**, **teus**, **tuas**, tout comme le pronom personnel **tu** qui leur correspond, sont très peu utilisées au Brésil. Vous n'aurez donc pas l'occasion de les employer, sauf si vous vous trouvez dans l'une des régions où la forme **tu** est utilisée.

(Os) teus casacos e (a) tua mala	*Tes manteaux et ta valise.*
Este casaco é teu?	*Ce manteau est-il le tien ?*

Son, sa, ses ; le sien, la sienne ; leur, leurs ; le leur, la leur, les leurs

Autrefois, on utilisait **seu**, **sua**, **seus** et **suas** à la troisième personne du singulier ou du pluriel, mais aujourd'hui on ne rencontre plus cet usage que dans un langage écrit soutenu. Dans le langage parlé comme dans le langage écrit familier, la préférence est donnée à la forme suivante :

chose possédée + **de** contracté avec **ele / ela / eles / elas** (le possesseur)

a mala dela *sa valise* (litt. *de elle*)

a mala deles *leur valise* (litt. *de ils*)

Notez que dans ce cas, l'accord se fait en genre et en nombre avec le possesseur, et non avec la chose possédée.

O, a, os, as *« Le, la, les » et les possessifs*

En règle générale, les articles définis (**o / a / os / as**) sont facultatifs devant les adjectifs possessifs comme **meu**, **nosso**, **seu**, etc. (voir les exemples qui précèdent). Il y a cependant quelques exceptions.

On ne les utilise jamais :

- lorsque l'on s'adresse directement à quelqu'un.

Minha amiga, como vai? — *Comment allez-vous / vas-tu, mon amie ?*

- lorsque l'on parle d'un proche.

Meu pai está em casa. — *Mon père est à la maison.*

Mais on les utilise toujours lorsque le sujet de la phrase et le possesseur ne font qu'un, auquel cas le possessif peut être omis :

Ontem eu fui no (meu) apartamento. — *Hier je suis allé à l'appartement.* (mon appartement)

autoévaluation

Exercices

19.2

CD2 piste 26

Vous êtes au restaurant, et en attendant le plat que vous avez commandé, vous écoutez ce que disent les autres clients. Mettez dans l'ordre les mots et expressions entre parenthèses pour former des phrases. Vérifiez ensuite vos réponses à l'aide de l'enregistrement.

vocabulaire

(o) cardápio *(le) menu*

1 **(Por / o cardápio / favor, / me / traga / .)**
2 **(O / favor / cardápio, / por / .)**
3 **(Queríamos / da porta, / uma mesa / se possível. / para quatro, / longe)**
4 **(Pode / pão / ? / mais / trazer)**
5 **(Queria / um prato / experimentar / desta região / . / típico)**

19.3

o copo *le verre* — a xícara *la tasse* — a taça *la coupe* — o cálice *le verre à pied*

Remarque :

Au bar ou au restaurant, **a cerveja** *la bière* se commande à la bouteille (**uma cerveja**) ou au verre s'il s'agit de bière pression. Dans ce cas, demandez **um chope** *une bière pression.*

Me traga um copo de leite, por favor.
Apportez-moi un verre de lait, s'il vous plaît.

En suivant l'exemple de la phrase **ci-dessus**, demandez :

1 un verre d'eau
2 une tasse de thé
3 une tasse de café
4 une bière pression
5 un verre de porto (**o porto**)
6 une coupe de champagne (**o champanhe**)

19.4 Festival da pinga *Le festival de la « pinga »* CD2 piste 27

A pinga est un surnom que les Brésiliens donnent à la cachaça (**a cachaça**), l'eau-de-vie de canne à sucre (**a aguardente de cana de açúcar**).

Le **festival da pinga** est un événement régulier dans la ville de **Paraty** (orthographiée aussi **Parati**), située sur la côte atlantique, entre Rio et Santos. Le nom de la ville remonte à l'époque des Indiens Tupi qui en furent les premiers habitants.

19.4.1 Une brochure publiée par l'office de tourisme donne le programme du festival ainsi que quelques informations sur la région. Lisez l'extrait suivant.

> A terra propícia ao cultivo da cana de açúcar e o conhecimento dos produtos de cachaça da região têm sido fatores fundamentais para garantir, durante séculos, a qualidade da pinga produzida em Paraty.
>
> O resultado desta combinação de boa terra para o cultivo e o conhecimento acumulado em séculos de tradição só poderia resultar em pingas artesanais de ótima qualidade. Estão aqui algumas das melhores pingas do Brasil.

19.4.2

> **Agosto** **Paraty sempre**

Lisez et écoutez sur l'enregistrement ces mots qui figurent sur la couverture de la brochure. Comprenez-vous le jeu de mots ? (Si vous ne trouvez pas, révisez le paragraphe sur *Vous, il / elle et tu* au **Chapitre 7**).

19.4.3 Germano a prévu d'aller au festival. Complétez ses propos.

Vou ao festival da _________ em Paraty. Lá a _________ é propícia ao cultivo da _________ e há _________ que fazem cachaça. Vou beber o que dizem ser uma das _________ do Brasil.

19.4.4 Germano n'a finalement pas pu se rendre au festival. Complétez les phrases suivantes évoquant l'événement manqué.

Infelizmente eu não pude ir ao festival. Se _________ ido, teria _________ o que dizem ser uma das _________ do Brasil.

19.5 Como é a sua terra natal? *Comment est votre terre natale ?*

(Eu) **sou** de	**um vilarejo** (*un village*) **uma cidade** (*une ville*)	**no Brasil** / Canadá **na França** / Suíça

que se chama...

Fica / É	**no**	**norte** **sudeste**	**do país**	**perto de...** **perto da fronteira** (*de la frontière*) com...

no interior (en province)
na costa leste / oeste / sul (*côte est / ouest / sud*)
na margem / foz de um rio (*rives / estuaire d'un fleuve*)
numa região montanhosa / plana (*région montagneuse / de plaine*)

Tem	**uma superfície** (*une superficie*) **de ... km2** (quilômetros **quadrados** *kilomètres carrés*) **uma população** (*une population*) **de** ... (de) **habitantes** (*habitants*) **um clima quente / frio** (*un climat chaud / froid*) **indústria de...** (*une industrie de / du...*)

À partir des phrases du tableau qui précède, dites :
Ma ville natale (**Minha cidade natal**)...

1 est sur les rives d'un fleuve.
2 est dans une région montagneuse.
3 est sur la côte nord du pays.
4 a un million d'habitants.
5 a un climat froid en hiver.
6 a une industrie de l'informatique. (**a indústria informática**)

19.6

Émilie explique d'où elle vient et parle brièvement de sa région natale.

Sou francesa. Nasci em Caen, uma cidade na região do Calvados no norte da França. Em Calvados se faz um aguardente com maçãs, que se chama o Calvados.

Sur même modèle, écrivez un paragraphe pour Sébastien et Céline.

1 Sébastien est gascon : il est né à Toulouse, dans le sud de la France - jolie ville - on l'appelle la ville rose.

(**gascão - Toulouse - uma cidade linda - conhecida como**)

2 Céline est suisse : elle est née à Gruyère, à l'ouest de la Suisse - il y a un vieux château - on fabrique du fromage, le gruyère.

(**suíça - Suíça - um castelo antigo - queijo**)

19.7

CD2 piste 28

Vous êtes dans un restaurant à Salvador (État de Bahia), qui propose des spécialités de la région.

vocabulaire

(o) molho de tomate	*(la) sauce tomate*
(o) leite de coco	*(le) lait de coco*
(o) azeite de dendê	*(l')huile de palme*
(o) arroz	*(le) riz*
(o) pirão	*(la) purée de farine de manioc*
(o) camarão	*(la) crevette*
refogados	*mijotés (frits dans l'huile avec des assaisonnements, avant d'ajouter de l'eau)*
(o) aipim	*(le) manioc frit ou cuit*
(o) bolinho	*beignet (litt. petit gâteau)*
(o) feijão-fradinho	*(le) haricot à œil noir (ou mongette)*
(os) camarões secos	*(les) crevettes séchées*
frito	*frit*

19.7.1 Étudiez la liste des plats du jour.

PRATOS BAIANOS

Moqueca de peixe....................

(peixe ao molho de tomate, com leite de coco e azeite de dendê, acompanhado de arroz e pirão)

Bobó de camarão.....................

(camarões refogados, tomate, aipim, acompanhados de arroz branco)

Acarajé.....................................

(bolinho de feijão-fradinho frito no azeite de dendê, acompanhado de camarões secos, tomate)

19.7.2 De que é feito? *En quoi cela consiste-t-il ?*

Trois clients demandent au serveur de leur expliquer en quoi consiste chaque plat. Écoutez les réponses du serveur et retrouvez les questions posées.

19.7.3 Ângela préférerait un plat sans crevettes. Elle dit : **Eu preferia um prato que não tivesse camarões**.

Dites que vous préféreriez un plat qui n'ait pas :

i de tomates **ii** de haricots **iii** de manioc **iv** de lait de coco

20

Quando voltarmos, abrirei uma conta bancária

À notre retour, j'ouvrirai un compte bancaire

Communication

- Ouvrir et utiliser un compte bancaire
- Accepter ou décliner une invitation
- Parler de l'endroit où vous séjournez

dialogue No banco, abrindo uma conta *Ouvrir un compte à la banque*

CD2 piste 29

Alberto Lopes et sa famille vivent en France mais ils ont l'intention de déménager au Brésil. Alberto ouvre un compte dans une banque à Rio.

Alberto	Eu queria abrir uma conta. O que preciso fazer?
Funcionária	Trouxe algum documento de identificação? Passaporte... carteira de identidade?
Alberto	Trouxe, sim. Aqui está.
Funcionária	Então é só preencher e assinar o formulário e fazer a assinatura padrão. O senhor deseja apenas uma conta corrente ou quer támbem uma conta poupança?
Alberto	As duas. Tenho aqui uns cheques que eu queria depositar na conta corrente. No próximo mês vou receber uma transferência de Paris. É uma quantia elevada. É para ser depositada na poupança. Depois haverá outras transferências menores, todos os meses. São para depositar na conta corrente.
Funcionária	Certo, Sr. Lopes, vamos tratar disso. (*depois de tudo preenchido e assinado*) Pronto. O senhor receberá pelo correio um cartão bancário que pode usar no Banco 24 Horas. Vamos enviar todos os meses o extrato da sua conta e o comprovante de rendimentos.

vocabulaire

preencher	*remplir*
(o) formulário	*(le) formulaire*
(a) assinatura padrão	*(la) signature modèle*
(a) conta corrente	*(le) compte courant*
(a) conta poupança	*(le) compte d'épargne*
(a) transferência	*(le) virement*
uma quantia elevada	*une somme importante*
depois	*plus tard*
vamos tratar de	*nous nous occuperons de* (*litt. nous allons nous occuper de*)
(o) cartão bancário	*(la) carte bancaire*
(o) Banco 24 Horas	*(le) distributeur automatique de billets*
vamos enviar	*nous enverrons (litt. nous allons envoyer)*
(o) extrato de conta	*(le) relevé de compte*
(o) comprovante de rendimentos	*(le) relevé des intérêts acquis*

autoévaluation Exercices

20.1 Perguntas e respostas *Questions et réponses*

1 O que o Alberto precisa fazer para abrir uma conta bancária?

a Precisa apresentar o passaporte e preencher os documentos.

b Precisa apresentar um documento de identificação, preencher e assinar o formulário e fazer a assinatura padrão.

2 Que tipo de conta ele quer?

a Conta corrente.

b Conta corrente et conta poupança.

c Uma conta corrente e duas contas poupança.

3 Em que conta deve ficar o dinheiro?

a As transferência de Paris na conta corrente e os cheques na conta poupança.

b Os cheques na conta corrente e as transferências de Paris na conta poupança.

c A quantia elevada na conta poupança, as transferências menores e os cheques na conta corrente.

4 O que ele vai receber?

a O cartão bancário e regularmente o comprovante de rendimentos.

b O cartão bancário e regularmente o extrato da conta e o comprovante de rendimentos.

vocabulaire Ir – vir ; levar – trazer *Aller et venir ; emporter et apporter*

Comme en français, on oppose en portugais **ir** (*aller*) et **vir** (*venir*), ainsi que **levar** (*emporter*) et **trazer** (*apporter*). **Ir** et **levar** impliquent un éloignement de la personne qui parle tandis que **vir** et **trazer** impliquent un rapprochement vers la personne qui parle.

- Venha cá, por favor.	*Venez ici, s'il vous plaît.*
- Já vou.	*J'arrive.* (litt. *déjà je vais*)

Vous pouvez cependant utiliser **vir**, comme en français, pour inviter quelqu'un chez vous, même si vous n'êtes pas à la maison au moment où vous formulez l'invitation.

Você pode vir jantar na nossa casa.	*Vous pouvez venir dîner à la maison / chez nous.*

Vous remarquerez également les différences de sens de **levar** :

O porteiro do hotel levou a mala para o elevador.	*Le porteur de l'hôtel a emporté la valise vers l'ascenseur.*
O elevador levou pouco tempo para chegar no décimo andar.	*L'ascenseur a mis peu de temps à gagner le dixième étage.*

Faltar *Manquer*

Faltar signifie *manquer*.

Falta alguma coisa?	*Est-ce qu'il manque quelque chose ?*
Falta a minha mala. Não estava no tapete de recolhimento da bagagem.	*Il manque ma valise. Elle n'était pas sur le tapis roulant à bagages.*
Faltam cinco minutos para as oito.	*Il est huit heures moins cinq.*

Grammaire

Les pronoms compléments d'objet

Au **Chapitre 6**, nous avons vu les pronoms personnels sujets, c'est-à-dire les équivalents de *je*, *tu*, *vous*, etc. Nous avons également utilisé quelques pronoms compléments d'objet, c'est-à-dire les équivalents de *moi / me*, *toi / te*, *vous*, *lui / le*, etc. La forme du pronom peut varier selon qu'il est :

- complément d'objet direct (COD).

Ele me viu. *Il m'a vu.*

- complément d'objet indirect (ici, le COD est « o cheque »).

Ele me deu o cheque. *Il m'a donné le chèque.*

- précédé d'une préposition (ici **para**) + objet.

Ele falou para mim. *Il m'a parlé.*

Vous trouverez dans le tableau qui suit les différentes formes des pronoms compléments d'objet.

Pronom sujet	*Pronom objet*		
	direct	*indirect*	*avec une préposition*
eu	me	me	mim
tu	te	te	ti
você, o Sr. / a Sr.ª	o, a	lhe	si, você, o Sr. / a Sr.ª
ele / ela	o, a	lhe	ele / ela
nós	nos	nos	nós
vocês, os Sr.es / as Sr.as	os, as	vos*, lhes	vós*, vocês, os Sr.es / as Sr.as
eles / elas	os, as	lhes	eles

***Vós** et **vos** sont devenus obsolètes, ils ne sont plus utilisés que dans les œuvres littéraires.

Lorsque la préposition est **com** il existe des formes contractées : **comigo**, **contigo**, **consigo**, **conosco**, **convosco**.

Ele veio comigo. *Il est venu avec moi.*

Les verbes : l'infinitif personnel

Il se peut que...	*j'achète...*	*je vende...*	*je parte...*
eu	compr**ar**	vend**er**	part**ir**
tu	compr**ares**	vend**eres**	part**ires**
você, o Sr. / a Sr.ª ele / ela	compr**ar**	vend**er**	part**ir**
nós	compr**armos**	vend**ermos**	part**irmos**
vocês, os Sr.es / as Sr.as eles / elas	compr**arem**	vend**erem**	part**irem**

L'infinitif personnel est un infinitif conjugué. Il est dérivé de l'infinitif que vous avez appris au **Chapitre 2**, et on le forme en lui ajoutant les terminaisons « personnelles » ci-dessus. Il est régulier pour tous les verbes, et sa forme est identique au futur de subjonctif (**Chapitre 16**) pour les verbes qui ont un passé simple régulier (**Chapitre 9**) .

L'infinitif personnel constitue une alternative simple à des structures plus complexes utilisant des temps de l'indicatif comme du subjonctif. En réalité, nous avons utilisé l'infinitif personnel tout au long de cet ouvrage, depuis le **Chapitre 2** :

Você se importaria de falar mais devagar? (c'est-à-dire : **você** fal**ar**)
Importam-se de falar mais devagar? (c'est-à-dire : **vocês** fal**arem**)

Remarques :

- Le pronom personnel (exprimé ou sous-entendu) accompagnant l'infinitif personnel est un pronom personnel sujet :

para (ele) apertar o cinto	*qu'il attache sa ceinture (litt. pour (il) attacher sa ceinture)*

- On utilise l'infinitif personnel pour rendre une phrase plus claire, ou pour insister sur le message donné :

Façam o favor de falar(em) mais baixo.
Façam o favor de apertar(em) os cintos.

Subjonctif ou infinitif ?

Pour exprimer un souhait ou un espoir, on emploie :

- le subjonctif, si le sujet du deuxième verbe est différent de celui du premier verbe (le verbe principal).

Desejo que (você) faça uma boa viagem.	*Je souhaite que vous fassiez bon voyage.*

- l'infinitif, si le sujet des deux verbes est le même.

Espero fazer boa viagem.	*J'espère faire bon voyage.*

Si aucune conjonction (comme **que**, **quando**, **se**, etc.) ou locution adverbiale (**antes de**, etc.) ne précède le verbe, on utilise le subjonctif.

Talvez eu experimente o doce da casa.	*Il se peut que je goûte en dessert la spécialité de la maison.*

L'infinitif personnel et les autres temps possibles

Dans les exemples suivants, nous vous présentons deux alternatives pour exprimer la même idée, la première utilisant l'infinitif personnel et la deuxième un autre temps. Les deux alternatives sont strictement équivalentes, sauf dans un cas précis : après les verbes exprimant une demande (**pedir**, par exemple), on n'utilise l'infinitif personnel que dans le langage familier, et non dans le langage soutenu.

Subordonnée complément d'objet

A aeromoça	**para apertar o cinto.**
pede ao passageiro	**que aperte o cinto.**

(voir subjonctif présent, **Chapitre 16**)

A aeromoça	**para apertarem o cinto.**
pediu aos passageiros	**que apertassem o cinto.**

(voir subjonctif imparfait, **Chapitre 18**)

É possível	**ela tomar uma bebida quente.** **que ela tome uma bebida quente.**

(voir subjonctif présent, **Chapitre 16**)

Subordonnée de temps

Gosto de beber alguma coisa	**antes e depois de comer.** **antes e depois que coma.** (subjonctif présent)

(*J'aime prendre un verre avant et après manger.*)

Telefonei para a minha amiga	**ao chegar.** **quando cheguei.** (passé simple, **Chapitre 9**)

(*J'ai appelé mon amie en arrivant.*)

Atravessem	**ao chegarem à esquina.** **quando chegarem à esquina.** (futur du subjonctif, **Chapitre 16**)

(*Traversez en arrivant au coin.*)

Vamos ficar na casa do João **Ficaremos na casa do João**	**ao irmos ao Rio.** **quando formos ao Rio.** (futur du subjonctif)

(*Nous séjournerons chez João quand nous irons à Rio.*)

Subordonnées de cause et de but

Não vamos ao cinema	**por termos jantado tarde.** **porque jantamos tarde.** (passé simple)

(*Nous n'allons pas au cinéma car nous avons dîné tard.*)

Eu te comprei um livro	**para (o) leres.** **para que o leias.** (subjonctif présent)

(*Je t'ai acheté un livre pour que tu le lises.*)

Subordonnées de condition et de concession

Eles não engordam	**apesar de comerem muito.** **embora comam muito.** (subjonctif présent)

(*Ils ne grossissent pas, bien qu'ils mangent beaucoup.*)

autoévaluation

Exercices

20.2 Um cheque preenchido *Un chèque rempli*

BANCO COMERCIAL INTERNACIONAL

N.º conta 10 99 941 N.º cheque 492021

Assinatura João Castro

Pague por este cheque Reais 60 000

a FERNANDO COSTA MACHADO

Local de emissão SÃO PAULO

a quantia de SESSENTA MIL REAIS

Data 4/09/

Lisez le chèque ci-dessus et répondez aux questions suivantes.

1 **Para quem João Castro preencheu este cheque?**
2 **Que quantia se paga por este cheque?**
3 **O cheque está completo ou falta alguma coisa?**

20.3

Vous êtes à la banque. Mettez les mots entre parenthèses dans l'ordre pour dire les phrases suivantes :

1 *J'aimerais encaisser ce chèque.*
(Queria / cheque. / descontar / este)
2 *Où sont les bordereaux de versement ?*
(Onde / de depósito ? / as guias / estão)
3 *Est-ce le reçu de mon versement ?*
(Isto / o recibo / de depósito? / é)
4 *J'aimerais voir mon solde.*
(Queria / meu / saldo. / ver)
5 *À combien est le franc suisse aujourd'hui ? Et combien coûte la commission ?*
(A quanto / o franco suíço / hoje? / está / E quanto / a comissão? / é)

20.4

CD2 piste 30

Les indications suivantes sont affichées aux guichets d'un bureau de poste.

1	2	3
CARTAS E ENCOMENDAS REGISTRADAS *Lettres et colis recommandés*	IMPRESSOS TELEGRAMAS *Formulaires* *Télégrammes*	CAIXA POSTAL ENTREGAS *Boîtes postales* *Réceptions*

20.4.1 Écoutez l'enregistrement et dites à quel guichet se trouvent les six personnes.

20.4.2 Écrivez les six demandes.

20.5 Um convite para uma festa *Une invitation à une fête*

> **Helena Monteiro**
> **Augusto Monteiro**
>
> **têm o prazer de convidá-los para uma festa em sua casa no próximo sábado, das 20h00 à meia-noite.**
>
> *Confirmar presença.*

20.5.1 Lisez le carton d'invitation envoyé par les Monteiro à Susana Rodrigues et son ami.

20.5.2 Choisissez parmi les phrases ci-dessous et mettez dans l'ordre celles qu'elle utilisera pour :

i écrire une réponse confirmant sa présence et celle de son ami à la fête.
ii laisser un message sur le répondeur des Monteiro déclinant l'invitation.

a **É com muito prazer que aceitamos.**
b **Estaremos fora do país no sábado. Partimos amanhã.**
c **Lá estaremos no sábado às oito horas.**
d **Agradecemos muito, mas não vamos poder ir.**
e **Aqui é Susana Rodrigues sobre o convite para a festa.**
f **Ao regressarmos, telefonaremos para combinar um encontro.**

20.6 Le Christ Rédempteur

Philippe est en voyage au Brésil. Il se renseigne sur la statue du Christ Rédempteur, située sur le mont du Corcovado à Rio de Janeiro.

20.6.1 Lisez le texte ci-dessous, extrait du guide de voyage de Philippe.

vocabulaire

localizado	*situé*
(a) estátua	*(la) statue*
posicionada	*placée*
no alto	*en haut*
(o) morro	*(la) colline, (le) mont*
(o) nível do mar	*(le) niveau de la mer*
(a) obra	*(l')œuvre*
(as) obras	*(les) travaux*
apesar	*bien que*
iniciar	*commencer*
(a) pedra fundamental	*(la) première pierre*
lançada	*posée*
imponente	*imposante*
incluindo	*y compris*
(o) escultor	*(le) sculpteur*
(o) artista	*(l')artiste*
tombada	*classée*
recuperação	*restauration*
implantação	*mise en place*

O Cristo Redentor está localizado na cidade do Rio de Janeiro, no Brasil, e é uma imensa estátua de Jesus Cristo posicionada no alto do morro do Corcovado. A estátua tem 38 metros de altura e se encontra a 710 metros acima do nível do mar. A obra levou cinco anos para ser concluída, e o monumento, um dos símbolos mais reconhecidos do Rio e do Brasil no exterior, foi inaugurado no dia 12 de outubro de 1931.

Apesar de as obras terem iniciado em 1926, a pedra fundamental da estátua foi lançada no dia 4 de abril de 1922. Várias pessoas contribuíram para a realização dessa obra imponente, incluindo o escultor francês Paul Landowski, que executou a escultura, o artista Carlos Oswald e o engenheiro Heitor da Silva Costa.

Em 1937, a estátua foi tombada pelo IPHAN (Instituto do Patrimônio Histórico e Artístico Nacional) e em 1980, durante a visita do papa João Paulo II, passou por obras de recuperação. Em 2003, foram realizadas mais obras importantes, dentre elas a implantação de escadas rolantes e elevadores, a fim de facilitar o acesso à plataforma onde está a estátua.

20.6.2 Répondez en portugais aux questions suivantes.

1 Où se trouve la statue du Christ Rédempteur ?
2 Quand la statue a-t-elle été inaugurée ?
3 Quand les travaux de construction ont-ils réellement commencé ?
4 Qui a participé à sa réalisation ?
5 Quelle organisation brésilienne a classé la statue monument historique ?
6 Quel personnage illustre est venu a voir ?

20.7

Marie a passé ses vacances au Brésil. Elle a fait, entre autres, une excursion à Rio de Janeiro, Belo Horizonte et São Paulo.

20.7.1 Lisez la carte postale qu'elle a envoyée à Lúcio, son ami brésilien qui vit en France.

Olá Lúcio!

Tudo bem? Aqui no Brasil faz tempo bom, a comida é boa e eu estou bem. Nos últimos dias fiz uma excursão pelo Rio, por São Paulo e Belo Horizonte. Sendo a capital econômica do país, São Paulo tem muita coisa para ver. No Rio, adorei o Estádio do Maracanã. Em Belo Horizonte, os doces são uma delícia.

Um beijo da Marie

20.7.2 Sur le même modèle, écrivez la carte postale que Philippe envoie à Sylvie, mais décrivez plutôt sa visite au Christ Rédempteur : **Ontem fui visitar...** Expliquez ce qu'est le Christ Rédempteur, où il se trouve et précisez qu'un Français a participé à sa réalisation. Décrivez les moyens mis en œuvre pour faciliter l'accès au monument.

21

Tenciono visitar o país

J'ai l'intention de visiter le pays

Communication

- Les services
- Le tourisme et la découverte d'un pays
- L'expression orale et écrite

Ce chapitre est le premier des quatre chapitres de révision qui vous permettront de consolider vos connaissances en grammaire et d'enrichir votre vocabulaire.

autoévaluation

Exercices

21.1 No cabeleireiro *Chez le coiffeur*

CD2 piste 31

21.1.1 Sibélia et Romeu sont chez le coiffeur.

vocabulaire

cortar o cabelo	*couper les cheveux*
fazer as unhas	*faire les ongles*
atender	*servir, s'occuper de*
lavar a cabeça	*faire un shampooing (litt. laver la tête)*
(a) franja	*(la) frange*
(o) esmalte	*(le) vernis à ongles*
atendê-lo	*(nous) occuper de vous*
bem curto	*très court*
penteado	*peigné*

No cabeleireiro feminino

Sibélia Queria cortar o cabelo. Queria também fazer as unhas. Pode me atender agora ou preciso marcar hora?

Recepcionista É melhor marcar hora. Você quer hoje à tarde às três e meia?

Sibélia Está bem.

____

Sibélia Boa tarde, eu tenho hora marcada para às três e meia para cortar o cabelo e fazer as unhas.

Funcionária A senhora pode vir, vou lavar sua cabeça. (*lavando o cabelo de Sibélia*) A água está bem assim ou está quente demais?

____

Cabeleireiro Como a senhora quer o cabelo?

Sibélia Com franja, e dos lados e atrás quero que corte só um pouco.

____

Manicura De que cor a senhora quer o esmalte?

Sibélia Prefiro incolor.

No cabeleireiro masculino

Recepcionista	Tem hora marcada?
Romeu	Não, não tenho.
Recepcionista	Então, por favor, espere um pouco. Podemos atendê-lo daqui a dez minutos.

Cabeleireiro	Como o senhor quer o cabelo?
Romeu	Bem curto dos lados e atrás e penteado para o lado esquerdo.

CD2 piste 32

21.1.2 Quatre personnes vont chez le coiffeur. Écoutez l'enregistrement et écrivez les questions et les réponses que vous entendez.

21.1.3 En suivant l'exemple donné, demandez au coiffeur de vous couper ou coiffer les cheveux comme suit.

i Quero bem curto.

- **i** très court
- **ii** légèrement coupés sur les côtés et derrière
- **iii** peignés en arrière
- **iv** peignés à droite

21.2

vocabulaire

retirar	*retirer*
fone	*(le) combiné*
(o) gancho	*(le) poste*
aguardar	*attendre*
(o) sinal de linha	*(la) tonalité*
discar	*composer le numéro*
(o) sinal de chamada	*(la) sonnerie d'appel*

21.2.1 Julie a des problèmes pour passer un appel téléphonique et on essaie de l'aider en lui expliquant ce qu'elle doit faire :

Você tem que retirar o fone do gancho e aguardar o sinal de linha; discar primeiro esses números e depois o número do telefone desejado; e aguardar o sinal de chamada.

21.2.2 Donnez les mêmes explications, mais en commançant par **Você retira o fone do gancho...**

21.2.3 Faites la même chose, mais en utilisant l'impératif : **Retire o fone do gancho...**

21.3

(o) código de área	*(l')indicatif téléphonique*
(o) sinal de ocupado	*(la) tonalité « occupé »*
a ligação caiu	*la communication a été coupée*
quer dizer = significa	

21.3.1 Benoît se renseigne sur l'indicatif téléphonique qu'il doit utiliser pour passer son appel. Reconstituez sa question.

Qual / o código / ? / é / região / de / da / área

21.3.2 La communication ne passe pas. Il demande si la tonalité qu'il entend signifie que la ligne est occupée. Mettez les mots dans l'ordre.

Este / ocupado / ? / dizer / quer / sinal

21.3.3 Benoît pense que la communication a été coupée. Retrouvez ses propos.

Penso / . / caiu / que / a ligação

Les cartes postales, les lettres et les colis

• Le destinataire

Dans un contexte officiel ou si vous souhaitez vous montrer très courtois, utilisez les abréviations suivantes avant le prénom et le nom du destinataire : **Il.mo Sr.** pour un homme et **Il.ma Sr.ª** pour une femme. **Il.mo** et **Il.ma** signifient respectivement **Ilustríssimo** et **Ilustríssima**.

Il.^{mo} Sr. David Almeida *M. David Almeida*
Il.^{ma} Sr.ª Irene Almeida *Mme Irene Almeida*

Dans les lettres commerciales, **Il.^{mos} Sr.^{es}** correspond au français *MM.* (*messieurs*).

• L'adresse

Vous verrez souvent plus d'un numéro dans les adresses brésiliennes.

La rue et le bâtiment

On donne d'abord le nom de la rue, puis le numéro de la maison ou de l'immeuble, suivi de l'étage, et parfois du numéro de l'appartement ou du bureau. Ce numéro peut être précédé de l'abréviation **apto.** (**apartamento**).

Rua Duque de Caxias, 37, 2.º and.

Ici, il s'agit de l'appartement ou du bureau situé au deuxième étage (**and.** est l'abréviation de **andar** *étage*) du numéro 37 de la rue Duque de Caxias.

La ville et la région

Le code postal (**o código postal**, ou **CEP**) apparaît avant le nom de la ville. N'oubliez pas de donner également le sigle de l'État dans lequel se trouve la ville (ci-dessous SP pour l'État de São Paulo).

01417-020 – São Paulo – SP
Brasil

La correspondance

Voici les formules de politesse à utiliser pour commencer et terminer une lettre.

• Formules d'appel (de la plus familière à la plus soutenue)

a Pour un ami très proche : **Querido / Querida** + *prénom*

b Pour un ami ou une connaissance : **Caro / Cara** ou **Prezado / Prezada** + *prénom* ou, légèrement plus soutenu, **Caro / Cara** ou **Prezado / Prezada** + **Sr. / Sr.ª** + *nom de famille*

c **Caro Senhor / Cara Senhora** ou **Prezado Senhor / Prezada Senhora** *Monsieur / Madame*

d **Il.mo Senhor / Il.ma Senhora** *Monsieur / Madame* ou **Il.mos Senhores** *Messieurs*

• Formules finales (de la plus familière à la plus soutenue)

a **Um beijo** (*bise*) ou **beijinhos** (*bisous*) ou **Um abraço** (*je te / vous embrasse*)

b **Um abraço** ou, légèrement plus soutenu, **Saudações**

c **Saudações** ou, plus soutenu, **Cordialmente**

d **Atenciosamente** (dans la correspondance commerciale)

Grammaire

La place de me, te, *etc.*

Les règles que vous avez apprises au **Chapitre 8** pour les pronoms réfléchis s'appliquent aux pronoms personnels compléments d'objet. En réalité, les pronoms réfléchis sont eux-mêmes un type de pronoms compléments.

Le pronom complément d'objet se place donc en début de phrase ou de proposition : **Pode me dizer onde é a saída?** (*Pouvez-vous me dire où est la sortie ?*). Comme le pronom réfléchi, le pronom complément peut être rattaché à la fin du verbe par un tiret : **Pode dizer-me onde é a saída?**, mais cette solution est beaucoup moins courante que la première.

Cette tendance à placer le pronom en première partie de phrase est liée à la prononciation accentuée chez les Brésiliens du **e** final de **me** et **te**. Cette mise en relief du pronom permet de le placer seul en début de phrase ou de proposition. Comme dans le cas des pronoms réfléchis, on évite en général de commencer une phrase par un pronom complément d'objet. Cependant, dans la langue parlée, cette règle n'est généralement pas respectée et pour dire *Donnez-moi ça*, on entendra souvent **Me dê isso** au lieu de **Dê-me isso**.

Para mim *ou* me ? Tu *ou* você ?

Les Brésiliens utilisent la forme littérale **para mim** (*pour moi*) plus volontiers que le pronom complément *me*.

Você pode chamar um táxi para mim? (*plutôt que* **Você pode me chamar** um táxi?)	*Pouvez-vous m'appeler un taxi ?*

Nous avons déjà vu que les Brésiliens emploient très peu le pronom personnel sujet **tu**, alors que le pronom complément d'objet **te** qui lui correspond est plus largement employé, souvent en association avec le pronom personnel sujet **você**. Ils utilisent également fréquemment la forme verbale qui correspond à **tu**, mais omettent le pronom personnel sujet.

Você estava no aeroporto?	*Étais-tu à l'aéroport ?*
Eu não te vi lá.	*Je ne t'ai pas vu là-bas.*
Me dá isso. *ou* **Dá isso para mim.**	*Donne-moi ça.*

O, a, os, as En particulier à l'oral, il arrive que l'on omette les pronoms compléments d'objet **o** / **a** / **os** / **as** lorsque le contexte de la phrase est assez clair.

Aqui tem. pour **Aqui a tem (a = a chave do quarto).**
La voici (*la clé de votre chambre*).

Eu talvez prove. *pour* Eu talvez o prove. (o = o doce da casa)
Il se peut que je la goûte (*la spécialité de dessert du restaurant*).

Lorsqu'ils sont exprimés, **o** / **a** / **os** / **as** deviennent :

- **lo** / **la** / **los** / **las** après une forme verbale se terminant par **r**, **s** ou **z**, auquel cas ces lettres finales disparaissent.

comprá-los (comprar + os)	*les acheter*
vendê-los (vender + os)	*les vendre*
parti-lo (partir + o)	*le casser*

(Vous remarquerez l'ajout d'un accent à l'infinitif des verbes en -**ar** et -**er**.)

- **no** / **na** / **nos** / **nas** après une forme verbale se terminant par **m**, **ão** ou **õe(s)**.

fizeram-no (fizeram + o)	*ils l'ont fait*
dirão-na (dirão + a)	*ils la diront*
põe(s)-nos (põe(s) + os)	*il les met / tu les mets*

On dira donc :

Muito prazer em conhecê-lo.	*Enchanté de faire votre connaissance.* (en parlant à un homme)
Muito prazer em conhecê-la.	*Enchanté de faire votre connaissance.* (en parlant à une femme)

On peut éviter cette construction en changeant l'ordre des mots.

Tive muito prazer em o conhecer.	*Ce fut un plaisir de faire votre connaissance.*

autoévaluation

Exercices

21.4 Trem do Corcovado *Le petit train du Corcovado*

Dans l'exercice **20.6**, vous avez eu l'occasion de découvrir la statue du Christ Rédempteur. Pour se rendre au sommet du mont du Corcovado, on peut prendre un petit train à crémaillère. Voici la brochure touristique distribuée par la société gérant ce petit train.

O trenzinho do Corcovado é um passeio obrigatório para o turista que vem ao Rio de Janeiro e quer conhecer o Cristo Redentor, o principal ponto turístico da Cidade Maravilhosa. Mais de 250 mil pessoas por ano fazem esse passeio inesquecível.

Na viagem, o passageiro aprecia uma das mais lindas paisagens do Rio. Mas a vista é apenas uma das atrações: passear no trem é fazer uma viagem pela história do Brasil.

21.4.1 Lisez le texte de la brochure et répondez aux questions suivantes en portugais.

i Que signifie « **trenzinho** » ?
ii Quel est le site touristique principal de Rio ?
iii Quelle autre attraction y a-t-il en plus de la très jolie vue ?

21.4.2 En utilisant les formules de politesse vue dans ce chapitre, écrivez une carte postale à votre ami Simão, pour lui dire ce qui suit.

Il fait beau, la nourriture est bonne et vous allez bien. Hier vous êtes allé au Corcovado par le petit train. Ce site touristique est visité par plus de 250 000 personnes chaque année. Pendant le trajet on peut apprécier une vue magnifique.

21.5 O endereço de e-mail *L'adresse e-mail*

vocabulaire

(o) correio electrônico ou (o) e-mail *(l')e-mail*

Gabriel demande à Marisa comment dire *arobase* en portugais dans une adresse e-mail.

Gabriel	Como se diz 'arobase' em português ?
Marisa	'Arroba'.

Trouvez la question de Gabriel correspondant à la réponse donnée par Marisa.

Gabriel	______________________________?
Marisa	'Ponto'.

21.6 Pedindo informação por escrito *Demander des informations par écrit*

Tenciono	**visitar o Brasil em março do ano que vem** **passar duas semanas nesse país, do dia... ao dia...**		
Estou interessado/a	**especialmente**	**no norte do país** **num hotel perto da praia**	
Peço que	**me faça(m) o favor** **tenha(m) a gentileza***	**de**	**me enviar(em)...** **me dizer(em)...** **informar(em)...**
	... lista dos hotéis / transportes públicos na região **... folhetos de informação acerca da região**		
Fico aguardando resposta e desde já agradeço.			

*a gentileza = *la gentillesse*

21.6.1 En utilisant les mots et expressions figurant dans le tableau, écrivez un e-mail ou une lettre pour demander :

i une liste des hôtels de la région.

(*une semaine dans le pays / intéressé par un hôtel proche d'une plage / liste des hôtels, s'il vous plaît / en attendant leur réponse vous les remerciez*)

ii une liste des campings de la région.

(*deux mois / installations pour les enfants / en attendant leur réponse vous les remerciez*)

iii une liste des auberges de jeunesse de la région.

(*un mois / installations pour handicapés / en attendant leur réponse vous les remerciez*)

21.6.2 Quelles formules de politesse utiliseriez-vous pour **i** commencer et **ii** terminer cet e-mail ou cette lettre ?

22

Tomara que eles telefonem

J'espère qu'ils vont téléphoner

Communication

- Répondre à une annonce
- Rédiger votre CV et postuler à un emploi
- Chercher une propriété à louer ou à acheter

autoévaluation Exercices

22.1 Um emprego *Un emploi*

22.1.1 Lisez l'annonce pour un poste de traducteur-interprète.

Tradutor/a - Intérprete

Pretendemos contratar um/a candidato/a com o seguinte perfil:
- **diploma profissional**
- **bom domínio do inglês falado e escrito**
- **bons conhecimentos de informática**
- **elevado grau de autonomia e profissionalismo**

Oferecemos:
- **flexibilidade de horário**
- **bom ambiente de trabalho**
- **remuneração adequada ao exercício da função**

Os interessados deverão enviar, em um prazo máximo de 5 dias úteis após a publicação, carta de intenções* manuscrita, CV e fotografia 3x4 para o n.º 201955 deste jornal.

*lettre de motivation

22.1.2 Guillaume pose sa candidature. Quelle forme des verbes entre parenthèses doit-il utiliser dans sa lettre de motivation ci-dessous ?

Em resposta ao anúncio n.º 201955 desse jornal, venho apresentar a minha candidatura ao cargo de tradutor e intérprete. Eu (reunir) todos os requisitos enumerados, e, embora tenha aprendido português como língua estrangeira, (possuir) um excelente domínio do idioma, falado e escrito.

Juntamente estou enviando o meu currículo e fotografia 3x4, como solicitado. Fico aguardando resposta com grande interesse e espero que vocês (poder) me conceder uma entrevista.

22.1.3 Que dirait Guillaume lors de l'entretien d'embauche, si on lui demandait de parler de :

i ses qualifications professionnelles.
ii ses compétences en informatique.
iii son niveau d'indépendance et de professionnalisme.

22.2 Caso seja devolvido ao remetente *En cas de retour à l'envoyeur*

Une lettre que vous aviez envoyée vous est retournée. Vous lisez ce message au dos :

> **CASO NÃO SEJA ENTREGUE AO DESTINATÁRIO, FAVOR ASSINALAR O MOTIVO COM "×":**
>
> ☒ **ENDEREÇO INSUFICIENTE**
>
> ☐ **DESCONHECIDO**

Pourquoi votre lettre n'a-t-elle pas été livrée à son destinataire ?

22.3 O currículo *ou* o curriculum vitae *Le C.V.*

Ana Magalhães a fait ses études secondaires au Colégio Bom Sucesso et possède une « **licenciatura** » en médecine de l'Université brésilienne de São Paulo. Elle n'a pas fait d'études de troisième cycle et n'a publié aucun ouvrage. Elle travaille comme médecin généraliste à la Clínica Boa Saúde, c'est son premier emploi et elle est membre de l'**Ordem dos Médicos**.

22.3.1 Lisez ci-dessous le C.V. d'Ana.

Curriculum Vitae

1. Informação geral

1.1 Nome completo *Ana Isabel Vieira Gama Magalhães*

1.2 Nome do pai *José Luís Cabral Gama*
Nome da mãe *Maria Feliciana Miranda Vieira Gama*

1.3 Data de nascimento *29 de Março*

1.4 Naturalidade *São Paulo*

1.5 Nacionalidade *Brasileira*

1.6 Estado civil *Casada*

1.7 Local de residência *São José dos Campos*

1.8 Carteira de identidade *n.º 8064925715*

2. Habilitações acadêmicas

2.1 Secundário *Colégio Bom Sucesso*

2.2 Superior *Licenciatura em Medicina, São Paulo*

2.3 Pós-graduação ------------

3. Experiência profissional

3.1 Emprego atual *Clínica Boa Saúde*

3.2 Empregos anteriores ------------------

4. Informações suplementares

4.1 Associações profissionais *Ordem dos Médicos*

4.2 Trabalhos publicados ------------

22.3.2 Quelles seraient les réponses d'Ana aux questions suivantes ? (Faites des phrases courtes.)

i **Onde a senhora nasceu?**
ii **É casada?**
iii **A senhora é professora?**
iv **Onde estudou?**
v **Fez estudos de pós-graduação?**
vi **Trabalha num hospital?**

vocabulaire **Estar** *ou* **ficar**? *Comment traduire « être »*

On utilise **ficar** plutôt que **estar** lorsque l'accent est mis sur le commencement d'un état ou d'une situation.

Hoje estou cansada.	*Aujourd'hui je suis fatiguée.*

mais

Eu fiquei cansada depois daquele trabalho todo.	*J'étais fatiguée après tout ce travail.*
Eu estou no Hotel Central.	*Je séjourne à l'Hôtel Central.*

mais

Quando eu venho, fico sempre no Hotel Central.	*Quand je viens, je séjourne toujours à l'Hôtel Central.*

vocabulaire **« Je pense que... », « selon moi... »**

Pensar (*penser*) et **achar** (*trouver*) sont utilisés indifféremment pour exprimer une opinion, tout comme comme en français on dit *je pense que...* ou *je trouve que....*

Penso / Acho que ele tem razão.	*Je pense qu'il a raison.*

Si vous êtes moins convaincu, vous pouvez utiliser **parecer** ou **na minha opinião**.

Me parece que ele tem razão.	*Il me semble qu'il a raison.*
Na minha opinião, ele tem razão.	*Selon moi, il a raison.*

« Je suis certain... » ; « J'ai raison... »

On emploie **ter certeza** pour dire *être sûr(e)* et **ter razão** pour *avoir raison.*

Tem certeza?	*En êtes-vous sûr ?*
Tenho certeza de que tenho razão.	*Je suis sûr que j'ai raison.*
Você não tem razão.	*Vous avez tort.*

Estar certo signifie également *être sûr(e), être certain(e).*

Ela não está certa de que ele chegue hoje.	*Elle n'est pas certaine qu'il arrive aujourd'hui.*

Certo peut aussi être utilisé pour demander ou donner son assentiment.
(**está certo = está bem**)

- Está bem?	**- Certo?**	*- Ça va ? (C'est bon ?) / D'accord ?*
- Está.	**- Certo.**	*- Ça va. (C'est bon.) / D'accord.*

La question **não é?** (*n'est-ce pas ?*) a un rôle similaire à celui de **certo?** que l'on vient d'évoquer.

- **Você vai à festa, não é?**	- *Vous allez à la fête, n'est-ce pas ?*
- **É.**	- *Oui.*
- **Você gosta de música, não é?**	- *Vous aimez la musique, n'est-ce pas ?*
- **É.**	- *Oui.*

Grammaire

A – em – para – por *Comment dire « pour », « par », etc.*

Veillez à choisir les prépositions adéquates.

- **Para** ou **por** ?

  Para (*pour*) s'utilise pour indiquer un objectif ou une intention bien déterminés (qui peuvent aussi être spatiaux ou temporels) et lorsqu'il y a une idée de mouvement vers quelque chose.

Levantar para abrir.	*Soulever pour ouvrir.*
A cerveja é para mim.	*La bière est pour moi.*
Tem um quarto para duas pessoas?	*Avez-vous une chambre pour deux personnes ?*
Ele partiu para a África.	*Il est parti pour l'Afrique.*

Por peut se traduire de différentes manières (*par*, *pour*, *pendant*, *durant*, *comme*). Il correspond au *par* français dans les cas suivants :

Trabalhamos habitualmente oito horas por dia.	*Nous travaillons normalement huit heures par jour.*
Durante minha viagem, passei por Porto Seguro.	*Pendant mon voyage, je suis passé par Porto Seguro.*
Teus sapatos estão por aí.	*Tes chaussures sont par là.*
Me avisa por telefone.	*Préviens-moi par téléphone.*
Dividir por dez.	*Diviser par dix.*

Notez que lorsqu'il s'agit de durées, on peut omettre la préposition.

Vou ficar aqui (por) dois meses. *Je vais rester ici (pour) deux mois.*

- **A** s'utilise en portugais dans le même sens que la préposition *à* en français.

Ele já está sentado à mesa.	*Il est déjà à table (litt. il est déjà assis à table).*
Vou ao clube.	*Je vais au club.*

- **A** ou **para** ?

Observez la différence entre **a** et **para** (respectivement *en* et *pour* en français) dans les phrases suivantes.

Ele vai à África.	*Il part en Afrique.* (en voyage seulement)
Ele vai para a África.	*Il part pour l'Afrique***.** (s'installer et y vivre)
Aonde você vai? / Para onde você vai?	*Où allez-vous ?*

- **Em**

On utilise **em** pour indiquer une position statique, un mouvement sur ou vers l'intérieur de quelque chose, ou bien un mouvement d'arrivée.

Meti a máquina fotográfica na (= em + a) mala, que estava no (= em + o) balcão da Alfândega.
J'ai mis l'appareil photo dans la valise, qui était sur le bureau des douanes.

Cheguei em casa. *Je suis arrivé à la maison.*

Logo – já – ainda não – não mais *Comment dire « tout de suite », « déjà », etc.*

Logo peut être une alternative à **imediatamente** (*immédiatement, tout de suite*), **em breve** (*bientôt*) et **mais tarde** (*plus tard*).

Ele telefonou logo.	*Il a tout de suite téléphoné.*
Até logo.	*À tout à l'heure.*

Já peut s'utiliser pour parler du futur aussi bien que du passé, et il se traduit soit par *tout de suite* soit par *déjà*, selon le contexte.

Avec un verbe au présent :

Volto já.	*Je reviens tout de suite.*
Já terminei!	*J'ai déjà fini !*

Avec un verbe au passé simple portugais :

- Já foi no Brasil?	*- Êtes-vous déjà allé au Brésil ?*
- Sim, já. / Não, ainda não.	*- Oui (j'y suis déjà allé). / Non, pas encore.*

On traduit **ainda não** par *pas encore* et **não mais** par *plus maintenant*, mais **ainda** peut également signifier *toujours* dans une phrase au présent :

- Ainda mora em Angers?	*- Habitez-vous toujours à Angers ?*
- Ainda. / Não moro mais.	*- Oui. / Plus maintenant.*

autoévaluation

Exercices

22.4 Um ramo de flores e... a aliança de casamento *Un bouquet de fleurs et... l'alliance (de mariage)*

Voici l'horoscope de Geraldo pour la semaine prochaine.

> **Faça um esforço. Instale um sorriso nessa cara sofrida. Sua vida vai mudar completamente. É tempo de amar e ser amado. O futuro é hoje e a hora é agora.**

À partir de son horoscope, choisissez parmi les conseils suivants les deux meilleurs à donner à Geraldo :

1 **Eu penso que já é hora de você deixar de ser solteiro e fazer planos para o casamento.**

2 **Eu acho que um ramo de flores está certo, mas ainda é muito cedo para pensar na aliança.**
3 **Casar... Se você não tem certeza, o melhor é esperar.**
4 **Na minha opinião, você deve perguntar muito em breve se ela quer ir escolher a aliança.**

22.5 A viagem de lua-de-mel *Le voyage de noces*

Anthony et Lucille écrivent un e-mail pour réserver un appartement dans un hôtel pour leur lune de miel. Complétez leurs phrases en suivant les indications données.

> **Tencionamos visitar o país** (en juin l'année prochaine)**. Precisamos de um apartamento** (pour deux)**. Preferíamos** (la première semaine du mois)**.**
>
> **Se o hotel não tiver vagas** (ces jours-là)**, pedimos que nos façam o favor de nos informar para quando podem fazer a reserva** (à notre nom, Sandes. Nous attendons votre réponse)**.**

22.6 Um apartamento mobiliado *Un appartement meublé*

CD2 piste 33

22.6.1 Regardez le plan de cet appartement et ses meubles (**os móveis**).

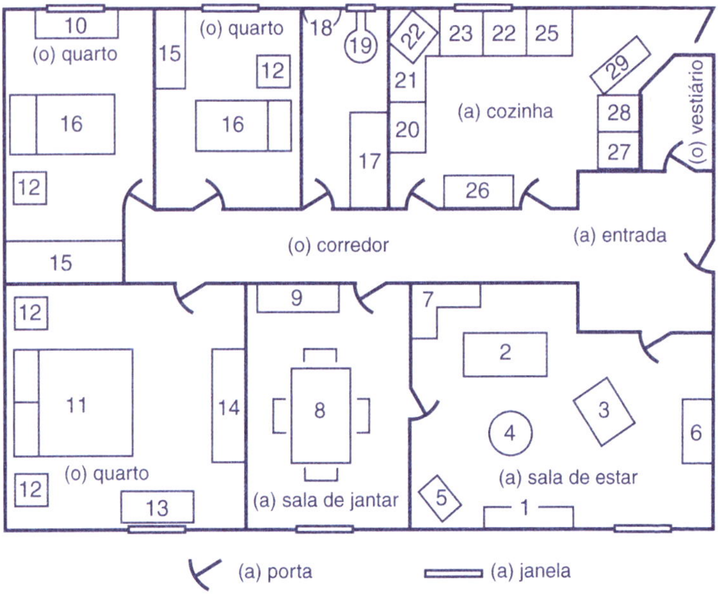

1 **a lareira** *la cheminée*
2 **o sofá** *le canapé*
3 **a poltrona** *le fauteuil*
4 **a mesinha de centro** *la table basse*
5 **a televisão** *la télévision*
6 **o aparelho de som** *la chaîne hi-fi*
7 **a estante de canto** *l'étagère de coin*
8 **a mesa e as cadeiras** *la table et les chaises*
9 **o aparador** *le buffet*
10 **a mesa para (o) computador e (a) impressora** *le bureau pour l'ordinateur et l'imprimante*
11 **a cama de casal** *le lit à deux places*
12 **a mesa de cabeceira** *la table de nuit*
13 **a penteadeira** *la coiffeuse*
14 **o guarda-roupa** *la penderie*
15 **o armário** *l'armoire*
16 **a cama de solteiro** *le lit à une place*
17 **a banheira** *la baignoire*
18 **a pia** *le lavabo*
19 **o vaso sanitário** *les toilettes*
20 **o fogão** *la gazinière*
21 **a bancada** *le plan de travail*
22 **o forno de micro-ondas** *le four micro-ondes*
23 **a máquina de lavar louça** *le lave-vaisselle*
24 **a pia** *l'évier*
25 **a geladeira e o congelador** *le réfrigérateur-congélateur*
26 **o armário** *l'armoire*
27 **a máquina de lavar roupa** *la machine à laver*
28 **a máquina de secar roupa** *le sèche-linge*
29 **a tábua de passar roupa** *la planche à repasser*

Lorsque le contexte est clair, certains mots sont omis (**a tábua de passar** au lieu de **a tábua de passar roupa** par exemple).

22.6.2 Écoutez l'enregistrement et écrivez ce que dit la locataire à propos de son appartement.

22.7 Aluga-se e vende-se *À louer et à vendre*

22.7.1 Lisez ces deux petites annonces tirées d'un journal.

i	ii
aluga-se	vende-se
apartamento	**casa**
mobiliado	**6 quartos**
3 quartos	**cozinha equipada**
com ar-condicionado	**aquecimento central**
2.º andar, elevador	**jardim e piscina**
serviço de limpeza (opcional)	**garagem**
Resposta ao número 27894	**Resposta ao número 27036**

22.7.2 Sandrine est intéressée par la petite annonce **i**. Aidez-la à écrire le texte de sa réponse au journal en conjuguant les verbes entre parenthèses au temps qui convient.

Em resposta ao anúncio n.º 27894 desse jornal, tenho o prazer de comunicar que estou interessada em alugar um apartamento e esse talvez me (convir). Fico aguardando que me (fazer) o favor de me informar quando (poder) vê-lo.

22.7.3 Répondez à la question suivante en portugais :

Quem poderá estar interessado no anúncio ii, uma pessoa que queira alugar ou uma pessoa que queira comprar?

22.7.4 Écrivez maintenant une réponse pour la petite annonce **ii**.

23

Irei, se puder

J'irai, si je peux

Communication

- La culture et les spectacles locaux
- Les fêtes de famille et les soirées
- Les tâches ménagères et la cuisine

Exercices

23.1 Indo ao teatro, ao cinema, à ópera ou a um concerto
Aller au théâtre, au cinéma, à l'opéra ou à un concert

(a) entrada	*(la) place*
(a) galeria	*(la) galerie*
(os) camarotes laterais	*(les) loges de côté*
(o) palco	*(la) scène*
(a) plateia	*(l')orchestre*
(o) mezanino	*(le) balcon inférieur*
(os) camarotes centrais	*(les) loges de face*

Il n'y a plus de places pour la galerie, les loges de côté, et l'arrière de l'orchestre. Parmi les questions suivantes, quelles sont celles auxquelles on peut répondre par **ainda** et par **não há mais** ?

1 **Ainda há entradas para a galeria?**
2 **Queria um lugar nos camarotes laterais. Ainda tem?**
3 **Ainda tem lugares na plateia perto do palco?**
4 **Queria quatro bilhetes para a plateia, nas filas atrás. Ainda há?**
5 **Ainda tem lugares no mezanino?**
6 **Queria dois lugares nos camarotes centrais. Ainda tem?**

23.2

Venha ver os melhores passistas
na quadra da escola de samba
o tamborim e o cavaquinho
aberta
das 21 às 4 da madrugada

(o) passista	*(le) danseur d'une école de samba*
(a) quadra de escola de samba	*(l')établissement de l'école de samba (destiné aux répétitions)*
(o) tamborim	*(le) tambourin*
(o) cavaquinho	*(la) petite guitare à quatre cordes*
(o) samba	*(la) samba*

Mettez dans l'ordre les mots entre parenthèses pour reconstituer le dialogue entre Marta et Charles.

Marta	Você já foi à quadra de uma escola de samba?
Charles	Não, nunca fui. O que é uma « quadra » de escola de samba?
Marta	(É / o desfile. / a escola de samba / o lugar / a música / e / onde / ensaia)
Charles	Mas o que significa exatamente 'samba'?
Marta	(É / ritmo / brasileiro. / escola / próprio / o principal / No Rio, / tem / cada / seu / samba.)
Charles	E o que são o tamborim e o cavaquinho?
Marta	(São / utilizados / os / para tocar / instrumentos / dois / o samba.)
Charles	As quadras ficam abertas até muito tarde?
Marta	Ficam, até de madrugada. 'Madrugada' quer dizer 'as primeiras horas do dia'.

vocabulaire — Croire ; être d'accord

Pour dire *croire*, on utilise **crer** lorsqu'on veut exprimer une conviction, une opinion, et **acreditar em** pour dire que l'on tient quelque chose pour vrai.

Creio que ele tem razão.	*Je crois qu'il a raison.*
Acredito nas palavras dele.	*Je crois ce qu'il dit.*

Concordar com ou **estar de concordo com** se traduisent par *être d'accord avec*.

Não concordo!	*Je ne suis pas d'accord !*
Concordo com o senhor. / Estou de acordo com o senhor.	*Je suis d'accord avec vous.*

vocabulaire — S'en aller ; partir

Il existe plusieurs façons de dire que l'on quitte un endroit en portugais :

ir embora (*s'en aller*)

Fique. Não vá embora.	*Restez. Ne partez pas.*

despedir-se (*dire au revoir*)

Já é tarde. Tenho que ir embora. Vou me despedir.	*Il est tard. Je dois m'en aller. Je vais dire au revoir.*

partir / sair (*partir*)

O ônibus vai partir às 8h35. *Le bus va partir à 8h35.*

vocabulaire Manquer

Manquer dans le sens de *perdre / rater* quelque chose se dit **perder**.

Perdi o avião. *J'ai raté l'avion.*

Manquer dans le sens de *avoir besoin de / regretter l'absence de* correspond à **sentir falta de**.

Sinto falta de um leitor de DVD. *J'ai besoin d'un lecteur de DVD.*

Manquer dans le sens de *ressentir avec nostalgie l'absence ou la perte de* correspond à **ter saudades de** ou à **estar com saudades de**.

Tenho saudades da França. *ou* *J'ai le mal du pays.*
Estou com saudades da França. (dans ce cas, la France)

vocabulaire Les sentiments

Si vous souhaitez exprimer des sentiments, vous pouvez utiliser la même structure que celle que nous avons vue au Chapitre 17 pour les sensations (douleur, etc.), c'est-à-dire **estar com** ou **ter** + nom :

Tenho	**pena** (*de la peine*) **de**	*J'ai de la peine pour*
	inveja (*envie*) **de**	*Je suis envieux/se de*
Estou com	**ciúme** (*jalousie*) **de**	*Je suis jaloux/se de*
	medo (*peur*) **de**	*J'ai peur de*

O bebê tem medo das ondas do mar. *Le bébé a peur des vagues.*

grammaire Grammaire

Bem – todo – mesmo – próprio *Les intensifs*

Tout comme en français, il arrive que certains mots perdent leur sens premier et soient utilisés pour intensifier une notion exprimée par un autre mot. C'est le cas de **bem** (*bien*), **todo** (*tout*), **mesmo** (*même*) et **próprio** (*propre*).

Quer os ovos bem cozidos?	*Voulez-vous les œufs bien cuits ?* (= très cuits)
Ele está todo molhado.	*Il est tout mouillé.* (= complètement mouillé)
Ela ficou toda contente quando. o viu	*Elle était toute contente quand elle vous a vu.* (= très contente)
É isso mesmo.	*C'est exactement cela* (*ce que vous venez de dire*). (**litt.** *c'est cela même*)

Notez que **eu mesmo**, etc. ou **eu próprio**, etc. peuvent se traduire par *je... moi-même*, etc., mais on trouve plus souvent **sou eu quem...**, etc.

Sou eu quem paga.	*C'est moi qui paie.*

Tudo *ou* todo *Comment dire « tout »*

Tudo veut dire *tout* dans le sens de *toutes les choses*. On l'utilise généralement comme pronom et comme forme neutre de **todo**.

Quanto é tudo?	*Combien cela fait-il ?* (*tous les articles*)

Dans **todo**, il y a la notion d'un *ensemble*. **Todo** s'accorde avec le nom qu'il accompagne.

Quanto é ao todo?	*Combien cela fait-il ?* (*tout cela, l'ensemble*)
Ontem estudei o dia todo *ou* **todo o dia.**	*Hier j'ai étudié toute la journée.*
Estudo um pouco todos os dias.	*J'étudie un peu tous les jours.*
Todo mundo dança.	*Tout le monde danse.*

Qui fait quoi ?

- Les verbes impersonnels :

Comme vous l'avez vu dans cette méthode, les verbes impersonnels existent aussi en portugais, notamment pour parler du temps qu'il fait.

Chove. *(Il) pleut.* **Dói.** *(Cela) fait mal.*

- À sujet différent, signification différente :

Certains verbes changent de sens en fonction de leur sujet.

Não me lembro; eu me esqueci.	*Je ne me souviens pas* ; *j'ai oublié.*
Lembre-me.	*Rappelez-moi (de...).*

- Les sujets indéfinis :

Lorsque vous souhaitez faire référence à une action sans mentionner qui en est ou en a été l'auteur, utilisez le verbe à la troisième personne sans exprimer le sujet. Cette structure se traduit souvent en français par le pronom personnel *on* suivi du verbe.

Disseram-me que a vista no topo do Pão de Açúcar, no Rio, é maravilhosa.
On m'a dit que la vue au sommet du Pain de Sucre, à Rio, est merveilleuse.

Que *ou* quê ; porque, por que *ou* por quê ; por causa de *Comment dire « pourquoi » et « parce que »*

Lorsqu'il est utilisé isolément ou en fin de phrase, que acquiert un accent tonique, et prend alors un accent circonflexe : quê. Le dialogue suivant vous aidera à faire la différence entre ces différentes formes.

Por que (*) **você comprou esse chapéu?**	*Pourquoi avez-vous acheté ce chapeau ?*
Por causa da (**) **cor.**	*À cause de sa couleur.*
Por quê!? (***)	*Pourquoi !?*
Por causa da cor. Porque (****) **eu gosto da cor.**	*À cause de sa couleur. Parce que j'aime sa couleur.*

(*) *Pourquoi*, lorsque vous pouvez le remplacer par **por que motivo** ou **por que razão** *pour quelle raison.*

(**) *À cause de*

(***) *Pourquoi* lorsqu'il apparaît de façon isolée.

(****) *Parce que*

autoévaluation

Exercices

23.3

CD2 piste 34

vocabulaire

fazer a cama	*faire le lit*
limpar	*nettoyer, faire le ménage*
arrumar	*ranger*
passar o aspirador em	*passer l'aspirateur dans*
passar a ferro	*repasser*
preparar	*préparer* (le repas, la cuisine)
pôr a mesa	*mettre la table*
tirar a mesa	*débarrasser la table*
levar o lixo	*emporter les ordures*

23.3.1 On explique à l'employée de maison (**a empregada doméstica**) quelles sont les tâches ménagères à effectuer. Écoutez l'enregistrement et écrivez les instructions.

23.3.2 Reformulez les instructions en commençant par **Hoje precisa...**

23.4 Uma receita para a festa *Une recette pour la fête*

Ovos com recheio de anchovas *Œufs farcis aux anchois*

23.4.1 Os ingredientes *Les ingrédients*

Reliez chaque ingrédient à sa traduction française.

meia dúzia de ovos	1
uma lata pequena de tiras de anchovas	2
suco de meio limão	3
um vidro pequeno de azeitonas recheadas	4
um vidro pequeno de maionese	5
uma alface	6

a	*une laitue*
b	*un petit bocal d'olives farcies*
c	*une demi-douzaine d'œufs*
d	*une petite boîte de filets d'anchois*
e	*le jus d'un demi-citron*
f	*un petit bocal de mayonnaise*

23.4.2 Preparação *Préparation*

Voici comment procéder :

Cozer bem os ovos. Descascá-los. Com uma faca, abri-los ao meio, ao comprido. Com uma colher, tirar a gema para fora. Picar as anchovas. Num prato fundo, misturar as anchovas com as gemas e o suco de limão, usando um garfo. Encher as claras com a mistura. Por cima colocar um pouco de maionese e uma azeitona no meio. Cobrir o fundo de uma travessa com a alface cortada em tirinhas. Colocar os ovos recheados sobre a cama de alface.

Traduisez la recette en français.

23.4.3 Expliquez à votre ami comment vous avez procédé pour faire les œufs farcis aux anchois, en commençant par **Cozinhei bem os ovos...**

23.5 Palavras para a festa *Des mots pour la fête*

Complétez les phrases suivantes avec les mots figurant dans l'encadré. Il y a parfois plusieurs choix possibles.

1 i *Votre ami va à une fête. Dites-lui de bien s'amuser.*

___________ !

ii *Dites à un groupe d'amis que vous espérez qu'ils s'amuseront bien à la fête.*

Desejo que ___________ na festa.

2 i *Dites à l'un de vos invités que cela vous fait vraiment plaisir de le (ou la) voir.* É bom __________ *ou* __________ *ou* __________.

ii *Dites à l'un de vos invités que vous appréciez tout particulièrement le cadeau qu'il vous a offert.*
Gosto muito do seu presente. __________ muito contente.

3 i *Vous achetez un cadeau pour votre ami qui organise une soirée. Demandez à la vendeuse qu'elle vous l'emballe.*
__________ embrulhar para presente?

ii *Vous arrivez à la soirée avec votre cadeau et vous dites :*
Isto é para v _______.

4 *Portez un toast.*
- Saúde! - Saúde! - __________! - Saúde!

Divirta-se	ver você	Fiquei
você	Saúde	vê-la
se divirtam	vê-lo	Poderia

23.6 Quando é o seu aniversário? *Quelle est la date de votre anniversaire ?*

Mettez les mots dans l'ordre pour reconstituer le dialogue entre Maria et Maribel.

Maria	Quando / aniversário / o / é / seu / ?
Maribel	No dia 3 de dezembro. E o seu?
Maria	O meu é hoje.
Maribel	Então parabéns! Quantos / você / anos / fazendo / está / ?
Maria	Faço vinte anos.
Maribel	Tenho / presente / você / que / um / ir / para / comprar.
Maria	Não, não se incomode.

24

Gostaria de praticar mais o português

J'aimerais pratiquer davantage le portugais

Communication

- Faire le point sur ce que vous avez appris
- Maintenir votre niveau de portugais du Brésil

Exercices

24.1 Português como Língua Estrangeira (PLE)

Portugais Langue Étrangère (P.L.E.) CD2 piste 35

Julie, une excellente étudiante de portugais langue étrangère, est interviewée pour une émission de radio. Vous trouverez ci-dessous les réponses qu'elle donne à Luísa, la journaliste. Reconstituez l'interview à partir de l'enregistrement.

- **Aprendi principalmente estudando como autodidata. Mas sentia a falta de pessoas com quem pudesse conversar. Então resolvi passar um tempo no Brasil, dois meses, para praticar e estudar a língua.**
- **Frequentei um curso de PLE na Universidade de São Paulo. Tínhamos aulas de língua todos os dias e de cultura três vezes por semana. No fim do curso fiz um exame. Passei com distinção. Fiquei muito contente.**
- **Obrigada. E aproveitei todas as oportunidades para falar, nas lojas, nos restaurantes, em todo os lados. Gostei muito do Brasil e de São Paulo, das pessoas... de tudo. Tive muita pena de vir embora.**
- **Vou... Vou voltar para um país de língua portuguesa, mas vai ser outro. Quero ir a Portugal, quero passar dois ou três meses lá.**
- **Ainda não sei, mas gostaria de visitar o Porto.**
- **Não sei bem... Talvez porque seja uma cidade muito bonita. Talvez (rindo) também porque me disseram que os vinhos do Porto são excelentes. Não sei se acredito ou não. O melhor é ir ver. Ir a Portugal é também uma boa oportunidade para ouvir outro sotaque e outras expressões.**
- **Não, ainda não sei.**

24.2 Procure e descubra *Cherchez et trouvez*

Pour continuer à progresser en portugais, essayez de parler la langue aussi souvent que possible, et lorsque vous le faites, efforcez-vous de toujours penser directement dans cette langue. C'est une règle d'or.

Imaginez que vous êtes chez un marchand de vin qui vous propose plusieurs sortes de **vinho tinto**. Vous faites votre choix et vous lui dites *Je prends celui-là* en utilisant le verbe **tomar**. À votre surprise, le vendeur ouvre la bouteille et verse du vin dans un verre qu'il vous tend. Il a compris que vous vouliez un verre de ce vin pour le goûter. Si vous aviez dit **quero esse** ou **levo esse**, il n'y aurait eu aucune ambiguïté.

Il est important de bien voir qu'un mot et sa traduction ne sont pas toujours strictement équivalents. Un mot portugais peut avoir un sens plus large que son équivalent français, et inversement.

24.2.1 Trouvez pour chaque groupe de phrases le verbe français que vous utiliseriez pour traduire les deux mots portugais encadrés.

i	Vou	perguntar	onde ele está.
	Vou	pedir	um copo de água.
ii	O ônibus	sai	da primeira plataforma.
	Eu	parto	para a África amanhã.
iii		Creio	que ele vai ganhar o prêmio de 10 mil reais.
		Acredito	que ele ganhou o prêmio de 10 mil reais.
iv		Faltam	duas malas.
		Tenho saudades	do meu gato.
v	Jantamos fora e	achei	a conta bastante cara.
	Procurei, mas não	encontrei	a chave.
vi		Fico	contente que eles puderam vir.
		Estou	na floricultura.

24.2.2 À présent, pour chaque groupe de phrases, trouvez le mot portugais qui pourrait remplacer le point d'interrogation. Les mots à trouver figurent tous dans la grille **de la page suivante.**

i	Fez	?	bom e muito sol.
	Quanto		vamos esperar
ii	Agora vou para	?	.
	Ele mora numa		ou num apartamento?
iii	Esta senhora	?	o celular.
	A filha dele		o avião das 9 horas.
iv	Ele vai se	?	no hospital.
	Se puder, vou		disso amanhã.
	Posso		o João por "tu"?
v	Você não me	?	esse dinheiro.
	O Nuno		chegar em breve.
	O senhor		reservar lugar.
vi	A que horas	?	o jantar?
	Para que		isto?
	Este casaco não me		.Está apertado.

vii		?	20 para as 8. duas pessoas no grupo. os guardanapos na mesa.
viii	Você já Ela não Pierre não	?	a Mônica? ninguém aqui. Belém.
ix	Pierre O senhor Você	?	onde fica Porto Alegre. falar português? se ela chegou bem?
x	Onde Quem Ela	?	o seu apartamento? em casa e quem vai sair? contente quando o vê.

C	O	N	H	E	C	E	R	A
O	C	A	S	D	E	V	A	S
F	A	T	T	E	M	P	O	S
A	O	R	E	V	I	E	R	E
L	P	A	M	E	D	R	O	R
T	I	T	O	V	Z	D	E	V
A	C	A	S	A	G	E	M	E
M	O	R	U	H	L	U	M	J
S	A	B	E	U	F	I	C	A

24.3 Desvende o mistério *Résolvez le mystère*

Vous rencontrerez parfois des mots portugais qui ressemblent à des mots français par leur prononciation, leur orthographe ou les deux à la fois, mais dont la signification diffère. On les appelle des faux amis.

Imaginez que vous voulez ouvrir une porte et que votre ami vous dit **Puxe**. Vous fiant à la ressemblance avec le français, vous poussez la porte, alors qu'il faut en réalité la tirer.

Nous avons vu d'autres « faux amis », comme par exemple **a carta** *(la lettre)*, ou **a taça** *(la coupe)*. Vous en trouverez dans le tableau **de la page suivante**. Révisez ou apprenez-les.

Lisez à présent le texte qui suit et essayez de découvrir qui a volé la pâte de fruit à la goyave (**a goiabada**) à l'épicerie ce matin-là, laissant une boîte vide sur l'étagère...

10h00. D. Rosa, uma das empregadas, que está grávida, colocou as caixas de goiabada nas duas primeiras prateleiras a contar de baixo.

10h10. D. Berta entrou com Joãozinho, o filho de dois anos, que chorava porque queria tirar as luvas mas a mãe não deixava; é uma criança muito sensível e parecia estar gripada. D. Maria, a funcionária da caixa, diz que D. Berta, que é um pouco esquisita, não comprou nada e parecia preocupada ao sair.

10h15. D. Zulmira, senhora de sessenta anos, entrou com o seu cachorro Piloto. Conversou durante uns cinco minutos com D. Rosa junto às prateleiras de goiabada.

10h20. Sr. Paolo, homem distraído, entrou na loja. Ele parecia procurar alguma coisa especial. Foram encontradas suas impressões digitais na caixa vazia.

10h30. Sr. José, o gerente que não gosta de ser tratado pelo seu sobrenome Nabo, notou que uma das caixas de goiabada não tinha nada dentro, estava vazia. A goiabada tinha desaparecido mas a caixa estava na prateleira.

faux ami	*sens**
(estar) **grávida** *(la) gravité*	*être enceinte* (a) **gravidade** ; (a) **seriedade**
esquisito *exquis*	*étrange, bizarre* **delicado**
procurar *se procurer*	*chercher* **adquirir**
(o) **sobrenome** *(le) surnom*	*(le) nom de famille* (o) **apelido**

*non exhaustif

24.4 Ao pé da letra? *Au pied de la lettre ?*

Nous avons rencontré des mots portugais qui perdent leur sens littéral dans certains contextes pour prendre une signification différente. C'est le cas par exemple de **andar**, **voltar**, **deixar**, **começar** et **acabar**.

Voici deux séries de phrases. Associez deux à deux les phrases qui ont le même sens.

1 Eu **comecei a** estudar português há seis meses.
2 Mas em pouco tempo **deixei de** estudar português por falta de tempo.
3 Depois de um intervalo **voltei a** estudar português.
4 E **ando estudando** muito.
5 **Acabo de** fazer o penúltimo exercício deste curso.

a **Depois de um intervalo estudei português novamente.**
b **Fiz agora mesmo o penúltimo exercício deste curso.**
c **Eu estudei português pela primeira vez há seis meses.**
d **E tenho estudado muito ultimamente.**
e **Mas em pouco tempo parei de estudar português por falta de tempo.**

24.5 A cultura do país *La culture du pays*

24.5.1 Étudiez cet extrait d'une brochure provenant du centre artistique d'une université brésilienne, le **Centro de Artes da Universidade Federal Fluminense.**

teatro ***literatura*** ***cinema***

música ***artes plásticas***

INTRODUÇÃO À CULTURA BRASILEIRA

Participe!

Organização - Secretaria de Cultura de Niterói
de 03 de agosto a 10 de dezembro
TEATRO DA UFF das 15 às 18 horas

24.5.2 Répondez en portugais aux questions suivantes :

i **Qual é o tema geral deste curso da UFF?**
ii **Quem são os organizadores?**
iii **Onde se vai realizar?**
iv **Quando será realizado?**

24.5.3 Écrivez à l'UFF en disant :

Vous avez l'intention de passer six mois au Brésil l'année prochaine, de juillet à décembre. Vous êtes intéressé par un cours d'introduction à la culture brésilienne ; vous aimeriez prendre part au cours de l'UFF. Vous posez votre candidature et envoyez votre C.V. Vous attendez leur réponse et espérez qu'ils accepteront votre candidature.

Annexes

Les **Chapitres 5, 10 et 15** sont conçus pour vous aider à consolider et réviser ce que vous avez appris. Les nombreuses activités proposées dans ces chapitres vous permettront d'évaluer vos progrès en portugais du Brésil. Il en va de même pour les quatre derniers chapitres du cours, qui contiennent des exercices de révision des structures abordées dans la méthode et vous offrent la possibilité d'enrichir votre vocabulaire. Tout au long de votre apprentissage, le **corrigé des exercices pages 265-285** vous permettra d'évaluer vos progrès en comparant vos réponses à celles que nous vous proposons.

Lorsque vous comparez vos réponses aux exercices des **Chapitres 5, 10, 15 et 21 à 24** avec celles données dans le **corrigé des exercices**, notez le nombre de réponses justes. Si plus de la moitié de vos réponses sont fausses, revoyez les chapitres précédents.

Voici quelques indications pour vous aider à évaluer vos résultats selon votre pourcentage de réponses justes :

80%-100%	Félicitations ! **Parabéns!** C'est excellent.
60%-79%	Bravo, c'est très bien. **Muito bem**. Vous maîtrisez la plupart des points traités dans les chapitres. Essayez de reprendre les quelques exercices qui vous ont posé problème avant d'aller plus loin.
en dessous de 50%	Ce n'est pas mal, mais nous vous conseillons vivement de bien revoir les derniers chapitres. Après vos révisions, évaluez à nouveau vos progrès avant d'aborder les chapitres suivants.

Chapitre d'introduction

A.3 a Boa noite. **b** Bom dia. **c** Boa tarde.

A.6 a Boa tarde, dona Laura. **b** Olá! ou Oi!

C.2 2 d ; **3** c e ; **4** f a. **C.4 a** Tchau *et/ou* Bom dia. **b** Tchau *et/ou* Boa tarde. **c** Até logo! **d** Tchau, até logo!

Chapitre 1

1.1 2 certo **3** certo.

1.2 1 b. **2** a. **3** b.

1.3.1 ii A+C, **iii** B+C, **iv** B+C, **v** A+B.

1.3.2 i - Por favor, pode me dizer onde é a retirada das bagagens? - A retirada das bagagens é à direita, em frente do controle de passaportes. - Obrigada. **ii** - Onde são as informações, por favor? - As informações são no andar de cima, à direita. - Obrigado. **iii** - Desculpe, onde são os sanitários para senhoras? - Os sanitários para senhoras são à esquerda, a seguir aos sanitários para homens. - Muito obrigada. **iv** - Por favor, pode me dizer onde são as agências de aluguel de carros? - As agências de aluguel de carros são a seguir às informações e ao ponto de encontro. - Muito obrigado. **v** - Por favor, onde é o ponto de táxis? - O ponto de táxis é lá embaixo, em frente. - Muito obrigada

1.4.1 Por favor / Desculpe, **a** pode me dizer onde é a farmácia? *ou simplement* onde é a farmácia? **b** (pode me dizer) onde é o banco? **c** (pode me dizer) onde são as informações? **d** (pode me dizer) onde são os sanitários para homens?

1.4.2 Como? Mais devagar, por favor.

1.4.3 (Muito) obrigado/obrigada.

1.5 i À esquerda **ii** Em frente.

1.6 Por favor, pode me dizer onde é a agência de câmbio?

Chapitre 2

2.1 1 certo **2** certo **3** errado.

2.2 1 a. **2** a. **3** c.

2.3 1 fermé, **2** fermé, **3** occupé, **4** Non-fumeurs, **5** Faire la queue / Veuillez faire la queue (*instruction*), **6** Interdiction de s'arrêter ou de stationner, **7** Camping interdit, **8** Interdiction de fumer.

2.4.1 i 2, **ii** 1, **iii** 4, **iv** 8, **v** 3, **vi** 6, **vii** 5, **viii** 7.

2.4.2 i Por favor, queria um mapa. **ii** Queria dois cafés. **iii** Por favor, quatro sanduíches. **iv** Por favor, queria papel de carta e uma caneta. **v** Queria um esparadrapo. **vi** Pode me dar alguma coisa para dor de cabeça? **vii** Pode me dar alguma coisa para indigestão? **viii** Queria alguma coisa para queimadura solar.

2.5.1 i três - ida, **ii** quatro - ida e volta, **iii** dez - ida e volta, **iv** oito - ida **v** seis - ida e volta, **vi** cinco - ida, **vii** nove - ida e volta, **viii** sete - ida.

2.5.2 i Queria três passagens para Brasília. **ii** Quatro passagens de ida e volta para Natal, por favor. **iii** Dez passagens de ida e volta para Itaparica, por favor. **iv** Por favor, oito passagens para Porto Alegre. **v** Queria seis passagens de ida e volta para Manaus. **vi** Por favor, cinco passagens para Belo Horizonte. **vii** Nove passagens para o Rio, ida e volta, por favor. **viii** Por favor, queria sete passagens para Salvador, somente ida.

2.5.3 i Queria duas passagens para Belo Horizonte. / Duas passagens para Belo Horizonte, (somente) ida. **ii** Queria duas passagens de ida e volta para Brasília. / Duas passagens para Brasília, ida e volta. **iii** Queria quatro passagens para Manaus. / Quatro passagens para Manaus, (somente) ida. **iv** Queria oito passagens de ida e volta para Itaparica. / Oito passagens para Itaparica, ida e volta. *Dans chaque phrase sans* Queria*, vous pouvez ajouter* por favor *au début ou à la fin.*

2.6 i Pode me dar a lista telefônica? **ii** Pode ligar para este número?

Chapitre 3

3.1 1 errado **2** certo **3** certo.

3.2 1 b. **2** c. **3** b.

3.3.1 i 2 ; **ii** 4 ; **iv** 3 ; **v** 5.

3.3.2 Queria **i** um apartamento para uma pessoa, com chuveiro, para cinco noites. **ii** dois quartos individuais, com banheira, para oito noites. **iii** um quarto duplo, com banheira, para nove noites. **iv** dois apartamentos duplos com chuveiro e banheira, para dez noites. **v** um quarto de casal e dois quartos individuais, com chuveiro, para sete noites.

3.4 Queria **a** um quarto individual, com chuveiro, para uma noite. **b** um quarto duplo / de casal, com banheira, para duas noites. **c** um quarto duplo / de casal e um quarto individual, com chuveiro e banheira, para sete noites. **d** um quarto duplo / de casal, com chuveiro, para cinco noites. Queria duas camas.

3.5.2 Stéphane é o nome de batismo *ou* Stéphane é o prenome e Dupuis é o sobrenome.

3.6.1 1 supermercado ; **2** restaurante ; **3** museu ; **4** igreja ; **5** praia ; **6** posto de gasolina ; **7** passagem subterrânea ; **8** Hotel Sol-Mar ; **9** rodoviária ; **10** centro de informações turísticas ; **11** Estrada do Aeroporto.

3.6.2 i Por favor, pode me dizer onde é o supermercado? **ii** Por favor, pode me dizer onde é o restaurante? **iii** Por favor, onde fica o museu? **iv** Desculpe, pode me dizer onde é a igreja? **v** Por favor, onde é a praia? **vi** Por favor, onde fica o posto de gasolina? **vii** Por favor, onde é a passagem subterrânea? **viii** Por favor, pode me dizer onde fica o Hotel Sol-Mar? **ix** Por favor, onde é a rodoviária? **x** Desculpe, onde fica o centro de informações turísticas? **xi** Por favor, onde é a Estrada do Aeroporto?

3.6.3 Por favor, pode me dizer onde **i** é a Estrada do Aeroporto? **ii** fica a praia? **iii** é a passagem subterrânea? **iv** fica o museu? **v** fica o supermercado? **vi** é a rodoviária? **vii** é o posto de gasolina? **viii** fica o Hotel Sol-Mar?

Chapitre 4

4.1 1 certo **2** errado **3** errado

4.2 1 b. **2** b. **3** a.

4.3.1 Desculpe, tem pão e leite?

4.3.2 Queria **i** duas garrafas de leite, **ii** dois pães, **iii** duas bananas **iv** e duas maçãs.

4.4.1 i de sexta-feira a domingo. **ii** sete dias por semana. **iii** dez minutos a pé. **iv** dez minutos de carro.

4.4.2 Há um camping perto daqui com **ii** loja, chuveiro de água fria e quente e sala de televisão? **iii** tomada, geladeira e sala de televisão? **iv** chuveiro de água fria e quente, lavanderia e gás para campistas? *On peut remplacer* perto daqui *par* aqui perto *ou* por aqui.

4.4.3 Tem vaga para **i** um trailer e uma barraca? **ii** um trailer e duas tendas? **iii** um motor home, um reboque pequeno e uma tenda? **iv** um motor home, um reboque pequeno, um trailer e uma barraca?

4.4.4 Tem vaga para **ii** um motor home e uma barraca? **iii** um trailer e uma tenda? **iv** dois trailers e duas barracas?

4.5 1 Queria uma garrafa de vinho. **2** Tem um saca-rolhas? **3** Tem óculos de sol? **4** Queria uma escova de dentes e pasta de dentes. *ou* Queria escova e pasta de dentes.

4.6.1 i Queria telefonar para a França. **ii** Queria fazer uma chamada a cobrar para o Canadá.

4.6.2 i Tem cartões de telefone? **ii** Tem um celular?

Chapitre 5

5.1.3 Por favor, pode **i** repetir, mais devagar? **ii** escrever aqui quanto é? **iii** escrever aqui o nome, (o) endereço e (o) número de telefone? **iv** escrever aqui essa(s) palavra(s)? **v** me mostrar essa palavra no dicionário *ou* me mostrar no dicionário essa palavra? **vi** me mostrar no mapa onde fica? **vii** me mostrar no mapa onde estou? **viii** me mostrar as horas?

5.2 Não, não tenho nada a declarar.

5.3.1 **i** (o) meu **ii** (a) minha.

5.3.2 Aqui tem **i** meu passaporte. **ii** minha carteira de motorista.

5.4.3 **i** Pode me mostrar a lista dos modelos e preços? **ii** Quanto é por dia? **iii** Quanto é o seguro? E a caução? **iv** Queria este carro, pagando por dia. **v** Queria o carro para dois dias, sem motorista. **vi** Pode me dar um recibo? **vii** Pode me dar os documentos do carro?

5.5 **1** b, **2** a, **3** d, **4** c.

5.6.2 **2** A prefeitura fica à esquerda. **3** Os bombeiros ficam à esquerda. **4** As emergências ficam à direita. *On peut remplacer* fica *par* é *et* ficam *par* são.

5.7.1 **i** três **ii** plataforma; um **iii** o Rio **iv** o ônibus; plataforma.

5.7.2 **i** Da plataforma três. **ii** Da plataforma número um. **iii** Da plataforma cinco. **iv** Da segunda plataforma.

5.8.1 **i** 4, **ii** 5, **iii** 2, **iv** 3, **v** 1.

5.8.2 **i** Tem sacada? **ii** Tem vista para o mar? **iii** Queria um quarto com ar-condicionado. **iv** Tem televisão? **v** Queria um quarto sem barulho.

5.8.3 Tem **i** ar-condicionado? **ii** televisão? **iii** sacada e vista para o mar?

5.8.4 Queria um quarto sem barulho.

5.9.1 Por favor, pode me trazer mais **2** um lençol? **3** um edredom? **4** um cobertor? **5** uma toalha? **6** um sabonete? **7** um rolo de papel higiênico? **8** um cabide?

5.9.2 Por favor, pode me trazer mais **1** dois travesseiros? **2** dois lençóis? **3** dois edredons? **4** dois cobertores? **5** duas toalhas? **6** dois sabonetes? **7** dois rolos de papel higiênico? **8** dois cabides?

5.9.3 Por favor, pode me trazer mais quatro cabides e (mais) dois cobertores? Obrigado/a.

5.10.1 **a** **i** Não, não há. **ii** Há. **iii** Há. **iv** Não, não há. **b** Não há um mecânico perto daqui. Não há um médico aqui perto, mas há um enfermeiro. Há um dentista muito perto, na primeira rua à direita.

5.10.2 Pode me chamar **i** um médico? **ii** um enfermeiro? **iii** um mecânico? **iv** um táxi?

5.11 **a** desculpar, **d** fazer, **e** ficar, **g** partir, **h** poder.

5.12 Por favor, queria três pães, meia dúzia de maçãs, uma garrafa pequena de leite e uma garrafa grande de água.

5.14 Horizontal: **1** Não tem importância. **2** Com licença. **3** Desculpe. **5** De nada. **6** Muito obrigado/a. Vertical: **1** Não tem de quê. **3** De nada. **4** Por favor.

Chapitre 6

6.1 **1** errado **2** certo **3** errado

6.2 **1** b. **2** b. **3** c.

6.3 Este é (o) Sérgio, essa é (a) Rosa e aquela é (a) Mariana.

6.4.1 **ii** Natal, Rio Grande do Norte; 34 anos, professora; noiva, não tem filhos. **iii** Porto Alegre, Rio Grande do Sul; 75 anos, empresário aposentado; viúvo, tem um filho e uma neta. **iv** Curitiba, Paraná; 41 anos, dona de casa; casada, tem um filho e uma filha.

6.4.2 **i** O meu nome é Miguel Fontes. Sou de Brasília no Distrito Federal. Tenho vinte e dois anos e sou estudante. Não tenho filhos. Sou solteiro. **ii** Eu me chamo Glória Fonseca e sou de Natal, no Rio Grande do Norte. Tenho trinta e quatro anos de idade. Sou professora. Não tenho filhos. Não sou casada, mas estou noiva. **iii** Me chamo Osvaldo Medeiros e sou de Porto Alegre, no Rio Grande do Sul. Tenho muitos anos, setenta e cinco. Sou empresário aposentado. Sou viúvo, mas tenho um filho e uma neta. **iv** O meu nome é Cecília Sarmento. Sou de Curitiba, no Paraná. Tenho quarenta e um anos de idade. Sou dona de casa. Sou casada e tenho um filho e uma filha.

6.5 **i** Não, (eu) sou francês. **ii** (Eu) me chamo Mathieu Durand ou Meu nome é Mathieu Durand. (Eu) sou de Nantes. **iii** (Eu) estou sozinho e vou ficar oito dias, de férias. **iv** Aqui está. *ou* Aqui tem. *On peut dire aussi* Aqui está minha carteira de motorista.

Chapitre 7

7.1 **1** certo **2** certo **3** errado **4** errado

7.2 **1** b. **2** c.

7.3 domingo, segunda-feira, terça-feira, quarta-feira, quinta-feira, sexta-feira, sábado.

7.4.1 **i** abre **ii** fecha **iii** começa **iv** parte **v** chega **vi** parte **vii** chega **viii** passa

7.4.2 **ii** À meia-noite. **iii** Ao meio-dia. **iv** Às duas e quinze da tarde. **v** Às dez e meia (*ou* trinta) da noite. **vi** À uma da tarde. **vii** Às dez e vinte da manhã. **viii** Às quinze e quarenta e cinco *ou* Às quinze para as quatro. *Vous pouvez utiliser les mots* hora(s) *et* minuto(s) *dans vos réponses. Par exemple, pour* **viii** Às quinze horas e quarenta e cinco minutos da tarde *ou* Às quinze minutos para as quatro horas da tarde.

7.5.2 Tenho **1** cabelo loiro, ondulado, comprido, tenho olhos verdes e pele clara. **2** cabelo loiro, liso, curto, tenho olhos castanhos e pele clara. **3** cabelo castanho, ondulado, comprido, tenho olhos azuis e pele morena. **4** cabelo grisalho, crespo, curto, tenho olhos castanhos e pele morena. **5** cabelo preto, crespo, curto, tenho olhos pretos e pele morena. **6** cabelo ruivo, liso, comprido, tenho olhos azuis e pele clara.

7.5.3 **i** Ela tem cabelo loiro, muito liso, comprido, tem olhos azuis e pele clara. **ii** Ele tem cabelo grisalho, ondulado e curto, tem olhos pretos e pele muito morena. **iii** Ele tem cabelo castanho, crespo e muito curto, tem olhos castanhos e pele morena. **iv** Ela tem cabelo ruivo, ondulado e muito comprido, tem olhos verdes e pele clara.

Chapitre 8

8.1 **1** errado **2** errado **3** certo

8.2 **1** a. **2** c. **3** b.

8.3.1 Naquela esquina ali, a do semáforo, você vira à esquerda, depois segue em frente, na terceira transversal vira à direita e depois toma a primeira rua à esquerda. A piscina é aí, à esquerda.

8.3.2 Naquela esquina ali, a do semáforo, a senhora vira à esquerda, depois segue em frente... (*voir ci-dessus*).

8.4.2 **1** Vou vestir terno marrom-claro. **2** Vou estar vestida com um tailleur cinza e uma blusa vermelha. **3** Vou vestir um casaco laranja-escuro, uma calça verde e uma camiseta branca. **4** Vou estar vestido com uma jaqueta preta, calça de brim azul e uma camisa amarela.

8.4.3 Para viajar, normalmente visto **2** (um) tailleur *(ou* (uma) saia e (um) blazer*)* e (uma) blusa. **3** (um) casaco, (uma) calça e (uma) camiseta. **4** (uma) jaqueta, (uma) calça de brim e (uma) camisa.

8.4.4 **i** É aquela senhora de blusa rosa e saia verde. **ii** É aquele senhor de camisa branca e calça marrom. *On peut dire aussi* com um/a, *par exemple*: É aquela senhora com uma blusa rosa, etc. *ou* É aquele senhor com uma camisa branca, etc.

8.5 **1** O senhor, por favor, como se chama? **2** Eu? Me chamo Valdemar Nascimento. **3** Por favor! Esta é a pessoa que se chama Mauro de Oliveira. **4** Aquele senhor? Eu penso que ele se chama Fernando Camargo. **5** Desculpe a pergunta, a senhora se chama Flávia Couto? **6** Não, não me chamo Flávia Couto. Me chamo Clara Bento.

Chapitre 9

9.1 **1** certo **2** errado **3** errado

9.2 **1** c. **2** b. **3** c.

9.3 Onde ele mora venta no outono, neva no inverno, chove na primavera e faz (muito) sol e calor / está (muito) quente no verão.

9.4.1 **ii** junho, julho; frio **iii** agosto; muito calor **iv** março, abril; chove muito **v** dezembro, janeiro, fevereiro; muito quente **vi** setembro, outubro, novembro; sol, um pouco frio.

9.4.2 **i** Na minha terra, maio é na primavera e faz tempo bom. **ii** Na terra do meu marido, em junho e julho é inverno e faz frio. **iii** Na terra da minha esposa, agosto é um mês de verão e faz muito calor. **iv** Na terra dos meus avós, é outono em março e abril e chove muito. **v** Aquele rapaz é de uma terra onde em dezembro, janeiro e fevereiro é verão e está muito quente. **vi** Estas crianças são de uma terra onde em setembro, outubro e novembro é primavera e faz sol, mas está um pouco frio.

9.4.3 Não fez tempo bom. Fez frio, houve vento, choveu, houve nevoeiro e não fez sol.

9.5.1 Normalmente eu me levanto às sete (horas), saio de casa às oito, volto para casa às oito e meia da noite e me deito às onze (da noite).

9.5.2 Ontem eu me levantei às oito (horas), saí de casa às nove, voltei para casa às dez da noite e me deitei à meia-noite.

9.5.3 Normalmente ele se levanta às sete (horas), sai de casa às oito, volta para casa às oito e meia da noite e se deita às onze (da noite).

9.5.4 Ontem ele se levantou às oito (horas), saiu de casa às nove, voltou para casa às dez da noite e se deitou à meia-noite.

Chapitre 10

10.1.1 **1** norte. **2** sul. **3** leste. **4** oeste. **5** nordeste. **6** sudeste. **7** noroeste. **8** sudoeste.

10.1.2 (Fica/É) no + *les points cardinaux comme mentionnés ci-dessus.*

10.2.1 **i** F. **ii** E. **iii** B. **iv** A. **v** D. **vi** C.

10.2.2 **i** fez vinte e seis graus centígrados em Curitiba. **ii** fez vinte e quatro graus centígrados em Manaus. **iii** fez sol ao sul do Rio Paraná. **iv** ventou no Sudeste. **v** choveu ao norte do Rio Paraná. **vi** esteve muito nublado ao norte do Rio Amazonas.

10.2.3 **i** Fez mais calor em Curitiba. **ii** A temperatura esteve mais baixa em Manaus. **iii** Fez tempo bom no sul. **iv** Ao norte do Rio Amazonas esteve muito nublado. **v** Sim, ventou. **vi** Choveu ao norte do Rio Paraná.

10.3.1 - Queria fazer uma reserva para Curitiba para amanhã à noite. - À noite tem o Executivo. - A que horas parte? - Às vinte e duas e quarenta e cinco. - Está bem. Eu queria na seção "não fumante", somente ida. - O ônibus é todo "não fumante". É proibido fumar. - Certo. - Aqui está a passagem da senhora. Poltrona quinze no Executivo das dez e quarenta e cinco, amanhã à noite. O ônibus sai da primeira plataforma.

10.3.2 - Queria fazer uma reserva para Buenos Aires para amanhã de manhã. - De manhã tem um ônibus leito. - A que horas parte? - Às dez e quinze. - Está bem. - Ida e volta? - Só ida. - Quer um lugar na janela? - Quero, sim. Obrigada. - Aqui está a passagem da senhora. Lugar vinte e dois às dez e quinze amanhã de manhã. O ônibus sai da plataforma cinco.

10.4.2 R de rua, I de idade, V de viagem e E de estação.

10.5.1 Onde é que o senhor mora?

10.5.2 ii Moro na rua da Independência, número quarenta e dois.

10.6 i Pode me levar a este endereço? **ii** Pouvez-vous m'amener à cette adresse? **iii** Pode me levar à rua Atlântico número 100?

10.7.1 i B; **ii** A; **iii** C.

10.7.2 *Par* o senhor / a senhora.

10.7.3 i Esta rua é perpendicular à rua Salvador França. Vocês tomam a rua Salvador França à esquerda, passam a rua Surupá e, ao chegar à rua Felizardo, viram à direita. **ii** Vocês seguem em frente até a rua Salvador França. Na esquina, vocês viram à esquerda. **iii** Vocês tomam a primeira rua à esquerda (a rua Isidoro Tressi) e seguem em frente até a rua Felizardo, que fica em frente ao Jardim Botânico.

10.8.1 i Minha filha é aquela moça de biquíni rosa. **ii** Minha irmã é aquela senhora de maiô laranja e cabelo loiro comprido. **iii** Meu pai é aquele senhor de calção de banho preto e muito moreno.

10.8.2 i Minha neta é aquela moça que está sentada. **ii** Minha mãe é aquela senhora que está deitada. **iii** Meu avô é aquele senhor que está em pé.

10.8.3 i Minha amiga é aquela moça *ou* senhora (selon l'âge) de biquíni vermelho e muito morena, que está em pé *ou* de pé. **ii** Meu amigo é aquele moço *ou* senhor (selon l'âge) de calção de banho *ou* sunga verde e cabelo preto, que está deitado.

10.9.1 i Me chamo Chico Ramos. **ii** Sou de Maputo, capital de Moçambique. **iii** Tenho dezoito anos. **iv** Moro aqui na África do Sul. **v** Moro aqui há dois anos. **vi** Vou sair daqui no próximo ano. **vii** Moro com os meus pais, a minha irmã e o meu irmão. **viii** A terra dos meus pais é o Brasil. **ix** No próximo ano, vou para o sul do Brasil. **x** Quero ser médico. **xi** Vou estudar na Universidade Federal do Rio Grande do Sul.

10.9.2 ii De onde é que tu és? **iii** Quantos anos tu tens? **iv** Onde é que tu moras? **v** Há quanto tempo moras aqui? **vi** Quando vais sair daqui? **vii** Com quem tu moras? **viii** De onde são teus pais? **ix** Para onde tu vais no próximo ano? **x** O que tu queres ser profissionalmente? **xi** Em que universidade tu vais estudar?

10.10.1 Parabéns no / pelo seu vigésimo quinto aniversário. Muitas felicidades.

10.10.2 Feliz Natal e Feliz Ano Novo / (Um) Próspero Ano Novo / Boas Festas.

Chapitre 11

11.1 **1** b. **2** a. **3** b. **4** a. **5** c.

11.2.2 ii A senhora tem de introduzir as moedas, pressionar a tecla onde diz açúcar, esperar um pouco e depois retirar o troco e o café.

11.2.3 ii A senhora introduz as moedas, pressiona a tecla onde diz açúcar, espera um pouco e depois retira o troco e o café.

11.2.4 ii Introduza as moedas, pressione a tecla onde diz açúcar, espere um pouco e depois retire o troco e o café.

11.2.5 La machine est en panne. *ou* La machine est hors service.

11.3 **1** Queria... *ou* Eu queria... **2** Quanto é? *ou* Quanto custa? **3** Prefiro... **4** Um pouco mais / menos, por favor. **5** Está bem / Certo. **6** Só isso, obrigado/a. **7** Quanto é / custa tudo? **8** Pode me dar uma sacola?

11.4 Queria **i** isso que está à sua frente. **ii** esta lata de cerveja. **iii** quatro fatias daquele presunto. **iv** mais ou menos meio quilo destas maçãs. **v** uma garrafa de vinho, uma dessas de litro. **vi** duzentos e cinquenta gramas daquele queijo, o terceiro a contar da esquerda.

11.5.1 Gardez votre droite. Marchez à gauche.

11.5.2 Na escada rolante mantenham-se à direita, caminhem pela esquerda.

Chapitre 12

12.1 **1** c. **2** c. **3** b. **4** a. **5** a.

12.2.1 i 0 **ii** 4,6 **iii** 0,2 **iv** 3, 5, 7 **v** 4, 5, 9 **vi** 5, 3, 47

12.2.2 i Custa nove mil e oitocentos. **ii** Vai custar quarenta e quatro mil, quinhentos e sessenta. **iii** Vai custar setecentos mil, cento e vinte e dois. **iv** Custará treze milhões, seiscentos e trinta e cinco mil, setecentos e setenta e um. **v** Custará quarenta e oito milhões, quinhentos e sete mil, novecentos e seis. **vi** Vai custar noventa e cinco milhões, trezentos e trinta mil, oitocentos e quarenta e sete.

12.2.3 ii Noventa e nove reais. **iii** Quinhentos reais. **iv** Dois mil e vinte cinco reais. **v** Trinta e um reais e cinquenta centavos. **vi** Quarenta e sete reais. **vii** Duzentos reais. **viii** Dois mil e setenta reais.

12.3.2 Três sanduíches de presunto, um sanduíche de queijo, um iogurte de banana, duas cervejas, um café com leite e sem açúcar, um café sem leite e com açúcar e uma água mineral.

12.3.4 Teremos que esperar muito tempo?

12.3.5 A água mineral e o iogurte são para a moça de camiseta vermelha e o café com leite e um dos sanduíches de presunto são para o rapaz de camiseta verde.

12.3.6 A conta, por favor.

12.4.1 **i** Favor não incomodar. **ii** Não incomode, por favor.

12.4.2 **i** Você já pode arrumar o quarto, por favor. **ii** Quando é que o quarto ficará pronto?

12.5.1 **i** Será possível ter os roupões prontos antes de 5.ª feira? Obrigada. **ii** Será possível ter o pijama pronto antes de 6.ª feira? Obrigada.

Chapitre 13

13.1 **1** c. **2** **i** a, **ii** c. **3** c. **4** b. **5** b.

13.2.2 Comprei esta quando estava no Rio de Janeiro e esta quando estava em Salvador.

13.2.3 *Le passé simple* (comprei), pour exprimer une action ponctuelle qui a eu lieu dans le passé *et l'imparfait* (estava), pour exprimer une action ou un état continu dans le passé.

13.2.4 Estive lá no ano passado. Fui em março e voltei dois meses depois, em maio.

13.2.5 Quando é que você esteve lá?

13.3.1 **i** Este vestido está muito curto. Tem outro mais comprido do que este? **ii** Este vestido está muito apertado. Tem outro mais folgado do que este?

13.3.2 **i** Este vestido está muito comprido. Tem outro menos comprido do que este? **ii** Este vestido está muito folgado. Tem outro menos folgado do que este?

13.4.1 b, g, d, c, f, a, e.

13.4.2 No meu país calço 38 e meio mas aqui não sei que número é. - 38 e meio... isso será número 36 ou 37. Eu trago três tênis, um em 35, um em 36 e um em 37. - (experimentando o número 35) Este tênis está muito apertado. - Então quer experimentar o 36? - (experimentando o número 36) Este está menos apertado do que o 35, mas ainda está um pouco apertado. - Talvez o número acima, o 37. - (experimentando o número 37) Este está bem, obrigada. Levo este par.

13.4.3 estava *partout*.

13.5.1 Por favor, eu queria **ii** uns sapatos **iii** um vestido **iv** uma gravata **v** uma saia.

13.5.2 *13.5.1 suivi de* **ii** de pelica **iii** de linho **iv** de seda **v** de fibras sintéticas.

13.5.3 *13.5.2 suivi de* **ii** lisos **iii** estampado **iv** listrada **v** xadrez.

13.5.4 *13.5.3 suivi de* **ii** em azul-escuro **iii** em amarelo e verde **iv** em preto e vermelho **v** em duas ou três cores diferentes.

13.5.5 i Comprei estes sapatos na semana passada. **ii** Comprei esta camisa na 2.ª feira passada e esta gravata na 4.ª feira passada. **iii** Quando é que vocês compraram esses sapatos? Quando é que vocês compraram essa camisa e essa gravata?

Chapitre 14

14.1 1 b. **2** c. **3** b. **4** c. **5** b. **6** b.

14.2.1 i Não, não vai. **ii** (Ela) vai a cavalo.

14.2.2 i Gosto de andar a cavalo. **ii** Ando a cavalo todos os sábados. **iii** Andei a cavalo no sábado passado.

14.2.3 Eu encontrei o Raul quando (eu) estava andando a cavalo no sábado passado. Ele também estava andando a cavalo.

14.2.4 J'ai rencontré Raul alors que j'étais en train de faire du cheval samedi dernier. Lui aussi était en train de faire du cheval.

14.3.1 a, f, c, b, e, d.

14.4.1 Acceptez-vous cette carte de crédit? / Oui.

14.4.2 i Aceitamos. **ii** Pode. **iii** Não, não tem.

14.5.2 i O clube abre às oito horas da noite. **ii** O jantar começa às oito horas e trinta (da noite). **iii** O museu está aberto até às dezesseis. **iv** A primeira sessão começa às quinze horas. **v** Há futebol no domingo. **vi** Não, não está. (Fecha às seis horas.) **vii** A piscina está aberta a partir das oito horas da manhã. **viii** A biblioteca fecha às nove horas da noite. **ix** Pode. (A partir das nove horas.) **x** Não, não está. (Está aberta toda a noite.) **xi** O horário de atendimento do médico é das dezessete às vinte horas. **xii** Sim, ainda vai. (A terceira coleta é às vinte e uma horas.)

14.5.3 i Não, começa às nove e meia. **ii** Está aberta toda a noite. **iii** Não, só a partir das dezessete. **iv** Às onze horas.

14.5.4 i A sessão da noite começa antes das nove horas? **ii** Até que horas a farmácia está aberta? **iii** No médico, há consultas de manhã? **iv** A que horas abre a galeria de arte?

14.5.5 i A que horas abre o restaurante? **ii** A que horas começa a sessão da noite? **iii** Até que horas a farmácia está aberta hoje à noite / esta noite? **iv** A que horas o museu fecha? (On peut aussi utiliser la forme avec **é que**. Exemple : A que horas **é que** o restaurante abre?)

Chapitre 15

15.1 **1** b, **2** a, **3** d, **4** c, **6** e, **7** f.

15.2 **1** Amanhã, sábado, trabalho. **2** Amanhã vou trabalhar. **3** Provavelmente trabalharei amanhã *ou* amanhã trabalharei. **4** Amanhã hei de trabalhar. **5** Agora não posso. Estou trabalhando. **6** Trabalhei ontem, sábado. **7** Hugo telefonou ontem quando eu estava trabalhando. **8** Eu trabalhava aos sábados, mas agora não trabalho. *ou* Eu costumava trabalhar aos sábados, mas agora não trabalho.

15.3.1 **i** Está atrasado. **ii** Está adiantado.

15.3.2 **i** Bernardo. **ii** Rafael.

15.4.1 Esta soma está errada. Mil, cento e quarenta de caução e aluguel mais cento e trinta e sete de despesas não são mil duzentos e oitenta e sete. São mil, duzentos e setenta e sete.

15.4.2 Quatro mais três é igual a sete, não é igual a oito *ou* Quatro mais três são sete, não são oito.

15.5 **1** Vocês podem falar mais baixo, por favor? **2** Por favor, queiram falar mais baixo. **3** Querem falar mais baixo, por favor? **4** Falem mais baixo!

15.6.1 **i** Pressione, aperte, aguarde. **ii** Appuyez sur le bouton pour entrer. **iii** Appuyez sur le bouton et attendez. **iv** Pressionar o botão para entrar. Apertar o botão e aguardar.

15.6.2 **i** Pressione o botão para entrar. **ii** Tem que pressionar o botão para entrar. **iii** Quer pressionar o botão para entrar? **iv** Queira pressionar o botão para entrar. **v** Faça o favor de pressionar o botão para entrar.

15.6.3 **i** Aperte o botão e aguarde. **ii** Tem que apertar o botão e aguardar. **iii** Quer apertar o botão e aguardar? **iv** Queira apertar o botão e aguardar. **v** Faça o favor de apertar o botão e de aguardar.

15.7.1 a pé.

15.7.2 Ontem fui a pé.

15.7.3 Amanhã irei a pé.

15.7.4 Como (vocês) vão para as aulas de português?

15.8 **a** Pode me dar o horário dos ferries? *ou* Pode me dar a tabela de horários dos ferries? **b** Pode me dar a tabela de horário dos metrôs? *ou* Pode me dar o horário dos metrôs?

15.9.1 Tem um voo para Manaus amanhã de manhã sem escala? - Não, o voo faz escala em Cuiabá.

15.9.2 Tem um voo para Rio de Janeiro amanhã de manhã sem escala? - Sim, tem.

15.10 **i** O ônibus das 15:25 para Belo Horizonte é direto ou semidireto? - É direto. **ii** O ônibus das 15h25 para Ouro Preto é direto ou semidireto? - É direto.

15.11 Por favor, onde é a estação rodoviária? *ou* Por favor, onde é a rodoviária?

15.12.1 **1** trabalho; metrô; 20 minutos. **2** escola; bicicleta; ½ hora. **3** biblioteca; ônibus; 15 minutos. **4** estádio; carro; 45 minutos. **5** cinema; ônibus; 10 minutos.

15.12.2 **1** Normalmente vou para o trabalho de metrô. Levo vinte minutos. **2** Eu vou para a escola de bicicleta. Levo meia hora. **3** Vou para a biblioteca de ônibus. Levo quinze minutos. **4** Eu vou para o estádio de carro. Levo quarenta e cinco minutos. **5** Eu vou para o cinema de ônibus. Levo dez minutos. **6** Eu vou para a praia de bicicleta. Levo mais ou menos cinco minutos.

15.12.3 **ii** Agora normalmente vou para o trabalho de ônibus mas costumava ir de metrô. **iii** Agora normalmente vou para o trabalho de metrô mas costumava ir de carro. **iv** Agora normalmente vou para o trabalho de ônibus mas costumava ir de bicicleta.

15.13 **1** Aquela menina de cabelo loiro comprido e vestido vermelho e branco. **2** Aquele rapaz que está em pé (ou de pé) perto da (máquina de) venda automática de café. **3** Aquela moça de biquíni preto que está falando ao lado do carro amarelo. **4** Aquele senhor de cabelo preto curto e camisa listrada que está sentado lendo o jornal.

15.14.2 **1** Para o subsolo. **2** Para o segundo. **3** Para o andar térreo.

15.14.3 **i** Por favor, pode me dar a chave do quarto número quatro - três - nove. **ii** Por favor, pode me dar a chave do quarto número quatrocentos e trinta e nove.

15.15.1 *Cases cochées* : 08:00-08:30 ; torradas ; manteiga ; geleia ; laranja ; café ; leite ; ovos: cozidos ; presunto. *Requêtes particulières* : ovo bem cozido, leite semidesnatado e pão integral.

15.15.2 Avant de vous coucher, veuillez suspendre (ce formulaire) sur la porte (litt. Sur le côté extérieur de la porte).

15.15.3 Bom dia. Eu me esqueci de pendurar no lado de fora da porta o cartão para pedir o café da manhã. Ainda posso pedir? - Pode, sim. O que deseja? - Eu queria um ovo cozido, torradas, presunto, manteiga, geleia, suco de laranja, café e leite. - Prefere o ovo bem ou mal cozido? - Bem cozido. E só mais duas coisas, por favor. Prefiro leite semidesnatado e pão integral. Vou ter que esperar muito tempo? - Não, meia hora mais ou menos.

15.16 **1** c, **2** a, **3** d, **4** n, **5** g, **6** b, **7** j, **8** m, **9** e, **10** f, **11** h, **12** k, **13** i, **14** l.

15.17.1 **i** Le mot alimentação. **ii** La vitrine du magasin. **iii** Au centre. **iv** Des étagères. **v** La porte de l'arrière-boutique.

15.17.2 **i** A caixa que Ana quer está em cima do balcão. **ii** A caixa que Clara quer está perto da vitrine. **iii** A caixa que Laura quer está dentro do balcão. **iv** A pessoa que prefere uma das caixas pequenas perto da caixa grande é Laura. **v** Quem quer uma caixa que está na segunda prateleira a contar de baixo, atrás do balcão é Paulo.

15.18.1 Estou só olhando.

15.18.2 Onde posso encontrar uma loja que vende guarda-sóis? *ou* Onde é que posso encontrar uma loja que venda guarda-sóis?

15.18.3 Payer à la caisse et retourner vers la vendeuse qui vous a servi avec le ticket.

15.19.1 i Às oito (horas) e quarenta e três (minutos). **ii** Às vinte e cinquenta e cinco. **iii** Às duas e cinquenta. **iv** Às quinze e quinze.

15.19.2 i Estará, sim. *ou* Está, sim. **ii** Estará, sim. *ou* Está, sim.

15.20.1 Pode me dizer onde se alugam guarda-sol e cadeira de praia? *Autre possibilité :* Pode me dizer onde posso alugar um guarda-sol e uma cadeira de praia?

15.20.2 i Queria alugar uma cadeira de praia por um dia. **ii** Queria alugar um guarda-sol por meio-dia.

15.20.3.i Quanto é a cadeira de praia por um dia? *ou* Quanto custa a cadeira de praia por um dia? **ii** Quanto é o guarda-sol por meio-dia? *ou* Quanto custa o guarda-sol por meio-dia?

Chapitre 16

16.1 1 c. **2** b. **3** b. **4** b. **5** b.

16.2.1 i Quer se deitar? **ii** Quer se levantar e se sentar? **iii** Quer se levantar?

16.2.2 Faça o favor de… **i** se sentar **ii** se deitar **iii** se levantar.

16.2.3 Queira… **i** se sentar **ii** se deitar **iii** se levantar.

16.2.4 i Sente-se. **ii** Deite-se. **iii** Levante-se.

16.2.5 i Sentem-se. **ii** Deitem-se. **iii** Levantem-se.

16.3 Queira **i** despir *ou* tirar o (seu) casaco. **ii** descalçar *ou* tirar as (suas) botas. **iii** tirar o (seu) chapéu.

16.4.1 i Me dói muito a garganta desde domingo passado. **ii Me d**ói um dente há dois dias. **iii** Me dói muito o ouvido direito desde ontem à noite. **iv Me d**ói um pouco aqui desde quarta-feira passada.

16.4.2 Já me despi. *ou* Já tirei a roupa.

16.4.3 i toutes les 6 heures. **ii** deux fois par jour. **iii** un jour sur deux.

16.5 1 Sim, sofro. **2** Sofro do coração. **3** (Sou), sim, sou alérgica a penicilina. **4** Não, não tomei. **5** Deve informar o meu marido, Óscar Campos. O número do telefone é quatro três oito, um zero, dois dois, seis sete.

16.6 1 Cuidado! **2** Tem perigo! **3** Depressa! **4** É perigoso! **5** Aqui há perigo! **6** Fogo! **7** Socorro!

16.7.1 i Marche à droite du trottoir ou du bas-côté. **ii** Caminhem pelo lado direito da calçada ou do acostamento.

16.7.2 i Pour traverser. Arrête-toi sur le trottoir. Regarde d'abord à gauche, puis à droite pour voir si une voiture arrive. S'il n'y a pas de voiture, traverse en regardant de nouveau à gauche jusqu'au milieu de la route, puis à droite. **ii** Para atravessar. Parem na calçada. Olhem primeiro para a esquerda e depois para a direita para ver se vem algum carro. Se não vier nenhum, atravessem, olhando novamente para a esquerda até o meio da rua e depois para a direita.

Chapitre 17

17.1 1 c. **2** a. **3** b. **4** a. **5** b.

17.2.1 Pedro, voiture B; Guilherme, voiture A.

17.2.2 Onde o senhor está? - Na estrada entre Belo Horizonte e Congonhas, a mais ou menos 10 km de Belo Horizonte. - Precisa de uma ambulância ou de um carro-guincho? - Não preciso de uma ambulância. Não há feridos, nem mortos. Mas preciso de um carro-guincho para rebocar o carro. Meu carro não está funcionando.

17.2.3 1 **b**, 2 **c**, 3 **a**.

17.2.4 Eu estava seguindo pela estrada a 60 km por hora. Na minha frente estava seguindo o carro C, muito devagar. Eu vi o carro A, que parecia que tinha parado no cruzamento. Eu ultrapassei o carro C, mas o carro A avançou e bateu no meu.

17.3.1 Si vous conduisez, ne buvez pas.

17.3.2 Nunca bebo quando dirijo / estou dirigindo.

17.4.2 i c, **ii** e, **iii** a, **iv** d, **v** b.

17.5.1 i um pingente (feito) de ouro e em forma de estrela. **ii** tem cabelo preto, camiseta branca e calças de brim. *ou, au passé (la personne pourrait avoir changé de vêtements ou teint ses cheveux entre-temps) :* tinha cabelo preto, estava vestido com uma camiseta branca e calças de brim.

17.5.2 i é / era um carro verde-escuro. *ou* o carro é / era verde-escuro. **ii** tem (*ou* deve ter) uns quarenta anos (*ou* mais ou menos quarenta anos), tem / tinha cabelo loiro curto e está / estava vestido com uma camisa amarela.

17.6 1 b, **2** a.

17.7.1 i É grave. **ii** A partir de 53 km/h. **iii** Suspensão da carteira de motorista por 2 a 7 meses.

17.7.2 i Attention aux excès de vitesse. **ii** La hâte et la sécurité ne font pas bon ménage *(litt.* ne sont pas dans la même voie). Il y a un jeu de mot sur les deux significations de **mão** : *main* et *voie de circulation*.

Chapitre 18

18.1 **1** b. **2** c. **3** a. **4** c. **5** c.

18.2.1 **i** B. **ii** A. **iii** B. **iv** B. **v** A.

18.2.2 Todos os dias, faço cooper de manhã cedo. Nos fins de semana, pratico esqui aquático, quando faz tempo bom; e praticaria mais vezes, se tivesse mais tempo.

18.3.2 A Ilha do Mel tem plantas raras? E animais? - Sim, tem. A Ilha do Mel é praticamente uma reserva natural, sendo noventa por cento do território Área Protegida, onde abundam fauna e flora raras. - Que passeios a pé tem para pessoas que não estão em boa forma? - Tem passeios suaves. Para os que não querem se cansar muito, tem belos passeios ao longo das praias. - E que passeios tem para os mais aventureiros? - Para os mais aventureiros tem muitas trilhas, que estão bem assinaladas com placas e que levam aos morros. - Desculpe. Não compreendo. O que significa "trilhas"? - "Trilhas" significa pequenos caminhos no meio da vegetação. - Pode se praticar mergulho e vela? - Pode, sim. A Ilha do Mel, sendo uma ilha, é rica em esportes aquáticos. - Só mais uma pergunta. Seria possível pescar? - É, sim. É possível pescar, sobretudo tainhas.

18.4.1 à sombra ; ao sol.

18.4.2 **i** Não comprou. **ii** Porque já não havia mais lugares na sombra. **iii** Teria. *ou* Teria, sim.

18.5. **2** O Carnaval. **3** Com muita antecedência. **4** Escolas de samba. **5** Por toda a parte. Na rua. **6** **a** os passistas, **b** a bateria, **c** as fantasias.

18.6.1 trezentos e três (*ou* zero, zero, três, zero, três), setor nove, fila C, lugar um (*ou* primeiro *ou* número um *ou* zero zero um).

18.6.2 **i** Votre place est un numéro impair et vous êtes du côté des numéros pairs. **ii** Vous devez aller du côté sud, de l'autre côté de l'avenue.

18.7 **1** Desculpe. Parece que perdi o bilhete. **2** Achei o bilhete. Está aqui.

Chapitre 19

19.1 **1** a. **2** b. **3** c. **4** c. **5** b.

19.2 **1** Por favor, me traga o cardápio. **2** O cardápio, por favor. **3** Queríamos uma mesa para quatro, longe da porta, se possível. **4** Pode trazer mais pão? **5** Queria experimentar um prato típico desta região.

19.3 Me traga **1** um copo de água, por favor. **2** uma xícara de chá, por favor. **3** uma xícara de café, por favor. **4** um chope, por favor. **5** um cálice de porto, por favor. **6** uma taça de champanhe, por favor.

19.4.2 Paraty ↔ para ti : Le mois d'août à Paraty, pour vous (para ti), toujours.

19.4.3 Vou ao festival da pinga em Paraty. Lá a terra é propícia ao cultivo da cana de açúcar e há séculos que fazem cachaça. Vou beber o que dizem ser uma das melhores pingas do Brasil.

19.4.4 Infelizmente eu não pude ir ao festival. Se tivesse ido, teria bebido o que dizem ser uma das melhores pingas do Brasil.

19.5 Minha cidade natal... **1** fica (*ou* é) na margem de um rio. **2** fica (*ou* é) numa região montanhosa. **3** fica (*ou* é) na costa norte do país. Minha cidade natal tem... **4** um milhão de habitantes. **5** um clima frio no inverno. **6** indústria informática.

19.6 **1** Sou gascão. Nasci em Toulouse, no sul da França. Toulouse é uma cidade linda, conhecida como a "cidade rosa". **2** Sou suíça. Nasci em Gruyère, no oeste da Suíça. Em Gruyère há um castelo antigo e se faz um queijo que se chama "gruyère".

19.7.2 **i** De que é feito o acarajé? **ii** De que é feito o bobó de camarão? **iii** De que é feito a moqueca de peixe?

19.7.3 **i** Preferia um prato que não tivesse tomates. **ii** Preferia um prato que não tivesse feijões. **iii** Preferia um prato que não tivesse aipim. **iv** Preferia um prato que não tivesse leite de coco.

Chapitre 20

20.1 b. **2** b. **3** c. **4** b.

20.2 **1** Fernando Costa Machado. **2** Sessenta mil reais. **3** Falta o ano na data.

20.3 **1** Queria descontar este cheque. **2** Onde estão as guias de depósito? **3** Isto é o recibo do depósito? **4** Queria ver meu saldo. **5** A quanto está o franco suíço hoje? E quanto é a comissão?

20.4.1 *Au guichet 1 :* **2**, **5**, **6**. *Au guichet 2 : personne. Au guichet 3 :* **1**, **3**, **4**.

20.4.2 **1** Que preciso fazer para ter uma caixa postal? **2** Por favor, queria enviar esta carta registrada. **3** Tem algumas cartas para Guillaume Lasé? **4** Tem alguma coisa em nome de Murielle Valet? **5** Quanto custa enviar isto para o Canadá, registrado? **6** Quanto custa enviar este pacote para a França, por via aérea, registrado?

20.5.2 **i** a, c. **ii** e, d, b, f.

20.6.2 **1** Na cidade do Rio de Janeiro, no Brasil, no alto do morro do Corcovado. **2** No dia 12 de outubro de 1931. **3** No dia 4 de abril de 1922. **4** O escultor francês Paul Landowski, o artista Carlos Oswald e o engenheiro Heitor da Silva Costa. **5** O Instituto do Patrimônio Histórico e Artístico Nacional (IPHAN). **6** O papa João Paulo II.

20.7.2 Olá, Sylvie! / Tudo bem? Aqui no Brasil faz tempo bom, a comida é boa e eu estou bem. Ontem fui visitar o Cristo Redentor. É uma estátua imensa de Jesus Cristo, de 38 metros de altura. Está localizada no alto do morro do Corcovado, a 710 metros acima do nível do mar, e a vista é maravilhosa. Você sabia que foi um escultor francês, Paul Landowski, que executou a escultura? Tem fácil acesso, porque agora tem escadas rolantes e elevadores para chegar até lá. Eu adorei! Um beijo do Philippe.

Chapitre 21

21.1.2 i Como a senhora quer o cabelo? - Eu quero uma franja bem curta, e dos lados e atrás quero cortar só um pouco. **ii** Como o senhor quer o cabelo? - Quero bem curto atrás e penteado para trás. **iii** Como a senhora quer as unhas? - Quero cortar só um pouco e quero esmalte incolor. **iv** De que cor a senhora quer o esmalte? - Vermelho-escuro.

21.1.3 Quero **ii** cortar só um pouco dos lados e atrás. **iii** penteado para trás. **iv** penteado para o lado direito.

21.2.2 (Você) retira o fone do gancho e aguarda o sinal de linha; disca primeiro esses números e depois o número do telefone desejado; e aguarda o sinal de chamada.

21.2.3 Retire o fone do gancho e aguarde o sinal de linha; disque primeiro esses números e depois o número do telefone desejado; e aguarde o sinal de chamada.

21.3.1 Qual é o código de área da região?

21.3.2 Este sinal quer dizer ocupado?

21.3.3 Penso que a ligação caiu.

21.4.1 i "Trenzinho" significa / quer dizer "pequeno trem" *ou* "trem pequeno". **ii** O Cristo Redentor é o principal ponto turístico do Rio. **iii** Passear no trem é fazer uma viagem pela história do Brasil.

21.4.2 Querido Simão - (Aqui) faz tempo bom, a comida é boa e eu estou bem. Ontem fui ao Corcovado de trenzinho. Este ponto turístico é visitado por mais de 250 mil pessoas por ano. Na viagem se aprecia (o passageiro aprecia) uma linda vista. - Um beijo do + *prénom masculin* / da *prénom féminin*. *Autres possibilités* : Saudades e beijinhos / Saudades. Um abraço.

21.5 Como se diz "point" em português?

21.6.1 i (Eu) tenciono passar uma semana nesse país. Estou especialmente interessado *(pour un homme)* / interessada *(pour une femme)* num hotel perto de uma praia. Peço que me façam o favor (*ou* tenham a gentileza) de me enviarem a lista dos hotéis perto de uma praia. Fico aguardando resposta e desde já agradeço.

ii (Eu) tenciono passar dois meses no país. Estou especialmente interessado *(pour un homme)* / interessada *(pour une femme)* num camping com instalações para crianças. Peço que me façam o favor (*ou* tenham a gentileza) de me enviarem a lista dos campings com instalações para crianças. Fico aguardando resposta e desde já agradeço. **iii** (Eu) tenciono passar um mês no país. Estou especialmente interessado *(pour un homme)* / interessada *(pour une femme)* num albergue da juventude com instalações para deficientes físicos. Peço que me façam o favor (*ou* tenham a gentileza) de me enviarem a lista dos albergues com instalações para deficientes físicos. Fico aguardando resposta e desde já agradeço.

21.6.2 i Caros senhores ou Prezados senhores. **ii** Cordialmente *ou* Atenciosamente.

Chapitre 22

22.1.2 reúno; possuo; possam.

22.1.3 Tenho ou Possuo... **i** um diploma profissional. **ii** bons conhecimentos de informática. **iii** um grau elevado de autonomia e profissionalismo.

22.2 L'adresse est incomplète.

22.3.2 i Em São Paulo. **ii** Sim, sou casada. **iii** Não, sou médica. **iv** Na Universidade de São Paulo. **v** Não, não fiz. **vi** Não, trabalho numa clínica.

22.4 1 et **4**.

22.5 Tencionamos visitar o país em junho do ano que vem. Precisamos de um apartamento para casal. Preferíamos a primeira semana do mês. / Se o hotel não tiver vagas nesses dias, pedimos que nos façam o favor de nos informar para quando podem fazer a reserva em nosso nome, Sandes. Ficamos aguardando resposta (com grande interesse).

22.6.2 O apartamento tem três quartos, um é de casal. A sala de estar fica à esquerda de quem entra e, a seguir, fica a sala de jantar. A cozinha fica mais ou menos em frente da sala de estar, e tem uma porta perto da sala de jantar. A cozinha tem fogão, micro-ondas, uma máquina de lavar louça..., tudo o que precisamos. A sala de estar tem uma lareira, para os dias frios. Claro que tem sofá, poltrona, mesinha de centro e televisão. Tem também uma estante e aparelho de som. O apartamento não é muito grande mas é bom.

22.7.2 convenha; façam; poderei *ou* vou poder *ou* posso.

22.7.3 Uma pessoa que queira comprar.

22.7.4 Em resposta ao anúncio n.º 27036 desse jornal, tenho o prazer de comunicar que estou interessado/a em comprar uma casa e essa talvez me convenha. Fico aguardando que me façam o favor de me informar quando poderei (*ou* vou poder *ou* posso) vê-la.

Chapitre 23

23.1 não há mais **1**, **2**, **4** ; ainda **3**, **5**, **6**.

23.2 É o lugar onde a escola de samba ensaia a música e o desfile. - É o principal ritmo brasileiro. No Rio, cada escola tem seu próprio samba. - São os dois instrumentos utilizados para tocar o samba.

23.3.1 i Faça todas as camas. **ii** Limpe o banheiro. **iii** Arrume a sala de estar. **iv** Passe o aspirador na sala de estar e na sala de jantar. **v** Passe a ferro a roupa que foi lavada ontem. **vi** Prepare o jantar. **vii** Ponha a mesa para o jantar. **viii** Depois do jantar, tire a mesa e lave a louça. **ix** Leve o lixo lá para baixo. **x** Dê de comer ao gato.

23.3.2 Hoje precisa **i** fazer todas as camas. **ii** limpar o banheiro. **iii** arrumar a sala de estar. **iv** passar o aspirador na sala de estar e na sala de jantar. **v** passar a ferro a roupa que foi lavada ontem. **vi** preparar o jantar. **vii** pôr a mesa para o jantar. **viii** depois do jantar, tirar a mesa e lavar a louça. **ix** levar o lixo lá para baixo. **x** dar de comer ao gato.

23.4.1 1 c, **2** d, **3** e, **4** b, **5** f, **6** a.

23.4.2 Cuisez bien les œufs. Retirez leur coquille. À l'aide d'un couteau, coupez-les en deux dans le sens de la longueur. Retirez les jaunes avec une cuiller. Coupez les anchois en petits morceaux. Dans une assiette creuse, mélangez les anchois avec les jaunes d'œufs et le jus de citron en utilisant une fourchette. Remplissez les blancs de ce mélange. Par-dessus, déposez un peu de mayonnaise et une olive au milieu. Couvrez le fond d'un plat de laitue découpée en lanières. Placez les œufs farcis sur le lit de laitue.

23.4.3 Descasquei-os. Com uma faca, abri-os ao meio, ao comprido. Com uma colher, tirei a gema para fora. Piquei as anchovas. Num prato fundo, misturei as anchovas com as gemas e o suco de limão, usando um garfo. Enchi as claras com a mistura. Por cima coloquei um pouco de maionese e uma azeitona no meio. Cobri o fundo de uma travessa com a alface cortada em tirinhas. Coloquei os ovos recheados sobre a cama de alface.

23.5 1 i Divirta-se! ii se divirtam **2 i** vê-lo / vê-la / ver você **ii** Fiquei **3 i** Poderia **ii** você **4** Saúde!

23.6 Quando é o seu aniversário? - Quantos anos você está fazendo? - Tenho que ir comprar um presente para você.

Chapitre 24

24.1

- Você sabe falar português muito bem. Onde aprendeu?

- E no Brasil, como estudou?

- Parabéns!

- Então vai voltar?

- E em Portugal, onde vai ficar?

- Porto? Por quê?

- Tem razão. O melhor é ver. E você já sabe quando vai?

- Muito obrigada pela entrevista. E parabéns por saber falar português tão bem, com muita fluência... e sem erros. Boa sorte para o futuro!

24.2.1 **i** demander. **ii** partir. **iii** croire. **iv** manquer. **v** trouver. **vi** être.

24.2.2 **i** tempo. **ii** casa. **iii** perdeu. **iv** tratar. **v** deve. **vi** serve. **vii** faltam. **viii** conhece. **ix** sabe. **x** fica.

24.3 La pâte de fruit à la goyave a été volée par le chien. Le petit João a ôté le couvercle de la boîte. Piloto a renversé la boîte par terre et mangé son contenu. Le distrait Sr. Paolo a remis la boîte sur l'étagère.

24.4 **1** c, **2** e, **3** a, **4** d, **5** b.

24.5.2 **i** A cultura brasileira. **ii** A Secretaria de Cultura de Niterói. **iii** No Teatro da UFF. **iv** De 3 de agosto a 10 de dezembro.

24.5.3 Il.mos Senhores, - Tenciono passar seis meses no Brasil no ano que vem, de julho a dezembro. Estou interessado/a num curso de introdução à cultura brasileira, e gostaria de participar do curso da UFF. Venho apresentar a minha candidatura e estou enviando meu currículo. Fico aguardando resposta (com grande interesse) e espero que possam me conceder lugar no curso. Atenciosamente, (signature).

Chapitre d'introduction

C) 2

1 Boa tarde!

2 Até logo!

3 Boa noite! Até breve!

4 Tchau! Bom dia!

Chapitre 1

1.3

i - Por favor, pode me dizer onde é a retirada das bagagens?
- A retirada das bagagens é à direita, em frente do controle de passaportes.
- Obrigada.

ii - Onde são as informações, por favor?
- As informações são no andar de cima, à direita.
- Obrigado.

iii - Desculpe, onde são os sanitários para senhoras?
- Os sanitários para senhoras são à esquerda, a seguir aos sanitários para homens.
- Muito obrigada.

iv - Por favor, pode me dizer onde são as agências de aluguel de carros?
- As agências de aluguel de carros são a seguir às informações e ao ponto de encontro.
- Muito obrigado.

v - Por favor, onde é o ponto de táxis?
- O ponto de táxis é lá embaixo, em frente.
- Muito obrigada.

1.5

Por favor, onde são as chegadas?

- À direita.

i Por favor, pode me dizer onde são as partidas internacionais?
ii Por favor, pode me dizer onde são as partidas domésticas?

1.6

Por favor, pode me dizer onde é a agência de câmbio?

Chapitre 2

2.4

1 Queria dois cafés.
2 Por favor, queria um mapa.
3 Queria um esparadrapo.
4 Por favor, quatro sanduíches.
5 Pode me dar alguma coisa para indigestão?
6 Pode me dar alguma coisa para dor de cabeça?
7 Queria alguma coisa para queimadura solar.
8 Por favor, queria papel de carta e uma caneta.

2.5

i Queria três passagens para Brasília.
ii Quatro passagens de ida e volta para Natal, por favor.
iii Dez passagens de ida e volta para Itaparica, por favor.
iv Por favor, oito passagens para Porto Alegre.
v Queria seis passagens de ida e volta para Manaus.
vi Por favor, cinco passagens para Belo Horizonte.
vii Nove passagens para o Rio, ida e volta, por favor.
viii Por favor, queria sete passagens para Salvador, somente ida.

Chapitre 3

3.3

1 Queria um quarto duplo, com banheira, para nove noites.
2 Queria um apartamento para uma pessoa, com chuveiro, para cinco noites.
3 Queria dois apartamentos duplos, com chuveiro e banheira, para dez noites.
4 Queria dois quartos individuais, com banheira, para oito noites.
5 Queria um quarto de casal e dois quartos individuais, com chuveiro, para sete noites.

3.6

i Por favor, pode me dizer onde é o supermercado?
ii Por favor, pode me dizer onde é o restaurante?
iii Por favor, onde fica o museu?

iv Desculpe, pode me dizer onde é a igreja?
v Por favor, onde é a praia?
vi Por favor, onde fica o posto de gasolina?
vii Por favor, onde é a passagem subterrânea?
viii Por favor, pode me dizer onde fica o Hotel Sol-Mar?
ix Por favor, onde é a rodoviária?
x Desculpe, onde fica o centro de informações turísticas?
xi Por favor, onde é a Estrada do Aeroporto?

Chapitre 4

4.4.1

Campo-Mar

Para um bom fim de semana e para umas boas férias.

Aberto os doze meses do ano.

Inverno, de sexta-feira a domingo. Verão, sete dias por semana.

Tem: chuveiro com água fria e quente, loja, restaurante, piscina.

Praia perto – 10 minutos a pé.

A cidade mais próxima fica a 10 minutos de carro.

Tem: tomada, gás para campistas, lavanderia, geladeira, secador de cabelo e sala de televisão.

4.4.3

i Tem vaga para um trailer e uma barraca?
ii Tem vaga para um trailer e duas tendas?
iii Tem vaga para um motor home, um reboque pequeno e uma tenda?
iv Tem vaga para um motor home, um reboque pequeno, um trailer e uma barraca?

4.5

1 Queria uma garrafa de vinho.
2 Tem um saca-rolhas?
3 Tem óculos de sol?
4 Queria uma escova de dentes e pasta de dentes.

Chapitre 5

5.4

i Pode me mostrar a lista dos modelos e preços?
ii Quanto é por semana?
iii Quanto é por dia?

iv Quanto é por quilômetro rodado?
v Quanto é a caução?
vi Quanto é o seguro contra todos os riscos?
vii Queria este carro, pagando por semana.
viii Queria este carro, pagando por dia.
ix Queria o carro sem motorista.
x Queria o carro com motorista.
xi Queria o carro para cinco dias.
xii Pode me dar os documentos do carro?
xiii Pode me dar um recibo?

5.6

1 Por favor, pode me dizer onde fica a polícia?
2 Desculpe, pode me dizer onde fica a prefeitura?
3 Onde ficam os bombeiros, por favor?
4 Por favor, onde ficam as emergências?

5.7

i De que plataforma parte o ônibus para Salvador?
ii De que plataforma parte o ônibus para Brasília?
iii De que plataforma parte o ônibus para o Rio?
iv De que plataforma parte o ônibus para Campinas?

5.8

1 Queria um quarto sem barulho.
2 Queria um quarto com ar-condicionado.
3 Tem televisão?
4 Tem sacada?
5 Tem vista para o mar?

5.9.1

1 Por favor, pode me trazer mais um travesseiro?

5.9.2

1 Por favor, pode me trazer mais dois travesseiros?

5.10.1

Não há um mecânico perto daqui.
Não há um médico aqui perto, mas há um enfermeiro.
Há um dentista muito perto, na primeira rua à direita.

5.10.2

Pode me chamar um médico?

Chapitre 6

6.4

i O meu nome é Miguel Fontes. Sou de Brasília, no Distrito Federal. Tenho vinte e dois anos e sou estudante. Não tenho filhos. Sou solteiro.

ii Eu me chamo Glória Fonseca e sou de Natal, no Rio Grande do Norte. Tenho trinta e quatro anos de idade. Sou professora. Não tenho filhos. Não sou casada, mas estou noiva.

iii Me chamo Osvaldo Medeiros e sou de Porto Alegre, no Rio Grande do Sul.

Tenho muitos anos, setenta e cinco. Sou empresário aposentado. Sou viúvo, mas tenho um filho e uma neta.

iv O meu nome é Cecília Sarmento. Sou de Curitiba, no Paraná. Tenho quarenta e um anos de idade. Sou dona de casa. Sou casada e tenho um filho e uma filha.

Chapitre 7

7.5

1 Tenho cabelo loiro, ondulado, comprido, tenho olhos verdes e pele clara.

2 Tenho cabelo loiro, liso, curto, tenho olhos castanhos e pele clara.

3 Tenho cabelo castanho, ondulado, comprido, tenho olhos azuis e pele morena.

4 Tenho cabelo grisalho, crespo, curto, tenho olhos castanhos e pele morena.

5 Tenho cabelo preto, crespo, curto, tenho olhos pretos e pele morena.

6 Tenho cabelo ruivo, liso, comprido, tenho olhos azuis e pele clara.

Chapitre 8

8.4

1 Vou vestir terno marrom-claro.

2 Vou estar vestida com um tailleur cinza e uma blusa vermelha.

3 Vou vestir um casaco laranja-escuro, uma calça verde e uma camiseta branca.

4 Vou estar vestido com uma jaqueta preta, calça de brim azul e uma camisa amarela.

Chapitre 9

9.4

i Na minha terra, maio é na primavera e faz tempo bom.

ii Na terra do meu marido, em junho e julho é inverno e faz frio.

iii Na terra da minha esposa, agosto é um mês de verão e faz muito calor.

iv Na terra dos meus avós, é outono em março e abril e chove muito.

v Aquele rapaz é de uma terra onde em dezembro, janeiro e fevereiro é verão e está muito quente.

vi Estas crianças são de uma terra onde em setembro, outubro e novembro é primavera e faz sol, mas está um pouco frio.

Chapitre 10

10.1

i Fica no norte.

ii É no sul.

iii Fica no leste.

iv É no oeste.

v No nordeste.

vi É no sudeste.

vii Fica no noroeste.

viii No sudoeste.

10.5

Moro na rua Bela Vista, número 95.

Moro na Travessa da Aldeia, número 21.

10.6

Pode me levar a este endereço?

10.8.1

i - Qual é a sua filha? - Minha filha é aquela moça de biquíni rosa.

ii - Qual é a sua irmã? - Minha irmã é aquela senhora de maiô laranja e cabelo loiro comprido.

iii - Qual é o seu pai? - Meu pai é aquele senhor de calção de banho preto e muito moreno.

10.8.2

i - Qual é a sua neta? - Minha neta é aquela moça que está sentada.

ii - Qual é a sua mãe? - Minha mãe é aquela senhora que está deitada.

iii - Qual é o seu avô? - Meu avô é aquele senhor que está em pé.

Chapitre 12

12.2

i Custa nove mil e oitocentos.

ii Vai custar quarenta e quatro mil, quinhentos e sessenta.

iii Vai custar setecentos mil, cento e vinte e dois.

iv Custará treze milhões, seiscentos e trinta e cinco mil, setecentos e setenta e um.

v Custará quarenta e oito milhões, quinhentos e sete mil, novecentos e seis.

vi Vai custar noventa e cinco milhões, trezentos e trinta mil, oitocentos e quarenta e sete.

Chapitre 13

13.2.1

Comprei esta quando estava no Rio de Janeiro e esta quando estava em Salvador.

13.2.4

Estive lá no ano passado. Fui em março e voltei dois meses depois, em maio.

13.2.5

Quando é que você esteve lá?

Chapitre 14

14.5

i A sessão da noite começa antes das nove horas?

ii Até que horas a farmácia está aberta?

iii No médico, há consultas de manhã?

iv A que horas abre a galeria de arte?

Chapitre 15

15.6.2

i Pressione o botão para entrar.

ii Tem que pressionar o botão para entrar.

iii Quer pressionar o botão para entrar?

iv Queira pressionar o botão para entrar.

v Faça o favor de pressionar o botão para entrar.

15.6.3

i Aperte o botão e aguarde.

ii Tem que apertar o botão e aguardar.

iii Quer apertar o botão e aguardar?

iv Queira apertar o botão e aguardar.

v Faça o favor de apertar o botão e de aguardar.

15.9.1

- Tem um voo para Manaus amanhã de manhã sem escala?
- Não, o voo faz escala em Cuiabá.

15.9.2

- Tem um voo para Rio de Janeiro amanhã de manhã sem escala?
- Sim, tem.

15.12

1 Normalmente vou para o trabalho de metrô. Levo vinte minutos.

2 Eu vou para a escola de bicicleta. Levo meia hora.

3 Vou para a biblioteca de ônibus. Levo quinze minutos.

4 Eu vou para o estádio de carro. Levo quarenta e cinco minutos.

5 Eu vou para o cinema de ônibus. Levo dez minutos.

6 Eu vou para a praia de bicicleta. Levo mais ou menos cinco minutos.

15.14.2

1 Para o subsolo.

2 Para o segundo.

3 Para o andar térreo.

Chapitre 16

16.6

1 Cuidado!

2 Tem perigo!

3 Depressa!

4 É perigoso!

5 Aqui há perigo!

6 Fogo!

7 Socorro!

Chapitre 17

17.2

- Onde o senhor está?
- Precisa de uma ambulância ou de um carro-guincho?

Chapitre 18

18.3.2

- Sim, tem. A Ilha do Mel é praticamente uma reserva natural, sendo noventa por cento do território Área Protegida, onde abundam fauna e flora raras.
- Tem passeios suaves. Para os que não querem se cansar muito, tem belos passeios ao longo das praias.
- Para os mais aventureiros tem muitas trilhas, que estão bem assinaladas com placas e que levam aos morros.
- “Trilhas” significa pequenos caminhos no meio da vegetação.
- Pode, sim. A Ilha do Mel, sendo uma ilha, é rica em esportes aquáticos.
- É, sim. É possível pescar, sobretudo tainhas.

Chapitre 19

19.2

1 Por favor, me traga o cardápio.

2 O cardápio, por favor.

3 Queríamos uma mesa para quatro, longe da porta, se possível.

4 Pode trazer mais pão?

5 Queria experimentar um prato típico desta região.

19.7

i - Consiste num bolinho de feijão-fradinho frito em azeite de dendê, acompanhado de camarões secos e tomate.

ii - Consiste em camarões refogados com tomate e aipim, acompanhado de arroz branco.

iii - Consiste em peixe ao molho de tomates, com leite de coco e azeite de dendê, acompanhado de arroz e pirão.

Chapitre 20

20.4

1 Que preciso fazer para ter uma caixa postal?
2 Por favor, queria enviar esta carta registrada.
3 Tem algumas cartas para Guillaume Lasé?
4 Tem alguma coisa em nome de Murielle Valet?
5 Quanto custa enviar isto para o Canadá, registrado?
6 Quanto custa enviar este pacote para a França, por via aérea, registrado?

Chapitre 21

21.1.2

i - Como a senhora quer o cabelo?
- Eu quero uma franja bem curta, e dos lados e atrás quero cortar só um pouco.

ii - Como o senhor quer o cabelo?
- Quero bem curto atrás e penteado para trás.

iii - Como a senhora quer as unhas?
- Quero cortar só um pouco e quero esmalte incolor.

iv - De que cor a senhora quer o esmalte?
- Vermelho-escuro.

Chapitre 22

22.6

O apartamento tem três quartos, um é de casal. A sala de estar fica à esquerda de quem entra e, a seguir, fica a sala de jantar. A cozinha fica mais ou menos em frente da sala de estar, e tem uma porta perto da sala de jantar. A cozinha tem fogão, micro-ondas, uma máquina de lavar louça..., tudo o que precisamos. A sala de estar tem uma lareira, para os dias frios. Claro que tem sofá, poltrona, mesinha de centro e televisão. Tem também uma estante e aparelho de som. O apartamento não é muito grande mas é bom.

Chapitre 23

23.3

i Faça todas as camas.
ii Limpe o banheiro.
iii Arrume a sala de estar.
iv Passe o aspirador na sala de estar e na sala de jantar.

v Passe a ferro a roupa que foi lavada ontem.

vi Prepare o jantar.

vii Ponha a mesa para o jantar.

viii Depois do jantar, tire a mesa e lave a louça.

ix Leve o lixo lá para baixo.

x Dê de comer ao gato.

Chapitre 24

24.1

- Você sabe falar português muito bem. Onde aprendeu?
- E no Brasil, como estudou?
- Parabéns!
- Então vai voltar?
- E em Portugal, onde vai ficar?
- Porto? Por quê?
- Tem razão. O melhor é ver. E você já sabe quando vai?
- Muito obrigada pela entrevista. E parabéns por saber falar português tão bem, com muita fluência... e sem erros. Boa sorte para o futuro!

adjectifs Ils décrivent ou qualifient le nom. L'hôtel est *bien*. **O hotel é *bom*.**

adverbes Ils donnent des informations sur le verbe. Il parle portugais *couramment*. **Ele fala português *fluentemente*** (la terminaison portugaise **-mente** correspondant à la terminaison française *-ment*). Elle est allée *là*. **Ela foi *lá*.** Je ne peux pas *maintenant*. **Não posso *agora*.** Il arrive que les adverbes donnent des informations sur les adjectifs. *Très* bien. ***Muito* bem.**

articles définis *Le*, *la* et *les* sont les articles définis français. On les trouve devant les noms déterminés, identifiables, connus par la personne qui parle et celle à qui elle parle. *L'*hôtel est bien. ***O* hotel é bom.**

articles indéfinis *Un*, *une* et *des* sont les articles indéfinis français. Ils précèdent les noms indéterminés, c'est-à-dire les noms sur lesquels rien n'est précisé. Je vais visiter *un* musée. **Eu vou visitar *um* museu.**

complément d'objet Il indique ce sur quoi porte l'action exprimée par le verbe et effectuée par le sujet. Il a mangé *la pomme*. **Ele comeu *a maçã*.** Il peut être direct (COD), c'est-à-dire joint au verbe sans préposition, ou bien indirect, c'est-à-dire joint au verbe par l'intermédiaire d'une préposition (il y a des exceptions).

conjonctions Ce sont les mots qui relient deux propositions. Je téléphonerai *quand* il arrivera. **Telefonarei *quando* ele chegar.**

démonstratifs Ils désignent une personne ou un objet bien précis. Ils peuvent être adjectifs ou pronoms. *Cet* hôtel est bien. ***Este* hotel é bom.** *C'est* nouveau. ***Isto* é novo.**

discours direct C'est la transcription exacte des propos de quelqu'un. Il a dit « *J'ai un pneu crevé* ». **Ele disse : "*Tenho um pneu furado*".**

discours indirect On l'utilise lorsque l'on rapporte les propos de quelqu'un sans le citer mot pour mot. Il a dit *qu'il avait un pneu crevé*. **Ele disse *que tinha um pneu furado*.**

genre C'est la qualité masculine ou féminine des mots. *Voiture* est féminin en français mais son équivalent portugais, ***carro***, est masculin. Certains mots sont à la fois masculins et féminins : *dentiste*, ***dentista***. D'autres sont neutres : *ce*, ***isto*** (bien que la terminaison en -o soit masculine, ici, elle sert de neutre).

indéfinis Ils désignent d'une manière imprécise des personnes ou des choses. Ils peuvent être articles, adjectifs ou pronoms. Je vais visiter *quelques-uns* de ces musées. **Eu vou visitar *alguns* destes museus.**

indicatif C'est le mode du réel. Il rassemble les temps verbaux qui expriment des faits. *J'habite* ici. **Eu *moro* aqui**.

infinitif C'est la forme basique du verbe, celle que l'on trouve dans le dictionnaire. Les infinitifs portugais se terminent en **-ar**, **-er**, **-ir** et **-or**.

interrogatifs Ils servent à introduire une question. Ils peuvent être pronoms (*Qui* est-ce ? ***Quem* é?**) ou adverbes (*Où* est-ce ? ***Onde* é?**).

noms Ils désignent, nomment les choses et les personnes : *voiture*, ***carro*** ; *plage*, ***praia*** ; *Brésil*, ***Brasil***.

personne C'est le sujet de l'action ou de l'état. Par exemple, la **1re personne** est celle qui parle ; la **2e personne** est la personne à qui l'on s'adresse ; la **3e personne** est celle dont on parle. *Elle* est sympathique. ***Ela* é simpática.** (*elle* / ***ela*** = 3e personne).

possessifs Ils expriment la propriété. Cette voiture est *la sienne*. **Este carro é *dela***.

prépositions Elles définissent le lien qui existe entre une chose et une autre. Je viens *de* la plage. **Eu venho *da* praia.** Le livre est *sur* la table. **O livro está *em cima da* mesa.**

pronoms Ils remplacent le nom. Si l'on parle d'Ana et qu'on dit *elle* est sympathique, ***ela* é simpática**, le pronom *elle*, ***ela*** remplace le nom Ana.

pronoms personnels Ces mots comme *je*, ***eu*** ; *moi*, ***me*** *ou* ***mim*** remplacent le nom comme sujets ou objets du verbe.

pronoms réfléchis Ce sont des pronoms personnels qui s'emploient lorsque le sujet et l'objet du verbe sont identiques. Je *me* lave. **Eu *me* lavo**.

pronoms relatifs Ils remplacent un nom et relient deux propositions. Voici le plat *que* je vais commander. **Este é o prato *que* eu vou pedir** (*que*, ***que*** se rapporte à *plat*, ***prato*** et relie les deux propositions).

proposition C'est un ensemble de mots, comprenant un verbe, qui a une signification propre. La proposition peut constituer une phrase ou une partie de phrase. Dans une phrase avec deux propositions, l'une est souvent plus importante que l'autre. C'est la **proposition principale**. L'autre est la **proposition subordonnée** : Je téléphonerai *quand il arrivera*. **Eu telefonarei *quando ele chegar***.

subjonctif C'est le mode de l'irréel. Il rassemble des temps verbaux exprimant des souhaits, des opinions, des doutes, etc. Je voudrais que vous me *disiez* la vérité. **Gostaria que me *dissesse* a verdade.**

subordonnée Voir **proposition.**

syllabe C'est une unité de prononciation constituée d'un petit nombre de lettres. Le mot **ca-fé** a deux syllabes et le mot **con-cer-to** en a trois.

verbes Ils expriment une action ou un état : parler, conversar ; être, estar.

voix C'est la relation qui existe entre le sujet et le verbe. La voix est **active** lorsque le sujet fait l'action. Elle est **passive** lorsque le sujet subit l'action. La pomme *a été mangée par lui*. **A maçã *foi comida por ele***.

L'accentuation

CD2 piste 36

En règle générale, les mots portugais sont accentués sur l'avant-dernière syllabe. Cela ne veut pas dire que cette syllabe prend un accent à l'écrit, mais seulement que l'on insiste sur cette syllabe lorsqu'on la prononce.

passaporte (*passeport*)

Pour les mots qui ne se terminent pas par une consonne suivie de **a**, **e** ou **o**, on accentue généralement la dernière syllabe :

hotel (*hotel*) **estação** (*station, gare*)

Les mots qui ne suivent pas ces deux règles prennent normalement un accent à l'écrit :

al**fân**dega (*douanes*)

Au Brésil, le contraste entre les syllabes accentuées et les syllabes non accentuées n'est pas aussi fort qu'au Portugal, et il arrive souvent qu'une deuxième syllabe soit accentuée dans un même mot :

autoridade (*autorité*)

La liaison et l'élision

Comme en français, à l'oral, une liaison s'établit parfois entre des mots consécutifs. Plus le débit est rapide, plus les liaisons sont nombreuses. Dans **dois endereços** (*deux adresses*) par exemple, le **s** final de **dois** se prononce comme un **s** entre deux voyelles (voir le tableau **page 313**).

On tend aussi à prononcer un mot commençant par une voyelle dans la foulée d'un mot se terminant par une voyelle. Par exemple dans **De onde é?** (*D'où êtes-vous ?*), les deux dernières voyelles (**e** et **é**) ne sont pas prononcées séparément. Si l'on parle plus lentement cependant, ou si l'on fait attention à sa prononciation, on prononcera les voyelles non accentuées comme des semi-voyelles.

L'élision des voyelles se produit souvent dans le discours familier, et se reflète parfois même à l'écrit. On peut voir par exemple **p'ra** ou **pra** au lieu de **para** (*pour*). Ce phénomène est parfois poussé à l'extrême, comme avec **n'é** ou **né** au lieu de **não é?** (*n'est-ce pas ?*).

Les sons

CD2 piste 37

Le tableau suivant présente une description complète des sons du portugais du Brésil. La lettre en question figure dans la première colonne et sa position dans le mot dans la deuxième. La troisième colonne vous indique comment prononcer cette lettre et la dernière colonne comporte des exemples. Vous trouverez également la prononciation de certains groupes de lettres qui ne représentent qu'un seul son.

Les voyelles

lettre(s)	*position*	*prononciation*	*exemples*
a	accentuée	comme le *a* de *lac*	f**a**lo (*je parle*) ; f**a**la (*il / elle parle*) ; m**a**pa (*plan*) ; m**a**la (*valise*)
a	accentuée, précédant une syllabe commençant par **m** ou **n**	*a tirant vers le e nasalisé*	c**a**ma (*lit*) ; **a**no (*année*) ; fal**a**mos (*nous parlons*)
a	avant un **l** ou un **u** dans la même syllabe	*a* très ouvert, prononcé à l'arrière de la bouche, comme le *â* de *âme*	hospit**al** (*hôpital*) ; m**au** (*mauvais*) ; carnav**al** (*carnaval*)
á, à	accentuée	comme le *a* de *lac*	h**á** (*il y a*) ; **à** (*à*)
â	accentuée	*a* tirant vers le *e nasalisé*	c**â**mara (*chambre, conseil*)
a	non accentuée, à la fin d'un mot et ailleurs	comme le *a* de *lac*	mal**a** (*valise*) ; cam**a** (*lit*) ; f**a**lamos (*nous parlons*)
e	accentuée	comme le *è* de *père*	z**e**ro (*zéro*) ; **e**la (*elle*)
e	accentuée et non accentuée selon l'origine du mot et / ou les sons qui l'entourent	comme le *é* de *année*	m**e**sa (*table*) ; can**e**ta (*stylo*) ; est**e**ve (*a été*) ; **e**le (*il*) ; com**e**r (*manger*)
é	accentuée	comme le *è* de *père*	caf**é** (*café*) ; p**é** (*pied*)
ê	accentuée	comme le *é* de *année*	voc**ê** (*vous*) ; m**ê**s (*mois*)

Guide de prononciation

lettre(s)	*position*	*prononciation*	*exemples*
e	non accentuée, en particulier précédant une voyelle ou au début d'une syllabe	comme le *è* de *père*	compr**e**endo (*je comprends*) ; **e**stá (*c'est*) ; **e**xame (*examen*)
e	à la fin d'un mot	comme le *é* de *année*	noit**e** (*nuit*) ; vint**e** (*vingt*) ; nom**e** (*nom*) ; envelop**e** (*enveloppe*)
i	accentuée	comme le *i* de *île*	d**i**zer (*dire*) ; aqu**i** (*ici*)
i	non accentuée	comme le *i* de *île*	c**i**garro (*cigarette*)
i	avant un **l** ou un **u** dans la même syllabe	*i* bref	m**i**l (*mille*) ; part**i**u (*il / elle est parti(e)*)
í	accentuée	comme le *i* de *île*	sa**í** (*je suis sorti(e)*) ; ca**í** (*je suis tombé(e)*)
o	accentuée	comme le *o* de *homme, botte*	**o**vos (*œufs*) ; col**o**ca (*il / elle met*)
o	accentuée ou non selon l'origine du mot et/ou les sons qui l'entourent	comme le *au* de *aube* ou le *ô* de *dôme*	**o**vo (*œuf*) ; b**o**lo (*gâteau*) ; f**o**go (*feu*); p**o**rto (*port*) ; c**o**mo (*je mange*) ; c**o**mo (*comme, comment*) ; t**o**do (*tout*)
ó	accentuée	comme le *o* de *homme, botte*	av**ó** (*grand-mère*) ; pr**ó**ximo (*prochain*)
ô	accentuée	comme le *au* de *aube* ou le *ô* de *dôme*	av**ô** (*grand-père*) ; p**ô**r (*mettre*)

lettre(s)	*position*	*prononciation*	*exemples*
o	non accentuée, à la fin d'un mot	*o* tirant sur le *ou*	ov**o** (*œuf*) ; ov**o**s (*œufs*)
u	accentuée	comme le *ou* de *outil*, *goût*	t**u**do (*tout*) ; **u**va (*raisin*) ; al**u**no (*élève*)
ú	accentuée	comme le *ou* de *outil*, *goût*	n**ú**mero (*numéro*)
u	avant un **l** dans la même syllabe	*ou* prononcé dans le fond de la bouche	az**ul** (*bleu*) ; s**ul** (*sud*)
u	après **g** ou **q** et avant **a** ou **o**	comme le *ou* de *ouest*, *oui*	q**u**ando (*quand*) ; q**u**anto (*combien*) ; ág**u**a (*eau*)
u	dans la plupart des cas, après **g** ou **q** et avant **e** ou **i**	silencieux	aq**u**i (*ici*) ; q**u**ero (*je veux*) ; seg**u**ir (*suivre*)
	après **g** ou **q** et avant **e** ou **i**, dans certains cas particuliers*	comme le *ou* de *ouest*, *oui*	cinq**u**enta (*cinquante*) ; ag**u**entar (*supporter*)

*Avant la réforme de l'orthographe, le **u** de ces mots possédait un tréma, d'où la différence de prononciation. Le tréma a désormais disparu mais la prononciation reste la même.

lettre(s)	*position*	*prononciation*	*exemples*
ai	toute position	comme le son *« aille »*	p**ai** (*père*) ; m**ai**s (*plus*)
au	toute position	comme le son *« àou »*	m**au** (*mauvais*)
ei	toute position	comme le *son « éï »*, avec un *ï* léger	dir**ei**ta (*droite*) ; l**ei**te (*lait*) ; s**ei** (*je sais*)
eu	toute position	comme le son *« éou » (é + ou* bref*)*	**eu** (*je*) ; m**eu** (*mon*) ; s**eu** (*votre*) ; **Eu**ropa (*Europe*)
oi	toute position	comme le son *« oï »*	c**oi**sa (*chose*) ; d**oi**s (*deux*)
ou	toute position	comme le *au* de *aube* tirant légèrement sur le *ou*	s**ou** (*je suis*) ; v**ou** (*je vais*) ; **ou**tro (*autre*)
ui	toute position	comme le son *« ouï »* dans la plupart des cas, mais dans le mot **muito** (*beaucoup, très*) le son « ouï » est nasalisé	f**ui** (*je suis allé(e)*)

Les voyelles nasalisées

lettre(s)	*position*	*prononciation*	*exemples*
ã, am, an	toute position en tant que syllabe propre (s'écrit **am** devant **p** ou **b**)	comme le *ain* de *pain*	amanh**ã** (*demain*) ; **am**bos (*les deux*) ; b**an**co (*banque*)
am, ão	toute position (s'écrit **am** dans les terminaisons verbales non accentuées de la troisième personne du pluriel)	son *an* tirant vers *on*	fal**am** (*ils parlent*) ; n**ão** (*non*) ; p**ão** (*pain*) ; irm**ão** (*frère*)
em, ãe	fin d'un mot	son *ain* de pain suivi de *ï* très léger	**em** (*en, dans*) ; b**em** (*bien*) ; hom**em** (*homme*) ; m**ãe** (*mère*) ; p**ães** (*pains*)
êm	fin d'un mot	son *ain* de pain suivi de *ï* très léger	**têm** (*ils ont*)
em, en	toute position	son *é* nasalisé	**em**prego (*emploi*) ; **en**tre (*entre*)
im, in	toute position	son *i* nasalisé	s**im** (*oui*) ; c**in**co (*cinq*)
om, on	toute position	son *on*	b**om** (*bon*) ; c**on**ta (*addition*)
õe	toute position	son *on* suivi de *ï*	liç**õe**s (*leçons*) ; p**õe** (*il / elle met*)
um, un	toute position	son *ou* nasalisé	**um** (*un*) ; **jun**tos (*ensemble*)

Les consonnes

lettre(s)	*position*	*prononciation*	*exemples*
b	toute position	comme le *b* de *bateau*	**b**elo (*beau*)
c	quand il précède **e** ou **i**	comme le *c* de *cela* ou le *s* de *savant*	**c**em (*cent*) ; **c**inco (*cinq*)
c	dans les autres cas	comme le *k* de *képi*	**c**arro (*voiture*) ; **c**om (*avec*)
ç	toute position	comme le *c* de *cela* ou le *s* de savant	informa**ç**ão (*information*)
ch	toute position	comme le *ch* de *charrue*	**ch**ave (*clé*) ; a**ch**ar (*trouver*)
d	toute position, sauf en fin de mot dans certaines régions du Brésil	comme le *d* de *dalle*	**d**ar (*donner*) ; tar**d**e (*tard*) ; universi**d**a**d**e (*université*)
d	en fin de mot dans certaines régions du Brésil	comme le son « *dji* » dans la plupart des cas	tar**d**e (*tard*) ; universida**d**e (*université*)
f	toute position	comme le *f* de *fort*	**f**ácil (*facile*)
g	avant **e** ou **i**	comme le *j* de *jeune* ou le *g* de *rouge*	**g**ente (*les gens*) ; gibi (*BD*)
g	dans les autres cas	comme le *g* de *garder*	**g**uerra (*guerre*) ; **g**arrafa (*bouteille*)
h	dans la plupart des cas	silencieux	**h**otel (*hôtel*) ; **h**omem (*homme*)

lettre(s)	*position*	*prononciation*	*exemples*
j	toute position	comme le *j* de *jeune* ou le *g* de *rouge*	lo**j**a (*magasin*) ; ho**j**e (*aujourd'hui*)
l	à la fin d'une syllabe	son *l* avalé qui ouvre la voyelle qui précède	so**l** (*soleil*) ; mi**l** (*mille*) ; a**l**moço (*déjeuner*)
l	dans les autres cas	comme le *l* de *lit*	**l**anche (*snack*) ; fa**l**ar (*parler*)
lh	toute position	son similaire au *ll* de *million*	fi**lh**o (*fils*) ; traba**lh**o (*travail*)
m	au début d'une syllabe	comme le *m* de *drame*, *mât*	**m**ãe (*mère*) ; **m**esa (*table*)
n	au début d'une syllabe	comme le *n* de *nager*, *tonne*	**n**ome (*nom*) ; **n**ada (*rien*)
nh	toute position	son similaire au *gn* d'*oignon*	vi**nh**o (*vin*) ; se**nh**ora (*dame*)
p	toute position	comme le *p* de *prendre*	**p**ai (*père*) ; **p**erto (*près*)
q	toute position	comme le *k* de *képi* ou le *q* de *coq*	**q**uente (*chaud*) ; **q**uatro (quatre)

lettre(s)	*position*	*prononciation*	*exemples*
r	au début d'un mot et généralement au début d'une syllabe	comme le *rr* de *arracher* ou le *r* de *sabre*	**r**ua (*rue*) ; **r**io (*fleuve*) ; **r**efeição (*repas*) ; **r**epetir (*répéter*)
r	à la fin d'un mot et généralement à la fin d'une syllabe	*r* roulé	janta**r** (*dîner*) ; faze**r** (*faire*) ; po**r**ta (*porte*) ; no**r**te (*nord*)
r	dans les autres cas	*r* roulé	ca**r**o (*cher*) ; ba**r**ato (*bon marché*)
rr	entre les voyelles	comme le *rr* de *arracher* ou le *r* de *sabre*	ca**rr**o (*voiture*)
s	au début d'un mot ou après une consonne	comme le *c* de *cela* ou le *s* de *savant*	**s**ol (*soleil*) ; **s**emana (*semana*) ; ob**s**ervar (*observer*)
s	à la fin d'un mot ou d'une syllabe	comme le *c* de *cela* ou le *s* de *savant partout sauf à Rio de Janeiro* ; comme le *ch* de *charrue* à *Rio de Janeiro*	**dois** (*deux*) ; homen**s** (*hommes*) ; e**s**querda (*gauche*)
s	avant une consonne sonore	comme le *z* de *zéro* ou le *s* de *fraise partout sauf à Rio de Janeiro* ; comme le *j* de *jeune* ou le *g* de *rouge à Rio de Janeiro*	me**s**mo (*même*) ; de**s**de (*depuis*)
s	entre des voyelles	comme le *z* de *zéro* ou le *s* de *fraise*	ca**s**a (*maison*)
ss	entre des voyelles	comme le *c* de *cela* ou le *s* de *savant*	pa**ss**aporte (*passeport*)

lettre(s)	*position*	*prononciation*	*exemples*
t	dans la plupart des cas	comme le *t* de *temps*	**t**udo (*tout*) ; **t**ar**t**aruga (*tortue*)
t	dans une syllabe finale avant un e, dans certaines régions du Brésil	comme le son « *tch* »	noi**t**e (*nuit*)
v	toute position	comme le *v* de *vague*	**v**ago (*vacant*)
x	au début d'un mot ou d'une syllabe, et parfois entre des voyelles	comme le *ch* de *charrue*	**x**arope (*sirop*) ; **x**ícara (*tasse*) ; **x**adrez (*échecs*) ; cai**x**a (*caisse*) ; pu**x**ar (*tirer*)
x	lorsque **ex** précède une voyelle	comme le *z* de *zéro* ou le *s* de *fraise*	e**x**ame (*examen*)
x	dans certains mots	comme le son « *ks* »	tá**x**i (*taxi*) ; fi**x**o (*fixé*)
x	entre des voyelles, dans les autres cas	comme le *c* de *cela* ou le *s* de *savant*	pró**x**imo (*prochain*) ; trou**x**e (*j'ai apporté*)

lettre(s)	*position*	*prononciation*	*exemples*
x	devant une consonne	comme le *c* de *cela* ou le *s* de *savant partout sauf à Rio de Janeiro* ; comme le *ch* de *charrue à Rio de Janeiro*	e**x**tra (*en plus*) ; se**x**ta-feira (*vendredi*)
z	au début d'un mot et entre des voyelles	comme le *z* de *zéro* ou le *s* de *fraise*	**z**ero (*zéro*) ; fa**z**er (*faire*)
z	à la fin d'un mot	comme le *c* de *cela* ou le *s* de *savant partout sauf à Rio de Janeiro* ; comme le *ch* de *charrue à Rio de Janeiro*	lu**z** (*lumière*) ; feli**z** (*heureux*)
z	avant une consonne sonore	comme le *s* de *maïs*	Feli**z** Natal (*Joyeux Noël*)

La plupart des verbes portugais suivent des modèles de conjugaison à tous les temps. Certains verbes subissent cependant des modifications par rapport à leur modèle de conjugaison. Ce guide vous indique quelles sont ces modifications, et comporte également des tableaux de conjugaison des verbes réguliers et irréguliers (pour plus d'informations, consultez les entrées **conjugaison, verbes réguliers et verbes irréguliers** dans l'**index grammatical** pages 377 et 379) auxquels vous pourrez vous reporter tout au long de votre apprentissage.

Notez que les formes correspondant au pronom tu, qui figurent systématiquement dans les tableaux de conjugaison, ne sont utilisées que dans certaines régions du Brésil (l'État du Rio Grande do Sul et certaines régions du Nord-Est). Dans la majeure partie du Brésil, ce sont les formes correspondant au pronom você (équivalent des pronoms français tu et vous) qui sont employées.

Les verbes réguliers

Les verbes réguliers, selon la terminaison de leur infinitif, suivent simplement les modèles de conjugaison des verbes en -**ar**, -**er**, et -**ir** (comme **comprar**, **vender** et **partir**).

Les cas particuliers

i **Verbes à changements orthographiques :** ce sont les verbes dont l'orthographe change parfois pour conserver la même prononciation.

- Conhe**ce** o Rio?	*Connaissez-vous Rio ?*	
- Sim, conhe**ço**.	*Oui, je connais.*	(verbe **conhecer**)

ii **Verbes à changement de radical :** ce sont les verbes dont la voyelle du radical change parfois, par exemple sous l'influence d'une autre voyelle ou lorsque le radical est accentué.

- Pref**e**re chá ou café?	*Préférez-vous du thé ou du café ?*	
- Pref**i**ro chá.	*Je préfère du thé.*	(verbe **preferir**)

iii **Verbes irréguliers :** ce sont les verbes qui ne suivent pas les modèles de conjugaison des verbes en **-ar**, **-er**, **-ir**..

- Onde é o hotel?	*Où est l'hôtel ?*	(verbe **ser**)
- **Vou** amanhã.	*Je pars demain.*	(verbe **ir**)

Certains verbes appartiennent à plusieurs des catégories **i**, **ii** et **iii**.

Quando eu **segu**ia pela estrada. *Quand j'allais le long de la route.*
Siga em frente. *Allez tout droit.*
(verbe **seguir i + ii**)

Les verbes à changements orthographiques

Le tableau suivant répertorie les changements à effectuer.

-**c**ar	-**ç**ar	-**g**ar	-**c**er	-**g**er -**g**ir	-**gu**er -**gu**ir
↓	↓	↓	↓	↓	↓
-**qu**	-**c**	-**gu**	-**ç**	-**j**	-**g**
avant *e*			avant *a* ou *o*		

fi**c**ar (*rester*) → fi**qu**ei ; fi**qu**e
come**ç**ar (*commencer*) → come**c**ei ; come**c**e
pa**g**ar (*payer*) → pa**gu**ei ; pa**gu**e
conhe**c**er (*connaître*) → conhe**ç**o ; conhe**ç**a
prote**g**er (*protéger*) → prote**j**o ; prote**j**a
diri**g**ir (*conduire*) → diri**j**o ; diri**j**am
er**gu**er (*lever*) → er**g**o ; er**g**a
se**gu**ir (*suivre, aller*) → si**g**o ; si**g**am

Les verbes dont l'infinitif se termine en **o** + **er** changent leur orthographe à la troisième personne du singulier (il / elle) du présent de l'indicatif, et se terminent en -**i**. Comme vous pouvez le remarquer dans l'exemple ci-dessous, ils prennent également un accent écrit.

d**o**er – d**ói** aqui (*cela fait mal ici*)

Les verbes qui changent de radical

Le tableau ci-dessous répertorie les changements à effectuer.

e	o	u
↓	↓	↓
i	u	o
* 1ère personne du singulier du présent de l'indicatif (**eu**) * Présent du subjonctif * Impératif « emprunté » au subjonctif		* 2e et 3e personnes (singulier et pluriel, sauf **vós**) du présent de l'indicatif * 2e personne de l'impératif (**tu**)

rep**e**tir (répéter)

Prés. indic. : rep**i**to, repetes, etc.
Prés. subj. : rep**i**ta, rep**i**tas, rep**i**ta, rep**i**tamos, (rep**i**tais), rep**i**tam
Impératif : rep**i**ta, rep**i**tam

d**o**rmir (*dormir*)

Prés. indic. : d**u**rmo, dormes, etc
Prés. subj. : d**u**rma, d**u**rmas, d**u**rma, d**u**rmamos, (d**u**rmais), d**u**rmam
Impératif : d**u**rma, d**u**rmam

s**u**bir (*monter*)
Prés. ind. : subo, s**o**bes, s**o**be, subimos, (subis), s**o**bem
Impératif : s**o**be (tu)

Les changements qui concernent la qualité de la voyelle du radical ne sont pas toujours visibles à l'écrit. (Voir le tableau des voyelles dans la section **Guide de prononciation**.)

- Vocês f**a**lam português?	*Parlez-vous portugais ?*	
- Sim, f**a**lamos.	*Oui.*	(verbe **falar**)
- C**o**me carne?	*Mangez-vous de la viande ?*	
- Não, não c**o**mo; sou vegetariano.	*Non, je suis végétarien.*	(verbe **comer**)

Pour éviter de confondre les formes verbales entre elles, ou le verbe pour un autre mot de sens complètement différent, on peut parfois mettre un accent écrit sur la voyelle. C'est le cas de **pode** (*vous pouvez / il (elle) peut*) et **pôde** (*vous pourriez / il (elle) pourrait*), et de **pára** (*arrête*), du verbe **parar**, et **para**, la préposition *pour*. Cependant, les locuteurs natifs n'ont pas besoin de cette aide et ils « oublient » souvent d'utiliser l'accent écrit.

Les autres changements

Les verbes dont l'infinitif se termine en **a** + **ir** conservent leur **i** à toutes les formes sauf à la troisième personne du pluriel (*ils / elles*) du présent de l'indicatif. Lorsque ce **i** se trouve dans une syllabe accentuée, il porte un accent à l'écrit.

s**a**ir (*sortir*)
Prés. indic. : sa**i**o, sa**i**s, sa**i**, sa**í**mos, (sa**í**s,) saem

Les verbes dont l'infinitif est en **e** + **ar** prennent un **i** après un **e** accentué. Ce changement ne se produit qu'au présent de l'indicatif, au présent du subjonctif et à l'impératif.

pass**e**ar (*se promener, faire un tour*)
Prés. indic. : passe**i**o, passe**i**as, passe**i**a, passeamos, (passeais,) passe**i**am

Le verbe **odiar** (*haïr*) se conjugue de la même manière.

Les participes passés irréguliers

abrir (*ouvrir*)	-aberto	**escrever** (*écrire*)	-escrito
aceitar (*accepter*)	-aceito *ou* aceite	**ganhar** (*gagner*)	-ganho
acender (*allumer*)	-aceso	**gastar** (*dépenser*)	-gasto
entregar (*livrer*)	-entregue	**pagar** (*payer*)	-pago

Lorsqu'il existe à la fois un participe passé régulier et un participe passé irrégulier pour le même verbe, le premier est généralement utilisé dans les temps composés et le second comme adjectif.

Eu tinha acendido a luz. A luz estava acesa.
J'avais allumé la lumière. La lumière était allumée.

Il arrive également qu'un participe passé soit utilisé comme nom.

Não tenho trocado.	*Je n'ai pas de monnaie.*
Perdidos e achados	*Objets trouvés*
Chegadas	*Arrivées*

Les verbes dérivés

N'oubliez pas que les dérivés des verbes de la catégorie des cas particuliers présentent souvent les mêmes caractéristiques.

dérivé de :

i Verbes à changement orthographique

conseguir (*réussir*)	**seguir**
reconhecer (*reconnaître*)	**conhecer**

ii Verbes à changement de radical

conseguir (*réussir*)	**seguir**
consentir (*consentir*)	**sentir**
descobrir (*découvrir*)	**cobrir**
preferir (*préférer*)	**ferir**
referir (*se référer*)	**ferir**

iii Verbes irréguliers

compor (*composer*)	**pôr**
condizer (*assortir*)	**dizer**
conter (*contenir*)	**ter**
contradizer (*contredire*)	**dizer**
convir (*convenir*)	**vir**
desfazer (*défaire*)	**fazer**
manter (*maintenir*)	**ter**
satisfazer (*satisfaire*)	**fazer**
supor (*supposer*)	**pôr**

Les verbes réguliers (terminaisons)

Infinitif	*Présent indicatif*	*Passé simple indicatif*	*Imparfait indicatif*	*Plus-que-parfait indicatif*	*Futur indicatif*	*Impératif*
-ar	-o -as -a -amos (-ais) -am	-ei -aste -ou -amos (-astes) -aram	-ava -avas -ava -ávamos (-áveis) -avam	-ara -aras -ara -áramos (-áreis) -aram	-arei -arás -ará -aremos (-areis) -arão	------- -a -e -emos (-ai) -em
-er	-o -es -e -emos (-eis) -em	-i -este -eu -emos (-estes) -eram	-ia -ias -ia -íamos (-íeis) -iam	-era -eras -era -êramos (-êreis) -eram	-erei -erás -erá -eremos (-ereis) -erão	------ -e -a -amos (-ei) -am
-ir	-o -es -e -imos (-is) -em	-i -iste -iu -imos (-istes) -iram	-ia -ias -ia -íamos (-íeis) -iam	-ira -iras -ira -íramos (-íreis) -iram	-irei -irás -irá -iremos (-ireis) -irão	------- -e -a -amos (-i) -am

Infinitif	*Présent subjonctif*	*Imparfait subjonctif*	*Futur subjonctif*	*Conditionnel*	*Infinitif personnel*	*Participe présent*	*Participe passé*
-ar	-e -es -e -emos (-eis) -em	-asse -asses -asse -ássemos (-ásseis) -assem	-ar -ares -ar -armos (-ardes) -arem	-aria -arias -aria -aríamos (-aríeis) -ariam	-ar -ares -ar -armos (-ardes) -arem	-ando	-ado
-er	-a -as -a -amos (-ais) -am	-esse -esses -esse -êssemos (-êsseis) -essem	-er -eres -er -ermos (-erdes) -erem	-eria -erias -eria -eríamos (-eríeis) -eriam	-er -eres -er -ermos (-erdes) -erem	-endo	-ido
-ir	-a -as -a -amos (-ais) -am	-isse -isses -isse -íssemos (-ísseis) -issem	-ir -ires -ir -irmos (-irdes) -irem	-iria -irias -iria -iríamos (-iríeis) -iriam	-ir -ires -ir -irmos (-irdes) -irem	-indo	-ido

Remarque : Les formes verbales correspondant au pronom « vós » ont été mises entre parenthèses en raison de leur usage limité.

Les verbes irréguliers

Infinitif	*Présent indicatif*	*Passé simple indicatif*	*Imparfait indicatif*	*Plus-que-parfait indicatif*	*Futur indicatif*
crer *croire*	creio crês crê cremos (credes) creem	*Régulier*	*Régulier*	*Régulier*	*Régulier*
dar *donner*	dou dás dá damos (dais) dão	dei deste deu demos (destes) deram	*Régulier*	dera deras dera déramos (déreis) deram	*Régulier*
dizer *dire*	digo dizes diz dizemos (dizeis) dizem	disse disseste disse dissemos (dissestes) disseram	*Régulier*	dissera disseras dissera disséramos (disséreis) disseram	direi dirás dirá diremos (direis) dirão
estar *être*	estou estás está estamos (estais) estão	estive estiveste esteve estivemos (estivestes) estiveram	*Régulier*	estivera estiveras estivera estivéramos (estivéreis) estiveram	*Régulier*
fazer *faire*	faço fazes faz fazemos (fazeis) fazem	fiz fizeste fez fizemos (fizestes) fizeram	*Régulier*	fizera fizeras fizera fizéramos (fizéreis) fizeram	farei farás fará faremos (fareis) farão
haver *avoir,* *exister*	hei hás há havemos (haveis) hão	houve houveste houve houvemos (houvestes) houveram	*Régulier*	houvera houveras houvera houvéramos (houvéreis) houveram	*Régulier*

Remarque : Les formes verbales correspondant au pronom « vós » ont été mises entre parenthèses en raison de leur usage limité.

Impératif	*Présent subjonctif*	*Imparfait subjonctif*	*Futur subjonctif*	*Condition nel*	*Participes*
-------- crê creia creiamos (crede) creiam	creia creias creia creiamos (creiais) creiam	*Régulier*	*Régulier*	*Régulier*	*Présent* crendo *Passé* crido
-------- dá dê dêmos (dai) deem	dê dês dê demos / dêmos (deis) deem	desse desses desse déssemos (désseis) dessem	der deres der dermos (derdes) derem	*Régulier*	*Présent* dando *Passé* dado
------- diz(e) diga digamos (dizei) digam	diga digas diga digamos (digais) digam	dissesse dissesses dissesse disséssemos (dissésseis) dissessem	disser disseres disser dissermos (disserdes) disserem	diria dirias diria diríamos (diríeis) diriam	*Présent* dizendo *Passé* dito
------- está esteja estejamos (estai) estejam	esteja estejas esteja estejamos (estejais) estejam	estivesse estivesses estivesse estivéssemos (estivésseis) estivessem	estiver estiveres estiver estivermos (estiverdes) estiverem	*Régulier*	*Présent* estando *Passé* estado
-------- faz(e) faça façamos (fazei) façam	faça faças faça façamos (façais) façam	fizesse fizesses fizesse fizéssemos (fizésseis) fizessem	fizer fizeres fizer fizermos (fizerdes) fizerem	faria farias faria faríamos (faríeis) fariam	*Présent* fazendo *Passé* feito
--------- há haja hajamos (havei) hajam	haja hajas haja hajamos (hajais) hajam	houvesse houvesses houvesse houvéssemos (houvésseis) houvessem	houver houveres houver houvermos (houverdes) houverem	*Régulier*	*Présent* havendo *Passé* havido

Infinitif	*Présent indicatif*	*Passé simple indicatif*	*Imparfait indicatif*	*Plus-que-parfait indicatif*	*Futur indicatif*
ir *aller*	vou vais vai vamos (ides) vão	fui foste foi fomos (fostes) foram	*Régulier* (ia, etc.)	fora foras fora fôramos (fôreis) foram	*Régulier*
ler *lire*	leio lês lê lemos (ledes) leem	*Régulier*	*Régulier*	*Régulier*	*Régulier*
ouvir *entendre*	ouço ouves ouve ouvimos (ouvis) ouvem	*Régulier*	*Régulier*	*Régulier*	*Régulier*
pedir *demander*	peço pedes pede pedimos (pedis) pedem	*Régulier*	*Régulier*	*Régulier*	*Régulier*
perder *perdre*	perco perdes perde perdemos (perdeis) perdem	*Régulier*	*Régulier*	*Régulier*	*Régulier*
poder *pouvoir*	posso podes pode podemos (podeis) podem	pude pudeste pôde pudemos (pudestes) puderam	*Régulier*	pudera puderas pudera pudéramos (pudéreis) puderam	*Régulier*
pôr *mettre*	ponho pões põe pomos (pondes) põem	pus puseste pôs pusemos (puseste) puseram	punha punhas punha púnhamos (púnheis) punham	pusera puseras pusera puséramos (puséreis) puseram	*Régulier* (pas d'accent circonflexe)

Impératif	*Présent subjonctif*	*Imparfait subjonctif*	*Futur subjonctif*	*Conditionnel*	*Participes*
------- vai vá vamos (ide) vão	vá vás vá vamos (vades) vão	fosse fosses fosse fôssemos (fôsseis) fossem	for fores for formos (fordes) forem	*Régulier*	*Présent* indo *Passé* ido
-------- lê leia leiamos (lede) leiam	leia leias leia leiamos (leiais) leiam	*Régulier*	*Régulier*	*Régulier*	*Présent* lendo *Passé* lido
-------- ouve ouça ouçamos (ouvi) ouçam	ouça ouças ouça ouçamos (ouçais) ouçam	*Régulier*	*Régulier*	*Régulier*	*Présent* ouvindo *Passé* ouvido
-------- pede peça peçamos (pedi) peçam	peça peças peça peçamos (peçais) peçam	*Régulier*	*Régulier*	*Régulier*	*Présent* pedindo *Passé* pedido
-------- perde perca percamos (perdei) percam	perca percas perca percamos (percais) percam	*Régulier*	*Régulier*	*Régulier*	*Présent* perdendo *Passé* perdido
-------- pode possa possamos (podei) possam	possa possas possa possamos (possais) possam	pudesse pudesses pudesse pudéssemos (pudésseis) pudessem	puder puderes puder pudermos (puderdes) puderem	*Régulier*	*Présent* podendo *Passé* podido
--------- põe ponha ponhamos (ponde) ponham	ponha ponhas ponha ponhamos (ponhais) ponham	pusesse pusesses pusesse puséssemos (pusésseis) pusessem	puser puseres puser pusermos (puserdes) puserem	*Régulier* (pas d'accent circonflexe)	*Présent* pondo *Passé* posto

Infinitif	*Présent indicatif*	*Passé simple indicatif*	*Imparfait indicatif*	*Plus-que-parfait indicatif*	*Futur indicatif*
querer *vouloir*	quero queres quer queremos (quereis) querem	quis quiseste quis quisemos (quisestes) quiseram	*Régulier*	quisera quiseras quisera quiséramos (quiséreis) quiseram	*Régulier*
saber *savoir*	sei sabes sabe sabemos (sabeis) sabem	soube soubeste soube soubemos (soubestes) souberam	*Régulier*	soubera souberas soubera soubéramos (soubéreis) souberam	*Régulier*
ser *être*	sou és é somos (sois) são	fui foste foi fomos (fostes) foram	era eras era éramos (éreis) eram	fora foras fora fôramos (fôreis) foram	*Régulier*
ter *avoir*	tenho tens tem temos (tendes) têm	tive tiveste teve tivemos (tivestes) tiveram	tinha tinhas tinha tínhamos (tínheis) tinham	tivera tiveras tivera tivéramos (tivéreis) tiveram	*Régulier*
trazer *apporter*	trago trazes traz trazemos (trazeis) trazem	trouxe trouxeste trouxe trouxemos (trouxestes) trouxeram	*Régulier*	trouxera trouxeras trouxera trouxéramos (trouxéreis) trouxeram	trarei trarás trará traremos (trareis) trarão
ver *voir*	vejo vês vê vemos (vedes) veem	vi viste viu vimos (vistes) viram	*Régulier*	vira viras vira víramos (víreis) viram	*Régulier*
vir *venir*	venho vens vem vimos (vindes) vêm	vim vieste veio viemos (viestes) vieram	vinha vinhas vinha vínhamos (vínheis) vinham	viera vieras viera viéramos (viéreis) vieram	*Régulier*

Impératif	*Présent subjonctif*	*Imparfait subjonctif*	*Futur subjonctif*	*Conditionnel*	*Participes*
----------- quer(e) queira queiramos (querei) queiram	queira queiras queira queiramos (queirais) queiram	quisesse quisesses quisesse quiséssemos (quisésseis) quisessem	quiser quiseres quiser quisermos (quiserdes) quiserem	*Régulier*	*Présent* querendo *Passé* querido
---------- sabe saiba saibamos (sabei) saibam	saiba saibas saiba saibamos (saibais) saibam	soubesse soubesses soubesse soubéssemos (soubésseis) soubessem	souber souberes souber soubermos (souberdes) souberem	*Régulier*	*Présent* sabendo *Passé* sabido
----------- sê seja sejamos (sede) sejam	seja sejas seja sejamos (sejais) sejam	fosse fosses fosse fôssemos fôsseis fossem	for fores for formos (fordes) forem	*Régulier*	*Présent* sendo *Passé* sido
---------- tem tenha tenhamos (tende) tenham	tenha tenhas tenha tenhamos (tenhais) tenham	tivesse tivesses tivesse tivéssemos (tivésseis) tivessem	tiver tiveres tiver tivermos (tiverdes) tiverem	*Régulier*	*Présent* tendo *Passé* tido
---------- traz(e) traga tragamos (trazei) tragam	traga tragas traga tragamos (tragais) tragam	trouxesse trouxesses trouxesse trouxéssemos (trouxésseis) trouxessem	trouxer trouxeres trouxer trouxermos (trouxerdes) trouxerem	traria trarias traria traríamos (traríeis) trariam	*Présent* trazendo *Passé* trazido
---------- vê veja vejamos (vede) vejam	veja vejas veja vejamos (vejais) vejam	visse visses visse víssemos (vísseis) vissem	vir vires vir virmos (virdes) virem	*Régulier*	*Présent* vendo *Passé* visto
---------- vem venha venhamos (vinde) venham	venha venhas venha venhamos (venhais) venham	viesse viesses viesse viéssemos (viésseis) viessem	vier vieres vier viermos (vierdes) vierem	*Régulier*	*Présent* vindo *Passé* vindo

a *la* ; *vous* ; *à* ; *en*

à (= a + a)

abaixo *en dessous* ; abaixo de *en dessous de* ; mais abaixo *plus bas*

aberto *ouvert*

abertura (f) *ouverture*

abraço (m) *embrassade, accolade*

abrigo (m) *survêtement*

abril (m) *avril*

abrir *ouvrir*

acabar *terminer* ; acabar de... *venir de...*

acampar *camper*

aceitar *accepter*

acender *allumer*

acerca de *au sujet de*

aceso *allumé*

achar *trouver ; penser*

acidente (m) *accident*

acima *au-dessus* ; acima de *au-dessus de* ; mais acima *plus haut*

acompanhamento (m) *garniture (d'un plat)*

acompanhar *accompagner*

aconselhável *recommandable*

acontecer *avoir lieu, arriver (se produire)*

acordo (m) *accord* ; de acordo com *selon*

acreditar *croire*

açúcar (m) *sucre*

adequado *adéquat*

adeus *au revoir, adieu*

adiantado *en avance*

aditivada (f) *super (carburant)*

adoecer *tomber malade*

adorar *adorer*

adquirir *acquérir*

adulto (m) *adulte*

aeromoço/a (m/f) *steward / hôtesse de l'air*

aeroporto (m) *aéroport*

afastar *éloigner*

agência (f) *agence* ; *bureau* ; agência de aluguel de carros *agence de location de voitures* ; agência de correios *bureau de poste* ; agência de viagens *agence de voyages*

agora *maintenant*

agosto (m) *août*

agradável *agréable*

agradecer *remercier*

água (f) *eau* ; água mineral *eau minérale* ; água potável *eau potable* ; água com gás *eau gazeuse*

aguardar *patienter* ; *attendre*

aí *là*

ainda *encore* ; ainda não *pas encore*

aipim (m) *manioc frit ou cuit*

ajudar *aider*

albergue da juventude (m) *auberge de jeunesse*

álcool (m) *alcool*

além de *en plus de, au-delà de*

alface (f) *laitue*

alfândega (f) *douanes*

algodão (m) *coton*

alguém *quelqu'un*

algum *quelque*

ali *là* ; *là-bas* *(voir également lá)*

aliança (de casamento) (f) *alliance (de mariage)*

alimentação (f) *alimentation*

alimento (m) *aliment*

almoçar *déjeuner (v)*

almoço (m) *déjeuner (n)*

almofada (f) *coussin*

alojamento (m) *logement*

altitude (f) *altitude*

alto *grand* ; *haut* ; *(son, voix) fort*

alto-mar *haute mer*

alugar *louer*

aluguel (m) *loyer ; location*

amanhã *demain*

amar *aimer*

amarelo *jaune*

amassado *cabossé (voiture)*

amável *aimable*

ambiente (m) *environnement* ; *ambiance*

ambos *les deux*

ambulância (f) *ambulance*

amigo (m) *ami*

amor (m) *amour*

andar *marcher* ; *aller*

andar (m) *étage* ; andar térreo *rez-de-chaussée*

anel (m) *anneau*

animal (m) *animal*

aniversário (m) *anniversaire*

ano (m) *année* ; tenho 40 anos *j'ai 40 ans* ; faço 35 anos *j'ai 35 ans (aujourd'hui)* ; Ano Novo *Nouvel An*

antecedência (f) : com antecedência *à l'avance*

anteontem *avant-hier*

anterior *précédent*

antes *avant*

antigo *ancien*

anúncio (m) *annonce*

ao (= a + o)

apagar *éteindre* ; *effacer*

aparelho (m) *machine, appareil*; aparelho de som *chaîne (hi-fi)*

apartamento (m) *appartement* ; *chambre d'hôtel équipée*

apelido (m) *surnom*

apenas *seulement* ; *juste*

aperitivo (m) *apéritif*

apertado *serré*

apertar *serrer*

apontar *désigner, montrer du doigt*

após *après*

aposentado *retraité*

apreciar *apprécier*

aprender *apprendre*

apresentar *présenter* ; *faire les présentations*

aproveitar *profiter de*

aproximadamente *à peu près*

aproximar *rapprocher* ; aproximar-se *s'approcher*

aquático *aquatique*

aquecimento (m) *chauffage*

aquele/a *ce / cette* ; *celui-là / celle-là* (*voir également* esse)

aqui *ici* ; aqui perto *près d'ici, tout proche*

aquilo *cela, ça* (*voir également* isso)

ar (m) *air*

ar-condicionado (m) *climatisation*

área (f) *zone* ; *surface*

armário (m) *armoire, placard*

armazém (m) *épicerie* ; *entrepôt*

arquibancada (f) *gradins*

arquitetura (f) *architecture*

arroz (m) *riz*

arrumar *ranger*

arte (f) *art*

artesanal *artisanal*

artesanato (m) *artisanat*

artificial *artificiel*

artigo (m) *article* ; artigos regionais (mpl) *produits régionaux*

artista (mf) *artiste*

as *les*

assim *ainsi, comme ceci*

assinalar *signaler*

assinar *signer*

assinatura (f) *signature ;* assinatura padrão *signature modèle*

até *jusque ;* até breve *à bientôt* ; até daqui a pouco *à tout de suite ;* até já *à tout de suite ;* até logo *à tout à l'heure ;* até mais *à plus tard*

atender *servir* ; *s'occuper de* ; *(au téléphone) répondre*

atendimento (m) *accueil* ; horário de atendimento *heures d'ouverture*

atividade (f) *activité*

atração (f) *attraction* ; *attrait*

atrás *derrière* ; atrás de *derrière, après*

atrasado *tard* ; *en retard*

atrasar *retarder* ; atrasar-se *être en retard*

atravessar *traverser*

atropelado *renversé (heurté)* ; ser atropelado *se faire renverser*

atual *actuel*

aula (f) *leçon* ; *classe*

autodidata (mf) *autodidacte*

autoestrada (f) *autoroute*

automóvel (m) *voiture*

autonomia (f) *autonomie*

autosserviço (m) *self-service*

avariado *en panne*

ave (f) *oiseau* ; aves (fpl) *volaille*

avenida (f) *avenue*

aventura (f) *aventure*

avião (m) *avion*

avô / avó (m/f) *grand-père / grand-mère*

azeite (f) *huile d'olive ;* azeite de dendê *huile de palme*

azeitona (f) *olive*

azul *bleu ;* azul-claro *bleu clair ;* azul-escuro *bleu foncé*

bagagem (f) *bagages ;* bagagem de mão *bagage à main*

baile (m) *danse* ; *soirée dansante*

bairro (m) *quartier*

baixo *bas* ; *petit* ; mais baixo *plus bas* ; *plus petit* ; *moins fort*

balcão (m) *comptoir*

banca de jornais (f) *kiosque à journaux*

bancada (f) *plan de travail*

banco (m) *banque* ; *tabouret* ; banco de jardim *banc*

band-aid (m) *pansement*

banheira (f) *baignoire*

banheiro (m) *salle de bain* ; *toilettes*

banho (m) *bain* ; tomar banho *se laver, prendre un bain / une douche* ; *(à la plage) se baigner*

bar (m) *bar*

barato *bon marché*

barba (f) *barbe* ; fazer a barba *se raser*

barbeiro (m) *barbier*

barco (m) *bateau*

barraca (f) *tente*

barro (m) *argile*

barulhento *bruyant*

barulho (m) *bruit*

bastante *assez (de)* ; *beaucoup (de)*

batata (f) *pomme de terre* ; batatas fritas *frites* ; *chips*

bater *battre* ; *frapper*

baunilha (f) *vanille*

bebê (mf) *bébé*

beber *boire*

bebida (f) *boisson*

beijo (m) *bise* ; dar um beijo em *embrasser*

beira-mar : à beira-mar *au bord de la mer*

belga *belge* ; (mf) *Belge*

belo *beau*

bem *bien* ; está bem! *ok !, d'accord !*

bem-vindo *bienvenu*

biblioteca (f) *bibliothèque*

bife (m) *steak*

bilhete (m) *billet*

bilheteria (f) *guichet*

biquíni (m) *bikini*

bisnaga (f) *tube*

blazer (m) *blazer, veste*

blusa (f) *chemisier*

boa *bonne* ; *bien*

boate (f) *boîte de nuit*

boca (f) *bouche*

bocadinho (m) *un petit peu*

bola (f) *balle* ; *ballon* ; *boule* ; *bulle*

bolinho (m) *petit gâteau* ; *beignet*

bolo (m) *gâteau*

bolsa (f) *sac à main*

bolso (m) *poche*

bom *bon* ; *bien*

bomba (f) *bombe* ; *pétard*

bombeiro (m) *pompier*

bonde (m) *tramway*

boneca (f) *poupée*

bonito *joli, beau*

botão (m) *bouton*

branco *blanc*

brasileiro *brésilien* ; (m) *Brésilien*

breve *bref* ; até breve! *à bientôt !* ; em breve *bientôt*

brinquedo (m) *jouet*

buscar *chercher*

cá *ici*

cabeça (f) *tête*

cabeleireiro (m) *coiffeur*

cabelo (m) *cheveux*

caça (f) *chasse*

cachaça (f) *cachaça, eau-de-vie de canne à sucre*

cachorro (m) *chien*

cada *chaque* ; cada um(a) *chacun(e)* ; cada três dias *tous les trois jours*

cadeira (f) *chaise* ; cadeira de rodas *fauteuil roulant ;* cadeira de praia *chaise pliante*

café (m) *café* ; café da manhã *petit-déjeuner*

cair *tomber*

cais (m) *quai*

caixa (f) *caisse, boîte* ; caixa do correio *boîte à lettres ;* caixa central *caisse centrale ;* caixa postal *poste restante*

calça(s) (f ou fpl) *pantalon* ; calça(s) de brim *jean*

calçada (f) *trottoir*

calção de banho (m) *caleçon de bain*

calçar *chausser* ; *(gants, chaussures) mettre*

calmo *calme*

calor (m) *chaleur*

cama (f) *lit* ; cama de casal *lit à deux places* ; cama de solteiro *lit à une place*

camarão (m) *crevette*

camarote (m) *loge (au théâtre)*

câmbio (m) *change*

caminhada (f) *marche à pied, randonnée*

caminhar *marcher*

caminho (m) *chemin*

camioneta (f) *camionette*

camiseta (f) *tee-shirt* ; camiseta interior *débardeur*

campeonato (m) *championnat*

camping (m) *camping*

campista (mf) *campeur/se*

campo (m) *champ* ; *campagne* ; *terrain*

canadense *canadien* ; (mf) *Canadien(ne)*

canal (m) *canal*

canção (f) *chanson*

candidato (m) *candidat*

candidatura (f) *candidature*

canela (f) *cannelle*

caneta (f) *stylo*

cansado *fatigué*

cantar *chanter*

canto (m) *coin (intérieur de l'angle)*

cão (m) *chien*

capacete (m) *casque*

capital (f) *capitale*

cara (f) *visage*

característica (f) *caractéristique, trait*

caravana (f) *caravane*

cardápio (m) *menu*

cargo (m) *poste (fonction)*

carioca (mf) *personne originaire de Rio de Janeiro*

carnaval (m) *carnaval*

carne (f) *viande*

caro *cher*

carro (m) *voiture* ; de carro *en voiture*

carro-guincho (m) *dépanneuse*

carta (f) *lettre ;* carta de intenções *lettre de motivation*

cartão (m) *carte* ; cartão de crédito *carte de crédit* ; cartão de visita *carte de visite*

cartão-postal (m) *carte postale*

carteira (f) *portefeuille* ; carteira de identidade *carte d'identité* ; carteira de motorista/de habilitação *permis de conduire*

carteiro (m) *facteur*

casa (f) *maison* ; em casa de *chez* ; na nossa casa *chez nous* ; casa de câmbio *bureau de change*

casaco (m) *manteau* ; *veste*

casado *marié*

casal (m) *couple*

casamento (m) *mariage*

casar-se *se marier*

casca (f) *peau* ; *écorce* ; *coquille*

caso (m) *cas* ; em caso de *en cas de* ; no caso de *au cas où*

castanho *marron* ; *châtain*

castelo (m) *château*

católico *catholique*

catorze *quatorze*

caução (f) *caution*

causa (f) *cause* ; por causa de *à cause de*

cavalheiro (m) *gentleman*

cavaquinho (m) *petite guitare à quatre cordes*

cebola (f) *oignon*

cedo *tôt* ; *en avance*

cem *cent*

cemitério (m) *cimetière*

cenoura (f) *carotte*

centavo (m) *centime*

cento *cent* ; por cento *pour cent*

central *central*

centro (m) *centre* ; centro de informações turísticas *office de tourisme* ; centro de saúde *centre médical*

CEP (m) *code postal*

cerca de *environ*

cereal (m) *céréale*

certeza (f) *certitude* ; ter (a) certeza *être certain*

certo *juste* ; *sûr* ; certo! *ok !*

cerveja (f) *bière*

chá (m) *thé*

chamar *appeler ;* chamar-se *s'appeler*

chão (m) *sol* ; no chão *par terre*

chapéu (m) *chapeau*

chave (f) *clé*

chegada (f) *arrivée*

chegar *arriver* ; *suffire*

cheio *plein, complet*

cheirar *sentir*

cheiro (m) *odeur*

cheque (m) *chèque* ; cheque de viagem *traveller's cheque*

chope (m) *demi, bière pression*

chorar *pleurer*

chuva (f) *pluie*

chuvarada (f) *averse*

chuveiro (m) *douche*

cidade (f) *ville*

cima : de cima *d'en haut* ; *du dessus* ; lá / aqui em cima *en haut* ; em cima de *sur* ; por cima de *par-dessus*

cinco *cinq*

cinema (m) *cinéma*

cinquenta *cinquante*

cinto (m) *ceinture*

cinza (f) *cendre* ; *(adj) gris*

cinzeiro (m) *cendrier*

circundar *entourer*

clara (f) *blanc d'œuf*

claro *clair* ; *bien sûr, évidemment*

classe (f) *classe*

clima (m) *climat*

clube (m) *club*

cobertor (m) *couverture*

cobrar *toucher (de l'argent)*

cobrir *couvrir*

coco (m) *noix de coco*

código (m) *code ;* código de área *indicatif téléphonique ;* código postal *code postal*

coisa (f) *chose* ; alguma coisa *quelque chose*

colcha (f) *couvre-lit*

colchão (m) *matelas*

colega (mf) *collègue* ; *camarade (de classe)*

colégio (m) *école*

colher (f) *cuillère*

colocar *placer*

com *avec*

combinar *organiser, associer*

combustível (m) *combustible*

começar *commencer*

começo (m) *commencement, début*

comer *manger*

comerciante (mf) *commerçant(e)*

comida (f) *nourriture*

comigo *avec moi*

como *comment* ; *comme*

companhia (f) *compagnie*

comparecer *comparaître*

completar *compléter ; (essence) faire le plein*

completamente *complètement*

completo *complet*

compra (f) *achat* ; fazer compras *faire des courses*

comprar *acheter*

compreender *comprendre*

comprido *long* ; ao comprido *en long* ; *dans le sens de la longueur*

comprimento (m) *longueur*

computador (m) *ordinateur*

comunicar *communiquer, informer*

conceder *concéder*

concerto (m) *concert*

concordar *être d'accord*

confeitaria (f) *pâtisserie (lieu)*

conhecer *connaître*

conhecido (m) *connaissance (personne)*

conhecimento (m) *connaissance (savoir)*

conjunto (m) *groupe* ; *ensemble* ; *(vêtements) ensemble*

conosco *avec nous*

consertar *réparer*

considerar *considérer*

consistir em *consister en*

construir *construire*

consulado (m) *consulat*

consulta (f) *consultation*

consultório (m) *cabinet médical*

conta (f) *addition* ; *compte ;* conta corrente *compte courant ;* conta poupança *compte d'épargne*

contar *compter* ; *conter*

contente *content, heureux*

contigo *avec toi*

contínuo *continu*

conto (m) *conte*

contra *contre*

controle (m) *contrôle*

conversa (f) *conversation*

conversar *parler*

convidar *inviter*

convir *convenir*

convite (m) *invitation*

cooper (m) : fazer cooper *faire du jogging*

copo (m) verre

cor (f) *couleur*

corredor (m) *couloir*

correio (m) *courrier* ; os correios *le bureau de poste* ; pelo correio *par la poste*

correr *courir*

correspondência (f) *correspondance, courrier*

corrigir *corriger*

cortar *couper*

costa (f) *côte*

costumar *avoir l'habitude de*

couro (m) *cuir*

couve (f) *chou*

cozinha (f) *cuisine*

cozinhar *cuisiner, cuire*

creme (m) *crème*

crer *croire*

criança (f) *enfant*

cruzamento (m) *croisement, carrefour*

cueca (f) *caleçon*

cuidado (m) *soin* ; cuidado! *attention !* ; ter cuidado *faire attention*

cujo/a *dont*

cultivo (m) *culture (agriculture)*

cultura (f) *culture (connaissances)*

cumprimentos (m) *salutations*

curso (m) *cours* ; tirar um curso de *faire des études de*

curto *court*

custar *coûter*

da (= de + a)

daí (= de + aí)

dali (= de + ali)

dançar *danser*

daquele/a (= de + aquele/a)

daqui (= de + aqui)

daquilo (= de + aquilo)

dar *donner* ; dar para *donner sur* ; *servir pour* ; dar prazer *faire plaisir* ; dar medo *faire peur*

das (= de + as)

data (f) *date*

de *de* ; *en* ; *à* ; da França *de France* ; de ouro *en or* ; de prata *en argent* ; de carro *en voiture* ; de manga curta *à manches courtes* ; de dois em dois dias *tous les deux jours*

debaixo *dessous* ; debaixo de *sous*

décimo *dixième*

declarar *déclarer*

dedo (m) *doigt*

defeito (m) *défaut*

deficiente (mf) *handicapé(e)*

degrau (m) *marche*

deitar-se *s'allonger* ; *se coucher*

deixar *laisser* ; deixar de *arrêter de*

dele/a (= de + ele/ela)

delegacia (f) *commissariat*

demais *trop*

demorar *tarder* ; *prendre du temps*

dentista (mf) *dentiste*

dentro *dedans, à l'intérieur* ; dentro de *dans (temporel)*

depois *après, ensuite, puis*

depositar *déposer*

depressa *vite*

desafio (m) *défi*

desaparecer *disparaître*

descalçar *retirer (gants, chaussures)*

descansar *se reposer*

descascar *décortiquer* ; *éplucher*

descer *descendre*

descobrir *découvrir*

desconhecido *inconnu*

descontar *décompter* ; *déduire*

desculpar *excuser*

desculpe *excusez-moi, pardon*

desde *depuis* ; desde já *à partir de maintenant*

desejar *désirer, souhaiter*

desfile (m) *défilé*

desligar *débrancher* ; *raccrocher* ; *éteindre*

desodorante (m) *déodorant*

despesa (f) *dépense* ; despesas *charges*

despir *retirer (vêtements)* ; despir-se *se déshabiller*

desse/a (= de + esse/a)

deste/a (= de + este/a)

destinatário (m) *destinataire*

destino (m) *destination*

detestar *détester*

devagar *lentement*

dever *devoir*

dez *dix*

dezembro (m) *décembre*

dezenove *dix-neuf*

dezesseis *seize*

dezessete *dix-sept*

dezoito *dix-huit*

dia (m) *jour* ; bom dia *bonjour, bonne journée* ; dia útil *jour ouvrable* ; no dia seguinte *le lendemain*

dia-a-dia (m) *routine quotidienne*

diálogo (m) *dialogue*

diante de *avant* ; *devant*

diária (f) *prix par jour (d'un séjour à l'hôtel)*

diário *quotidien*

diarreia (f) *diarrhée*

dicionário (m) *dictionnaire*

dieta (f) *régime*

diferente *différent*

dinheiro (m) *argent*

diploma (m) *diplôme*

direção (f) *direction*

direita (f) *droite* ; à direita *à droite*

direito *droit* ; *correctement*

direto *direct*

dirigir *diriger* ; (*véhicule*) *conduire*

discoteca (f) *discothèque, boîte de nuit*

disso (= de + isso)

distinção (f) *distinction*

disto (= de + isto)

divertir-se *s'amuser*

divorciado *divorcé*

dizer *dire*

do (= de + o)

doce *sucré* ; *doux* ; (m) *dessert* ; *sucrerie* ; *confiture*

documento (m) *document*

doença (f) *maladie*

doente *malade*

doer *faire mal*

dois *deux (+ nom masc.)*

dólar (m) *dollar*

domicílio (m) *domicile, résidence*

domingo (m) *dimanche*

domínio (m) *maîtrise ; domaine*

dona de casa (f) *femme au foyer*

dor (f) *douleur, mal* ; dor de cabeça *mal de tête*

dormir *dormir*

dos (= de + os)

doze *douze*

duas *deux (+ nom fém.)*

ducha (f) *douche*

duplo *(chambre) pour deux personnes*

duração (f) *durée*

durante *pendant*

duzentos *deux cents*

dúzia (f) *douzaine*

e *et*

edifício (m) *immeuble*

efeito (m) *effet*

ela *elle*

ele *il*

elevado *haut, élevé*

elevador (m) *ascenseur*

em *dans* ; *en* ; *à* ; *sur*

embaixada (f) *ambassade*

embaixo *en bas* ; lá/aqui embaixo *en bas, dessous* ; embaixo de *sous*

embarcar *embarquer*

embora *bien que* ; ir embora *s'en aller*

embrulhar *emballer*

emergência (f) *urgence ;* emergências *urgences (d'un hôpital)*

emitir *émettre*

empregado (m) *employé*

emprego (m) *emploi*

empresário (m) *homme d'affaires*

empurrar *pousser*

encerrar *fermer ; terminer*

encher *remplir*

encomenda (f) *colis, commande*

encontrar *trouver* ; *rencontrer*

encontro (m) *rendez-vous* ; *rencontre* ; marcar encontro *se donner rendez-vous*

endereço (m) *adresse*

engenheiro (m) *ingénieur*

enorme *énorme*

enquanto *tandis que* ; *pendant que*

ensinar *enseigner*

então *alors*

entender *comprendre*

entrada (f) *entrée*

entrar *entrer*

entre *entre*

entregar *livrer, remettre*

entrevista (f) *entretien*

enumerar *énumérer*

envelope (m) *enveloppe*

enviar *envoyer*

equipado *équipé*

errado *faux* ; *mauvais*

erro (m) *erreur* ; *faute*

escada (f) *escalier* ; *échelle* ; escada rolante *escalier mécanique*

escala (f) *escale*

escola (f) *école*

escolher *choisir*

escova (f) *brosse* ; escova de dentes *brosse à dents*

escrito *écrit*

escritório (m) *bureau*

escultor (m) *sculpteur*

escultura (f) *sculpture*

escuro *foncé*

escutar *écouter*

esforço (m) *effort*

esgotado *épuisé (vendu)*

esparadrapo (m) *pansement*

especial *spécial*

especialidade (f) *spécialité*

espécie (f) *espèce* ; *genre*

esperar *attendre*

esporte (m) *sport*

esquecer(-se) *oublier*

esquentador (m) *chauffe-eau*

esquerda (f) *gauche* ; à esquerda *à gauche*

esquina (f) *coin (extérieur de l'angle)*

esquisito *étrange, bizarre*

esse/a *ce / cette* ; *celui-là / celle-là* (*voir également* aquele)

esta *cette* ; *celle-ci*

estação (f) station ; *gare* ; *saison*

estacionamento (m) *stationnement*

estacionar (*se*) *garer*

estada (f) *séjour*

estadia (f) *séjour*

estádio (m) *stade*

estado (m) *état* ; estado civil *état civil*

estar *être* ; está bem *c'est bon, d'accord*

estátua (f) *statue*

este *ce, cet ; celui-ci*

este (m) *est ;* no este *à l'est*

estimar *estimer* ; estimo (suas rápidas) melhoras *bon rétablissement*

estômago (m) *estomac*

estrada (f) *route*

estrangeiro *étranger*

estreito *étroit*

estrela (f) *étoile*

estudante (mf) *étudiant(e)*

estudar *étudier*

eu *je* ; *moi*

euro (m) *euro*

europeu *européen*

exame (m) *examen*

excelente *excellent*

exceto *sauf, excepté*

excursão (f) *excursion*

exemplo (m) *exemple* ; por exemplo *par exemple*

exercício (m) *exercice*

êxito (m) *succès*

experiência (f) *expérience*

experimentar *expérimenter*

expressão (f) *expression*

exterior (m) *extérieur*

extrato (m) *extrait*

faca (f) *couteau*

fácil *facile* ; fácil de *facile à*

facilidade (f) *facilité*

falar *parler*

falta (f) *manque*

faltar *manquer*

família (f) *famille*

farmácia (f) *pharmacie* ; farmácia de serviço *pharmacie de garde*

fatia (f) *tranche*

fato (m) *fait*

fator (m) *facteur (élément)*

fauna (f) *faune*

favor (m) *faveur* ; faz o favor / por favor *s'il vous plaît, excusez-moi* ; *je vous en prie*

favorito *préféré, favori*

fazer *faire*

fechar *fermer*

federal *fédéral*

feijão (m) *haricot*

feijão-fradinho (m) *haricot à œil noir, mongette*

feira (f) *marché* ; *foire*

felicidade (f) *bonheur*

feliz *heureux*

feminino *féminin*

feriado (m) *jour férié* ; feriado nacional *fête nationale*

férias (fpl) *vacances*

ferido (m) *blessé*

ferir *blesser*

ferro (m) *fer* ; *fer à repasser*

ferry (m) *ferry*

ferryboat (m) *ferry*

festa (f) *fête ; soirée*

fevereiro (m) *février*

ficar *être* ; *se trouver* ; *rester* ; *devenir* ; ficar com *garder, prendre*

ficha (f) *fiche* ; *jeton*

fila (f) *file, queue*

filha (f) *fille*

filho (m) *fils* ; filhos *enfants*

filme (m) *pellicule (photo)*

fim (f) *fin* ; fim de semana *week-end* ; no fim de *au bout de, à la fin de*

finalidade (f) *objectif, but*

finalmente *finalement, enfin*

fingir *faire semblant*

flexibilidade (f) *flexibilité*

flor (f) *fleur*

flora (f) *flore*

floricultura (f) *fleuriste (magasin)*

fluentemente *couramment*

fogo (m) *feu*

folgado *large*

folheto (m) *brochure*

fone (m) *combiné (téléphonique)*

fora *dehors* ; *à l'étranger* ; jogar fora *jeter*

forma (f) *forme* ; em boa forma *en forme*

formação (f) *formation*

formar-se *faire ses études*

formulário (m) *formulaire*

fotografia (f) *photographie*

francês *français* ; (m) *Français*

frango (m) *poulet*

freguês (m) *client*

frente (f) *face* ; *avant* ; à frente *devant, avant* ; em frente *tout droit* ; em frente de/a *en face de*

frequentar *fréquenter ; (un cours) suivre*

frequente *fréquent*

frequentemente *souvent*

frio *froid* ; está/faz frio *il fait froid*

frito *frit*

fronteira (f) *frontière*

fruta (f) *fruit (aliment)*

fruto (m) *fruit (de l'arbre) ;* frutos do mar *fruits de mer*

fumante *fumeur*

fumar *fumer*

função (f) *fonction*

funcionar *fonctionner, marcher*

fundo (m) *fond ;* nos fundos *au fond*

futebol (m) *football*

futuro (m) *futur* ; *avenir*

galeria (f) *galerie* ; galeria de arte *galerie d'art*

ganhar *gagner*

garagem (f) *garage*

garantir *garantir*

garfo (m) *fourchette*

garrafa (f) *bouteille*

gás (m) *gaz* ; com gás *gazeux* ; sem gás *non gazeux, (eau) plate*

gasolina (f) *essence*

gastar *dépenser* ; *consommer*

gato (m) *chat*

geladeira (f) *réfrigérateur*

gelado *gelé* ; *glacé*

geleia (f) *gelée de fruits*

gelo (m) *glace* ; *glaçon* ; *verglas*

gema (f) *jaune d'œuf*

gêmeo *jumeau*

genro (m) *gendre*

gente (f) *gens* ; toda a gente *tout le monde* ; a gente *nous, on*

gentil *gentil* ; *courtois*

geral *général*

gerente (mf) *gérant(e)*

goiabada (f) *pâte de fruit à la goyave*

golfe (m) *golf*

gordo *gros* ; *gras*

gostar de *aimer* ; gostava muito de... *j'aimerais bien…*

governo (m) *gouvernement*

grama (m) *gramme*

grande *grand*

grátis, gratuito *gratuit*

grau (m) *degré*

gravata (f) *cravate*

grave *grave*

grávida *enceinte*

gripado *grippé*

grisalho *gris (cheveux)*

grupo (m) *groupe*

guarda (f) *garde* ; *policier* ; *gendarme*

guarda-chuva (m) *parapluie*

guardanapo (m) *serviette de table*

guardar *garder* ; *ranger*

guarda-sol (m) *parasol*

guichê (m) *guichet*

há *il y a* (*voir également* haver)

habitante (mf) *habitant(e)*

habitualmente *d'habitude*

haver *avoir*

hei de *je pense (faire quelque chose)*

hipermercado (m) *hypermarché*

história (f) *histoire*

hoje *aujourd'hui*

homem (m) *homme*

hora (f) *heure* ; meia (hora) *une demi-heure* ; hora e meia *une heure et demie* ; a que horas? *à quelle heure ?* ; que horas são? *quelle heure est-il ?*

horário (m) *horaire* ; horário de abertura/de atendimento *heures d'ouverture*

hospital (m) *hôpital*

hospitalidade (f) *hospitalité*

hotel (m) *hôtel*

ida (f) *aller* ; uma passagem de ida *un aller simple* ; ida e volta *aller-retour* ; uma passagem de ida e volta *un aller-retour*

idade (f) *âge*

ideia (f) *idée*

identidade (f) *identité*

identificação (f) *identification*

igreja (f) *église*

igual a *pareil à ; (calcul) égal à*

igualmente *de même, également*

ilha (f) *île*

ímpar *impair*

importância (f) *importance* ; não tem importância *ce n'est pas grave, ça n'a pas d'importance*

importar-se : importa-se de ? *pouvez-vous… ?* ; você se importaria de...? *pourriez-vous… ?*

imposto (m) *impôt*

impressão digital (f) *empreinte digitale*

impresso (m) *imprimé, formulaire*

incluir *inclure*

incomodar *déranger*

incômodo (m) *dérangement*

indigestão (f) *indigestion*

individual *individuel*

indivíduo (m) *individu*

indústria (f) *industrie*

inesquecível *inoubliable*

infelizmente *malheureusement*

informação (f) *information*

informar *informer*

informática (f) *informatique*

infração (f) *infraction*

inglês *anglais* ; (m) *Anglais*

inicial *initial*

instalação (f) *installation*

instalar *installer*

instrução (f) *instruction, éducation*

insuficiente *insuffisant*

integrado (em) *intégré (à)*

interessado *intéressé*

interessante *intéressant*

interesse (m) *intérêt*

interior (m) *intérieur ;* no interior *en province*

internacional *international*

intérprete (mf) *interprète*

interurbano *interurbain*

intervalo (m) *intervalle* ; *mi-temps* ; *pause* ; *entracte*

introdução (f) *introduction*

introduzir *introduire*

inverno (m) *hiver*

iogurte (m) *yaourt*

ir *aller* ; ir embora *s'en aller* ; ir para casa *rentrer chez soi*

irmã (f) *sœur*

irmão (m) *frère*

isso *cela, ça* (*voir également* aquilo)

isto *ceci*

já *immédiatement* ; *tout de suite* ; *déjà* ; até já *à tout de suite*

janeiro (m) *janvier*

janela (f) *fenêtre*

jantar (m) *dîner*

jantar *dîner (v)*

jaqueta (f) *veste*

jardim (m) *jardin*

jogar *jouer (à un jeu)*

joia (f) *bijou*

jornal (m) *journal*

jovem *jeune*

julho (m) *juillet*

junho (m) *juin*

juntamente com *avec*

junto *ensemble* ; junto com *avec* ; junto de/a *près de, auprès de*

juventude (f) *jeunesse*

-la *la* ; *vous*

lá *là-bas* ; lá está ele *le voilà* ; sei lá! *je n'en sais rien !* ; eu vou lá *j'y vais* ; para lá de *au-delà de* (*voir également* ali)

lã (f) *laine*

lado (m) *côté* ; ao lado de *à côté de* ; por todo(s) o(s) lado(s) *partout*

lanche (m) *goûter* ; *en-cas*

lápis (m) *crayon*

laranja (f) *orange*

laranja *orange (couleur)*

largo *large*

largo (m) *place* ; ao largo *au large*

lata (f) *boîte* ; *cannette*

lavagem de roupa (f) ; *service de blanchisserie*

lavanderia (f) *buanderie, blanchisserie*

lavar(-se) *(se) laver* ; lavar a louça *faire la vaisselle*

lazer (m) *loisir*

leite (m) *lait ;* leite semidesnatado *lait demi-écrémé*

leito (m) *lit*

lembrança (f) *souvenir*

lembrar *rappeler* ; lembrar-se *se souvenir*

lençol (m) *drap*

lente de contato (f) *lentille de contact*

ler *lire*

leste (m) *est* ; no leste *à l'est* (*voir également* este)

levantar(-se) *(se) lever*

levar *emporter* ; *porter* ; *emmener* ; *prendre* ; levar tempo *prendre du temps*

leve *léger*

lhe *vous* ; *lui*

lhes *vous* ; *leur*

lição (f) *leçon*

licença (f) *permission* ; com licença *excusez-moi*

ligar *allumer* ; *brancher* ; ligar (para) *appeler (au téléphone)*

limão (m) *citron*

limpar *nettoyer*

limpeza (f) *nettoyage, propreté*

limpo *propre*

lindo *beau*

língua (f) *langue*

linha (f) *fil* ; *ligne* ; *voie*

linho (m) *lin*

liso *lisse* ; *(tissu) uni* ; *(cheveux)* raide

lista (f) *liste* ; lista telefônica *annuaire téléphonique*

literatura (f) *littérature*

litoral (m) *littoral*

litro (m) *litre*

livraria (f) *librairie*

livre *libre* ; *gratuit*

livro (m) *livre*

lixeira (f) *poubelle*

lixo (m) *ordures* ; pôr no lixo *jeter à la poubelle*

-lo *le* ; *vous*

local (m) *local*

locação (f) *location*

localização (f) *emplacement* ; *localisation*

logo *tout de suite* ; *tout à l'heure* ; logo mais *plus tard* ; até logo *à plus tard*

loiro *blond*

loja (f) *magasin, boutique*

longe *loin*

longo *long* ; ao longo de *le long de*

lua-de-mel (f) *lune de miel*

lugar (m) *endroit* ; *place*

lusófono *lusophone*

luva (f) *gant*

luz (f) *lumière*

ma (= me + a)

má *mauvaise*

maçã (f) *pomme*

maçaneta (f) *poignée*

machucado *blessé*

madeira (f) *bois*

madrugada (f) *aube* ; à uma da madrugada *à une heure du matin*

mãe (f) *mère*

magro *maigre* ; *écrémé (lait)*

maio (m) *mai*

maiô (m) *maillot de bain*

maior *plus grand*

mais *plus* ; mais (do) que *plus que* ; até mais *à plus tard*

mal *mal* ; cheirar mal *sentir mauvais* ; não faz mal *ce n'est pas grave, ce n'est rien (en réponse à des excuses)* mala (f) *valise* ; *sac*

mandar *commander* ; *envoyer* ; mandar consertar... *faire réparer...* ; mandar vir *commander*

manhã (f) *matin* ; *matinée*

manteiga (f) *beurre*

manter(-se) *(se) maintenir* ; *(se) tenir*

mão (f) *main* ; *voie, sens (de circulation)*

mapa (f) *carte*

máquina (f) *machine* ; máquina fotográfica *appareil photo ;* máquina de lavar louça *lave-vaisselle ;* máquina de lavar roupa *lave-linge ;* máquina de secar roupa *sèche-linge*

mar (m) *mer*

maravilhoso *merveilleux*

marcar *réserver* ; *marquer* ; *fixer* ; *prendre*

março (m) *mars*

maré (f) *marée*

marido (m) *mari, époux*

marrom *marron*

mas *mais*

masculino *masculin*

mau *mauvais* ; *méchant*

máximo *maximum*

me *me* ; *moi*

medicamento (m) *médicament*

médico (m) *médecin*

meia (f) *chaussette, bas* ; *six* ; meia dúzia *demi-douzaine* ; meia (hora) *une demi-heure* ; meia pensão *demi-pension*

meia-noite (f) *minuit*

meio (m) *moitié* ; *moyen* ; partir ao meio *couper en deux* ; no meio *au milieu* ; meio ambiente *environnement*

meio-dia (m) *midi*

melhor *meilleur* ; *mieux*

menino/a (m/f) *petit garçon / petite fille*

menor *plus petit* ; (m) *mineur*

menos *moins* ; a menos *en/de moins* ; pelo menos *au moins*

mensalmente *par mois*

mercearia (f) *épicerie*

mês (m) *mois*

mesa (f) *table*

mesmo *même* ; *vraiment* ; mesmo que *même si*

meter *mettre* ; meter-se em *se mêler de*

metrô (m) *métro*

meu *mon* ; *mien* ; o meu pai *mon père*

mezanino (m) *balcon inférieur (au théâtre)*

mil *mille*

milhão (m) *million*

milhar (m) *millier*

mim *moi* ; *me*

minha *ma* ; *mienne*

minimercado (m) *petit supermarché, épicerie*

mínimo *minimum*

minuto (m) *minute*

missa (f) *messe*

misturar *mélanger*

mobiliado *meublé*

moço/a (m/f) *jeune homme / jeune femme*

moderno *moderne*

moeda (f) *pièce* ; *monnaie*

molho (m) *sauce*

momento (m) *moment*

montanha (f) *montagne*

morango (m) *fraise*

morar *habiter*

moreno *bronzé* ; *brun* ; *(teint) mat*

morrer *mourir*

morro (m) *colline, mont*

mostrar *montrer*

motor home (m) *camping-car*

motorista (mf) *chauffeur, conducteur*

mudar *changer* ; mudar-se *déménager* ; mudar de roupa *se changer*

muito *beaucoup (de)* ; *très* ; muitas coisas *beaucoup de choses* ; muitas vezes *souvent* ; muito tempo *longtemps*

mulher (f) *femme*

multa (f) *amende*

mundo (m) *monde* ; todo mundo *tout le monde*

museu (m) *musée*

música (f) *musique*

na (= em + a)

-na *la* ; *vous*

nacional *national*

nacionalidade (f) *nationalité*

nada *rien* ; de nada *de rien* ; não foi nada *ce n'est rien, ce n'est pas grave*

nadar *nager*

não *non* ; *ne... pas* ; não sei *je ne sais pas* ; não é? *n'est-ce pas ?*

nascer *naître*

nascimento (m) *naissance*

natal *natal*

Natal (m) *Noël*

natural *naturel* ; *originaire*

natureza (f) *nature*

necessário *nécessaire*

negócio (m) *affaire*

nele/a (= em + ele/ela)

nem *non plus* ; nem... nem *ni... ni*

nenhum *aucun*

nesse/a (= em + esse/a)

neste/a (= em + este/a)

neto/a (m/f) *petit-fils / petite-fille*

ninguém *personne*

nisso (= em + isso)

nisto (= em + isto)

nível (m) *niveau*

no (= em + o)

noite (f) *nuit* ; *soir* ; boa noite *bonsoir ; bonne nuit*

noivado (m) *fiançailles*

noivo *fiancé* ; os noivos *les mariés*

nome (m) *nom* ; nome de batismo *prénom* ; nome completo *nom et prénom*

nono *neuvième*

nora (f) *belle-fille*

norte (m) *nord* ; no norte *au nord*

nos (= em + os)

nos *nous (pronom objet)*

nós *nous (pronom sujet)*

nosso *notre* ; *le/la nôtre*

nota (f) *billet* ; *note*

notar *remarquer*

notícia (f) *nouvelle*

noticiário (m) *informations* ; *journal*

novamente *à nouveau*

nove *neuf*

novecentos *neuf cents*

novembro (m) *novembre*

noventa *quatre-vingt-dix*

novo *nouveau* ; *jeune*

nublado *nuageux*

num(a) (= em + um(a))

número (m) *numéro* ; *nombre*

nunca *jamais* ; nunca mais *(plus) jamais*

nuvem (f) *nuage*

o *le* ; *vous* ; *lui* ; *le*

obra (f) *œuvre ;* obras (fpl) *travaux*

obrigado/a *merci*

obrigatório *obligatoire*

observação (f) *observation*

obter *obtenir*

oceano (m) *océan*

oculista (mf) *opticien*

óculos (mpl) *lunettes* ; óculos de sol *lunettes de soleil*

ocupação (f) *métier* ; *occupation*

ocupar *occuper*

oeste (m) *ouest* ; no oeste *à l'ouest*

oferecer *offrir*

oficial *officiel*

oi! *salut !*

oitavo *huitième*

oitenta *quatre-vingts*

oito *huit*

oitocentos *huit cents*

olá! *salut !*

óleo (m) *huile*

olhada (f) : dar uma olhada *jeter un œil, regarder*

olhar *regarder*

olho (m) *œil*

onde *où*

ônibus (m) *bus* ; *car*

ontem *hier*

onze *onze*

opcional *optionnel*

opinião (f) *opinion*

oportunidade (f) *opportunité*

ordem (f) *ordre* ; à ordem de *à l'ordre de (chèque)*

organização (f) *organisation*

organizador (m) *organisateur*

os *les*

ótimo *génial, super*

ou *ou* ; ou... ou... *soit... soit*

ouro (m) *or*

outono (m) *automne*

outro *autre*

outubro (m) *octobre*

ouvido (m) *oreille*

ouvir *entendre*

ovo (m) *œuf*

pacote (m) *paquet* ; *carton*

padaria (f) *boulangerie*

pagamento (m) *paiement*

pagar *payer*

pai (m) *père*

pais (m) *parents*

país (m) *pays*

paisagem (f) *paysage*

palácio (m) *palais*

palavra (f) *mot*

paletó (m) *veste de costume*

pão (m) *pain*

papel (m) *papier* ; papel higiênico *papier hygiénique*

par *pair*

para *pour*

parabéns (mpl) *félicitations*

parada (f) *arrêt* ; parada de ônibus *arrêt de bus*

paraíso (m) *paradis*

parar *arrêter*

parecer *paraître, sembler* ; *ressembler* ; parece que *on dirait que*

parede (f) *mur*

parente (m) *parent (proche)*

parque (m) *parc*

parquímetro (m) *parcomètre*

parte (f) *partie* ; parte de trás *arrière* ; parte da frente *avant* ; outra parte *ailleurs* ; por toda(s) a(s) parte(s) *partout*

participar *participer*

partida (f) *départ*

partir *casser* ; *partir* ; a partir de *à partir de*

Páscoa (f) *Pâques* ; feliz Páscoa! *joyeuses Pâques !*

passado *dernier* ; *passé*

passado : bem-passado *bien cuit* ; mal-passado *saignant*

passageiro (m) *passager*

passagem (f) *passage* ; *billet*

passaporte (m) *passeport*

passar *passer* ; *(examen) réussir* ; *(vêtements) repasser*

passatempo (m) *passe-temps*

passe (m) *carte*

passear *se promener*

passeio (m) *promenade*

passista (mf) *danseur/se de samba*

pasta de dentes (f) *dentifrice*

patrimônio (m) *patrimoine*

pé (m) *pied* ; a pé *à pied* ; de / em pé *debout*

pedaço (mf) *morceau*

pedestre (mf) *piéton(ne)*

pedir *demander* ; *commander*

pedra (f) *pierre ;* pedra fundamental *première pierre*

pegar *attraper* ; *prendre* ; *(moteur) démarrer*

peixe (f) *poisson*

pele (f) *peau* ; *cuir*

pelo/a (= por + o/a)

pelo (m) *poil*

pena (f) *plume* ; *peine* ; que pena! *quel dommage !* ; ter pena de… *regretter de…* ; *avoir pitié de…*

penalidade (f) *pénalité*

pendurar *accrocher*

pensão (f) *pension* ; meia pensão *demi-pension* ; pensão completa *pension complète*

pensar *penser* ; pensar em *penser à* ; nem pensar! *pas question !*

penúltimo *avant-dernier*

pequeno *petit*

perceber *comprendre*

perdão *pardon* ; *excusez-moi*

perder *perdre* ; *(bus, train) rater*

perfil (m) *profil*

pergunta (f) *question* ; fazer uma pergunta *poser une question*

perguntar *demander*

perigo (m) *danger*

permitir *permettre*

perna (f) *jambe*

pertencer a *appartenir à*

perto *près* ; *proche* ; perto de *près de* ; *(temporel) vers le* ; perto daqui *près d'ici, tout proche* ; aqui perto *près d'ici, tout proche*

pesca (f) *pêche*

pessoa (f) *personne* ; as pessoas *les gens*

pessoal (m) *personnel*

pimenta (f) *poivre*

pinga (f) *cachaça, eau-de vie de canne à sucre*

pior *pire*

piorar *empirer*

pirão (m) *purée de farine de manioc*

piscina (f) *piscine*

piso (m) *étage* ; *chaussée*

placa (f) *panneau* ; *plaque ; (de voiture) plaque d'immatriculation ;* placa de parada obrigatória *panneau stop ;* placa de proibido ultrapassar *panneau interdiction de dépasser*

plano (m) *plan*

plástico *plastique*

plataforma (f) *quai, voie*

pneu (m) *pneu*

pó (m) *poudre* ; *poussière*

poder *pouvoir (v)*

pois *car* ; pois não *je vous en prie*

polícia (f) *police*

ponte (f) *pont*

ponto (m) *point* ; ponto de táxis *station de taxis* ; ponto de ônibus *arrêt de bus / car* ; ponto de encontro *point de rencontre*

popular *populaire*

por *pour* ; *par* ; por aqui *par ici* ; por causa de *à cause de* ; por que...? *pourquoi... ?*

pôr *mettre*

porque *parce que*

porquê? *pourquoi ?*

porta (f) *porte* ; *portière*

porta-malas (m) *coffre (de voiture)*

porto (m) *port*

português *portugais* ; (m) *Portugais*

posto de gasolina (m) *station-service*

possível *possible*

possuir *posséder, avoir*

pouco *peu (de)* ; poucas coisas *peu de choses* ; um pouco *un peu*

pousada (f) *chambre d'hôte, petit hôtel*

praça (f) *place*

praia (f) *plage*

prata (f) *argent*

prateleira (f) *étagère*

praticar *pratiquer*

prato (m) *plat* ; *assiette*

prazer (m) *plaisir* ; muito prazer! *enchanté(e) !*

prazo (m) *délai*

precisar (de) *avoir besoin de*

preço (m) *prix*

predileto *préféré*

preencher *remplir*

prefeitura (f) *mairie*

preferir *préférer*

prenome (m) *prénom*

preocupado *préoccupé*

preocupar-se *se préoccuper, s'inquiéter*

preparar *préparer*

presente (m) *présent* ; *cadeau*

pressa (f) *hâte* ; estar com pressa / ter pressa *être pressé*

pressionar *presser* ; *appuyer sur* ; *faire pression sur*

presunto (m) *jambon*

pretender *avoir l'intention de* ; *demander*

preto *noir*

primavera (f) *printemps*

primeiro *premier*

principal *principal*

prioridade (f) *priorité*

prisão de ventre (f) *constipation*

privado *privé*

privilegiado *privilégié*

procurar *chercher*

produzir *produire*

professor (m) *professeur*

profissão (f) *profession*

profissional *professionnel*

profissionalismo (m) *professionnalisme*

proibição (f) *interdiction*

proibir *interdire*

pronto *prêt* ; pronto! *ça y est !*

pronunciar *prononcer*

propício *propice*

próprio *propre (à soi)* ; eu próprio *moi-même*

proteger *protéger*

prova (f) *preuve* ; *(examen) épreuve*

provar *essayer* ; *goûter* ; *prouver*

provavelmente *probablement*

próximo *prochain* ; proche ; até a próxima *à la prochaine*

publicação (f) *publication*

publicar *publier*

puxar *tirer*

qual *quel* / *quelle* ; o/a qual *lequel / laquelle*

qualidade (f) *qualité*

qualquer *n'importe quel / quelle ; quelconque*

quando *quand*

quantia (f) *somme, montant*

quantidade (f) *quantité*

quanto *combien* ; uns quantos *quelques(-uns)*

quarenta *quarante*

quarta-feira (f) *mercredi*

quarto *quatrième*

quarto (m) *quart ; chambre*

quase *quasiment, presque*

quatro *quatre*

quatrocentos *quatre cents*

que *qui* ; *que* ; *quoi* ; *quel* / *quelle*

quê *quoi* ; para quê? *pourquoi ?* ; não tem de quê *il n'y a pas de quoi*

quebrar *casser*

queijo (m) *fromage*

queimadura (f) *brûlure* ; queimadura solar *coup de soleil*

quem *qui* ; quem quer que *quiconque*

quente *chaud*

querer *vouloir*

quilo (m) *kilo*

quilograma (m) *kilogramme*

quilômetro (m) *kilomètre*

quinhentos *cinq cents*

quinta-feira (f) *jeudi*

quinto *cinquième*

quinze *quinze*

rádio (m) *poste de radio* ; (f) *station de radio*

rapaz (m) *jeune homme* ; *garçon*

rápido *rapidement, vite ; rapide*

raro *rare*

razão (f) *raison*

real (m) *unité de la monnaie brésilienne*

realizar-se *se réaliser*

receber *recevoir*

receita (f) *recette ; ordonnance*

recepção (f) *réception*

recibo (m) *reçu*

recomendar *recommander*

reconhecer *reconnaître*

recuperação (f) *récupération ; (travaux) restauration*

refeição (f) *repas*

refogar *faire mijoter* ; *faire revenir*

refrigerante (m) *soda*

região (f) *région*

regra (f) *règle*

regresso (m) *retour*

regularmente *régulièrement*

relógio (m) *montre*

remédio (m) *médicament* ; *remède*

remetente (mf) *expéditeur/trice*

remoto *éloigné*

remuneração (f) *rémunération*

renda (f) *loyer ; revenu*

repetir *répéter*

repor *remettre*

repouso (m) *repos*

reputação (f) *réputation*

requisito (m) *condition requise*

reserva (f) *réservation* ; reserva natural *réserve naturelle*

reservar *réserver*

resfriado (m) *rhume ;* estar resfriado *être enrhumé*

residência (f) *résidence*

resolver *résoudre* ; *décider*

respeitar *respecter*

responder *répondre*

resposta (f) *réponse*

restaurante (m) *restaurant*

resultado (m) *résultat*

retirada : retirada das bagagens (f) *retrait des bagages (à l'aéroport)* reunião (f) *réunion*

reunir *réunir*

revista (f) *magazine*

rico *riche*

rio (m) *fleuve* ; *rivière*

roda (f) *roue*

rodoviária (f) *gare routière*

rolha (f) *bouchon*

rolo (m) *rouleau*

roubar *voler*

roupa (f) *vêtements* ; *linge* ; roupa de baixo *sous-vêtements*

roupão (m) *peignoir*

rua (f) *rue*

ruim *mauvais*

ruivo *roux*

sábado (m) *samedi*

saber *savoir*

sabonete (m) *savonnette*

sabor (m) *saveur, goût, parfum*

sacada (f) *balcon*

saca-rolhas (m) *tire-bouchon*

saco (m) *sac, sachet* ; saco de dormir *sac de couchage*

sacola (f) *sac*

saia (f) *jupe*

saída (f) *sortie*

sair *sortir*

sal (m) *sel*

sala (f) *salle* ; *salon*

salada (f) *salade*

saldo (m) *solde*

salsicha (f) *saucisse*

sandália (f) *sandale*

sanduíche (m) *sandwich*

sanitários (mpl) *toilettes*

sapato (m) *chaussure*

satisfeito *satisfait*

saudade (f) *nostalgie, mal du pays*

saúde (f) *santé* ; saúde! *santé !*

se *se* ; *vous* ; *on* ; *soi-même* ; *si*

secador (de cabelo) (m) *sèche-cheveux*

século (m) *siècle*

sede (f) *soif* ; estar com sede / ter sede *avoir soif*

seguinte *suivant*

seguir *suivre*

segunda-feira (f) *lundi*

segundo *deuxième, second*

segundo (m) *seconde*

segurança (f) *sécurité*

seguro (m) *assurance ; seguro contra todos os riscos assurance tous risques*

seis *six*

seiscentos *six cents*

selo (m) *timbre*

sem *sans*

semáforo (m) *feu de signalisation*

semana (f) *semaine*

semidireto : ônibus semidireto *car / bus non direct*

sempre *toujours*

senhor (m) *monsieur* ; *vous*

senhora (f) *madame* ; *vous*

sensível *sensible*

sentar(-se) *(s')asseoir*

sentir *sentir, ressentir* ; sentir (a) falta de *avoir besoin de*

ser *être*

serviço (m) *service* ; de serviço *de service*

servir *servir* ; *(vêtement)* *bien aller*

sessão (f) *séance*

sessenta *soixante*

sete *sept*

setecentos *sept cents*

setembro (m) *septembre*

setenta *soixante-dix*

sétimo *septième*

seu *votre* ; *le/la vôtre* ; *(aussi son* ; *le/la leur)*

seus *vos* ; *les vôtres* ; *(aussi ses* ; *les leurs)*

sexo (m) *sexe*

sexta-feira (f) *vendredi*

sexto *sixième*

si *lui* ; *elle* ; *vous* ; *eux* ; *elles* ; *soi*

significar *signifier*

sim *oui*

simpático *sympathique*

simples *simple*

sinal (m) *signe* ; *signal*

só *seul* ; *seulement* ; não só... mas também... *non seulement... mais aussi...*

sob *sous*

sobre *sur*

sobremesa (f) *dessert*

sobrenome (m) *nom de famille*

sobrinho/a (m/f) *neveu / nièce*

socorro (m) *secours* ; *aide* ; socorro! *au secours !*

sofrer *souffrir* ; *endurer*

sogro/a (m/f) *beau-père / belle-mère*

sol (m) *soleil*

solteiro/a *célibataire*

somente *seulement*

sonho (m) *rêve*

sopa (f) *soupe*

sorriso (m) *sourire*

sorte (f) *chance* ; boa sorte! *bonne chance !*

sorvete (m) *sorbet* ; *glace*

sotaque (m) *accent (prononciation)*

sozinho *seul*

sua *votre* ; *le/la vôtre* ; *(aussi sa* ; *le/la leur)*

suas *votres* ; *les vôtres* ; *(aussi ses* ; *les leurs)*

suave *doux* ; *léger*

subir *monter*

suco (m) *jus* ; suco de laranja *jus d'orange*

sugerir *suggérer*

suíço *suisse* ; (m) *Suisse*

sujo *sale*

sul (m) *sud* ; no sul *au sud*

superfície (f) *surface*

supermercado (m) *supermarché*

suspensão (f) *suspension*

tailleur (m) *tailleur (vêtement)*

tainha (f) *mulet (poisson)*

tal *tel / telle*

talvez *peut-être*

tamanho (m) *taille*

também *aussi* ; também não *non plus*

tamborim (m) *tambourin*

tanque (m) *réservoir (de voiture)*

tanto *tant (de)* ; *autant (de)* ; tanto... quanto / como... *autant... que...*

tão *si* ; tão... quanto / como... *aussi... que...*

tarde *tard* ; *(n)* (f) *après-midi* ; *début de soirée* ; boa tarde *bonjour* ; *bon après-midi* ; *bonsoir*

tarifa (f) *tarif* ; *prix*

táxi (m) *taxi*

te *te* ; *toi*

teatro (m) *théâtre*

tecla (f) *touche*

telefonar *téléphoner*

telefone (m) *téléphone* ; telefone celular *téléphone portable*

telefonista (mf) *opérateur/trice*

televisão (f) *télévision*

televisor (m) *poste de télévision*

tema (m) *thème*

temperatura (f) *température*

tempo (m) *temps*

tencionar *avoir l'intention de*

tenda (f) *tente*

ter *avoir* ; ter que / de *devoir*

terça-feira (f) *mardi*

terceiro *troisième*

terço (m) *tiers*

terno (m) *costume*

terra (f) *terre* ; *région (natale)* ; terra natal *terre natale*

território (m) *territoire*

teto (m) *toit*

teu *ton* ; *tien*

ti *toi*

tio / tia (m/f) *oncle / tante*

típico *typique*

tirar *retirer*

toalha (f) *serviette de toilette* ; toalha de mesa *nappe ;* toalha de banho *serviette de bain*

tocar *toucher* ; *sonner* ; *(d'un instrument) jouer*

todo *tout*

toldo (m) *store*

tomada (f) *prise de courant*

tomar *prendre*

tomate (m) *tomate*

tombado *classé (monument)*

torcer *tordre*

torre (f) *tour*

trabalhar *travailler*

trabalho (m) *travail*

tradição (f) *tradition*

tradutor (m) *traducteur*

trailer (m) *caravane*

transbordo (m) *changement* (dans un moyen de transport)

transeunte (mf) *passant(e)*

transferência (f) *virement (bancaire)*

transportar *transporter*

transporte público (m) *transport public*

transversal *transversal (rue, route)*

tratar *soigner* ; *traiter* ; tratar de *s'occuper de* ; tratar por *traiter de* (*tu* ou *vous*) ; tratar-se de *s'agir de*

travessa (f) *desserte* ; *allée*

travesseiro (m) *oreiller*

trazer *apporter*

treino (m) *entraînement*

trem (m) *train*

três *trois*

treze *treize*

trezentos *trois cents*

trilha (f) *sentier*

trinta *trente*

trocado (m) *monnaie*

trocar *changer* ; *échanger*

troco (m) *monnaie*

tu *tu* ; *toi*

tua *ta* ; *la tienne*

tubo (m) *tube*

tudo *tout*

turismo (m) *tourisme*

turista (mf) *touriste*

ultimamente *dernièrement*

último *dernier* ; nos últimos dias *ces derniers jours*

ultrapassar *doubler*

um(a) *un(e)* ; uns / umas… *environ…* ; *quelques…*

universidade (f) *université*

uns *voire um*

urgência (f) *urgence*

urgente *urgent*

usar *utiliser* ; *porter*

útil *utile*

uva (f) *raisin*

vacina (f) *vaccin*

vaga (f) *chambre libre* ; *emplacement libre* ; *poste libre*

vago *libre*

válido *valide*

valor (m) *valeur*

variedade (f) *variété*

vários/as *plusieurs*

vazio *vide*

vela (f) *bougie* ; *voile*

velho *vieux*

velocidade (f) *vitesse*

venda (f) *vente*

vendedor/a (m/f) *vendeur(se)*

vender *vendre*

vento (m) *vent*

ver *voir* ; *regarder*

verão (m) *été*

verde *vert*

verificar *vérifier*

vermelho *rouge*

vestido (m) *robe*

vestir *mettre (vêtements)* ; vestir-se *s'habiller*

vez (f) *fois* ; *tour* ; *occasion* ; às vezes *parfois* ; muitas vezes *souvent* ; outra vez *encore* ; poucas vezes *rarement* ; em vez de *au lieu de*

viagem (f) *voyage* ; boa viagem! *bon voyage !*

vida (f) *vie*

vidro (m) *verre* ; *bocal ; pot*

vigilância (f) *vigilance*

vilarejo (m) *village*

vinho (m) *vin* ; lista / carta de vinhos *carte des vins* ; vinho branco *vin blanc* ; vinho tinto *vin rouge*

vinte *vingt*

violão (m) *guitare*

vir *venir* ; *arriver*

virar *tourner* ; *retourner* ; *renverser*

visita (f) *visite* ; fazer uma visita *visiter ; rendre visite*

visitar *visiter*

vista (f) *vue*

visto (m) *visa*

vitrine (f) *vitrine*

viúvo/a (m/f) *veuf / veuve*

viver *vivre*

você *vous* ; *tu*

volta (f) *tour* ; *retour* ; dar uma volta *faire un tour* ; estar de volta *être de retour* ; por volta de *vers le*

voltar *retourner* ; *tourner* ; *revenir* ; voltar a... *recommencer à...*

vontade (f) *envie* ; *volonté* ; *souhait* ; à vontade *à l'aise* ; ter vontade de *avoir envie de*

voo (m) *vol*

vós *vous*

voz (f) *voix*

xadrez *à carreaux (tissu)* ; (m) *échecs*

xarope (m) *sirop*

xícara (f) *tasse*

zangado *fâché*

zero *zéro* ; *nul*

zona (f) *zone*

à a ; em

accent (prononciation) sotaque (m)

accepter aceitar

accident acidente (m)

accolade abraço (m)

accompagner acompanhar

accord acordo (m) ; *être d'accord* concordar

accrocher pendurar

achat compra (f)

acheter comprar

acquérir adquirir

activité atividade (f)

actuel atual

addition conta (f)

adieu adeus

adorer adorar

adresse endereço (m)

adulte adulto (m)

aéroport aeroporto (m)

affaire (commerce) negócio (m)

âge idade (f)

agence agência (f) ; *agence de location de voitures* agência de aluguel de carros ; *agence de voyages* agência de viagens

agréable agradável

aider ajudar

ailleurs em outro lugar

aimable amável

aimer (d'amour) amar ; *(apprécier)* gostar de

ainsi assim

air ar (m)

alcool álcool (m)

aliment alimento (m)

alimentation alimentação (f)

allée travessa (f)

aller ir ; *(vêtements)* servir ; *s'en aller* ir embora

aller-retour ida e volta ; *billet aller-retour* passagem de ida e volta (f)

alliance (de mariage) aliança (de casamento) (f)

allumé aceso, ligado

allumer acender, ligar

alors então

altitude altitude (f)

ambassade embaixada (f)

ambulance ambulância (f)

amende multa (f)

ami amigo (m)

amour amor (m)

amuser : s'amuser divertir-se

an ano (m) ; *j'ai 40 ans* tenho 40 anos

ancien antigo

anglais inglês

Anglais(e) inglês/esa (m/f)

animal animal (m)

anneau anel (m)

anniversaire aniversário (m)

annonce anúncio (m)

annuaire téléphonique lista telefônica (f)

août agosto (m)

apéritif aperitivo (m)

appareil photo máquina fotográfica (f)

appartement apartamento (m)

appartenir (à) pertencer (a)

appeler chamar ; *s'appeler* chamar-se

apporter trazer

apprécier gostar

apprendre aprender ; *(nouvelle)* ficar sabendo

approcher : s'approcher aproximar-se

approprié adequado

appuyer pressionar

après após, depois

après-midi tarde (f)

aquatique aquático

architecture arquitetura (f)

argent dinheiro (m) ; *(métal)* prata (f)

argile barro (m)

armoire armário (m)

arrêt parada (f) ; *arrêt de bus* parada de ônibus, ponto de ônibus (m)

arrêter parar

arrière atrás ; parte de trás (f) ; *à l'arrière de* atrás de

arrivée chegada (f)

arriver chegar

art arte (f)

article artigo (m)

artificiel artificial

artisanal artesanal

artisanat artesanato (m)

artiste artista (mf)

ascenseur elevador (m)

asseoir sentar ; *s'asseoir* sentar-se

assez bastante

assiette prato (m)

assurance seguro (m) ; *assurance tous risques* seguro contra todos os riscos

attendre esperar, aguardar

attention atenção (f) ; *attention !* cuidado! ; *faire attention* ter cuidado

attraction atração (f)

attraper pegar, apanhar

aube madrugada (f)

auberge de jeunesse albergue da juventude (m)

aucun nenhum

au-dessus acima, cima ; *au-dessus de* acima de

aujourd'hui hoje

auprès (de) junto (de / a)

aussi também ; *aussi... que...* tão... como / quanto...

autant tanto ; *autant... que...* tanto... quanto / como...

autodidacte autodidata (mf)

automne outono (m)

autonomie autonomia (f)

autoroute autoestrada (f)

autre outro/a

avance : à l'avance com antecedência ; *en avance* adiantado, cedo

avant frente (f), parte da frente (f) ; *(dans le temps)* antes

avant-dernier penúltimo

avant-hier anteontem

avec com ; *avec moi* comigo ; *avec nous* conosco ; *avec toi* contigo ; *avec vous (pl)* com vocês

avenir futuro (m)

aventure aventura (f)

avenue avenida (f)

averse aguaceiro (m), chuvarada (f)

avion avião (m)

avoir haver ; *(posséder)* ter ; *il y a* há ; *avoir lieu* acontecer

avril abril (m)

bagage : bagages bagagem (f) ; *bagage à main* bagagem de mão

baignoire banheira (f)

bain banho (m)

baiser beijo (m)

ballon bola (f) ; *(gonflable)* balão (m)

banc banco (m)

bande tira (f)

banque banco (m)

bar bar (m)

barbe barba (f)

barbier barbeiro (m)

bas baixo ; *en bas* embaixo ; *plus bas* mais baixo ; *(dans l'espace)* mais abaixo

bateau barco (m)

battre bater

beau lindo, belo

beaucoup muito ; *beaucoup de* muito/a(s)

beau-père sogro (m)

bébé bebê (mf)

beignet bolinho (m)

belge belga

Belge belga (mf)

belle-fille nora (f)

belle-mère sogra (f)

besoin necessidade (f) ; *avoir besoin de* precisar (de)

beurre manteiga (f)

bibliothèque biblioteca (f)

bien bem ; *(très)* muito ; *bien que* embora ; *bien sûr !* claro!

bientôt em breve, logo ; *à bientôt !* até breve!

bienvenu bem-vindo

bière cerveja (f) ; *bière pression* chope (m)

bijou joia (f)

bikini biquíni (m)

billet (argent) nota (f) ; *(ticket)* passagem (f)

bise beijo (m)

blanc branco ; *blanc d'œuf* clara (f)

blanchisserie lavanderia (f) ; service de blanchisserie *lavagem de roupa (f)*

blessé (adj) machucado ; *(n)* ferido (m)

blesser ferir, machucar

bleu azul ; *bleu clair* azul-claro ; *bleu foncé* azul-escuro

blond loiro

bocal vidro (m)

boire beber

bois madeira (f)

boisson bebida (f)

boîte caixa (f) ; *boîte à lettres* caixa de correio ; *boîte de nuit* boate (f), discoteca (f) ; *boîte de conserve* lata (f)

bombe bomba (f)

bon bom ; *(correct)* certo ; *bon marché* barato

bonheur felicidade (f)

bonjour bom dia

bonsoir (avant la tombée de la nuit) boa tarde ; *(après la tombée de la nuit)* boa noite

bouche boca (f)

bouchon rolha (f)

bougie vela (f)

boulangerie padaria (f)

bout (d'objet) ponta (f) ; *(de rue)* fundo (m) ; *au bout de* no fim de

bouteille garrafa (f)

bouton botão (m)

brancher ligar

bref breve

brésilien brasileiro

Brésilien(ne) brasileiro/a (m/f)

brochure folheto (m), brochura (f)

bronzé moreno, bronzeado

brosse escova (f) ; *brosse à dents* escova de dentes

bruit barulho (m)

brûlure queimadura (f)

brun moreno

bruyant barulhento

buanderie lavanderia (f)

bulletin météorologique boletim meteorológico (m)

bureau escritório (m) ; *bureau de change* casa de câmbio (f) ; *bureau de poste* agência de correios (f)

bus ônibus (m)

ça isso

cabinet médical consultório (m)

cadeau presente (m)

café café (m)

caisse caixa (f)

caleçon cueca (f) ; *caleçon de bain* calção de banho (m)

calme calmo

caméra câmera (f)

campagne campo (m)

camper acampar

campeur/se campista (mf)

camping camping (m)

camping-car motor home (m)

canadien canadense

Canadien(ne) canadense (mf)

candidat candidato (m)

candidature candidatura (f)

cannette lata (f)

capitale capital (f)

car pois ; *(bus)* ônibus (m)

caractéristique característica (f)

caravane trailer (m)

carnaval carnaval (m)

carotte cenoura (f)

carreau : à carreaux xadrez

carte cartão (m) ; *(plan)* mapa (f) ; *carte d'identité* carteira de identidade (f) ; *carte de crédit* cartão de crédito (m) ; *carte de visite* cartão de visita (m) ; *carte postale* cartão-postal (m)

carton pacote (m), embalagem (f)

cas caso (m) ; *en cas de* em caso de ; *au cas où* no caso de

casque capacete (m)

casser quebrar, partir

catholique católico

cause causa (f) ; *à cause de* por causa de

caution caução (f)

ce este ; esse ; aquele

ceci isto

ceinture cinto (m)

cela isso ; aquilo

célibataire solteiro/a

celle essa ; aquela

celle-ci esta

celle-là essa ; aquela

celui esse ; aquele

celui-ci este

celui-là esse ; aquele

cendre cinza (f)

cendrier cinzeiro (m)

cent cem ; cento ; *pour cent* por cento

centime centavo (m)

central central

centre centro (m) ; *centre médical* centro de saúde

céréale cereal (m)

certain certo ; *être certain* ter (a) certeza

certitude certeza (f)

ces (voir ce, cette)

cette esta ; essa ; aquela

ceux (voir celui, celle)

chacun cada um

chaîne (hi-fi) aparelho de som (m)

chaise cadeira (f) ; *chaise pliante* cadeira de praia

chaleur calor (m)

chambre quarto (m) ; *chambre d'hôte* pousada (f)

champ campo (m)

championnat campeonato (m)

chance sorte (f) ; *bonne chance !* boa sorte!

change câmbio (m)

changement mudança (f) ; *(transport)* transbordo (m)

changer mudar ; *(monnaie)* trocar ; *se changer* mudar de roupa

chanson canção (f)

chanter cantar

chanteur cantor (m)

chapeau chapéu (m)

chaque cada

charges despesas (fpl)

chasse caça (f)

chat gato (m)

château castelo (m)
chaud quente
chauffage aquecimento (m)
chauffeur motorista (mf)
chaussée pavimento (m)
chausser calçar
chaussette meia (f)
chaussure sapato (m)
chemin caminho (m)
chemisier blusa (f)
chèque cheque (m)
cher caro
chercher procurar ; *aller chercher* ir buscar
cheveux cabelo (m)
chez em casa (de)
chien cão (m), cachorro (m)
chips batatas fritas (fpl)
choisir escolher
chose coisa (f) ; *quelque chose* alguma coisa
chou couve (f)
cimetière cemitério (m)
cinéma cinema (m)
cinq cinco ; *cinq cents* quinhentos
cinquante cinquenta
cinquième quinto
citron limão (m)
clair claro
classe classe (f)
classé (monument) tombado
clé chave (f)
client(e) cliente (mf)
climat clima (m)
climatisation ar-condicionado (m)
club clube (m)
code código (m) ; *code postal* código postal, CEP
coffre (voiture) porta-malas (m)
coiffeur cabeleireiro (m)
coin (extérieur de l'angle) esquina (f) ; *(intérieur de l'angle)* canto (m)
collègue colega (mf)
colline morro (m)
combien quanto
combiné (téléphonique) fone (m)
combustible combustível (m)
commande encomenda (f) ; *(au restaurant)* pedido (m)
commander mandar ; *(au restaurant)* pedir
comme como
commencer começar
comment como
commerçant(e) comerciante (mf)
commissariat delegacia (f)
communiquer comunicar
compagnie companhia (f)
comparaître comparecer
complet completo, cheio
complètement completamente
compléter completar
comprendre compreender
compte conta (f) ; *compte courant* conta corrente ; *compte d'épargne* conta poupança
compter contar
comptoir balcão (m)
concéder conceder
concert concerto (m)
conduire dirigir
confiture doce (m)
congelé congelado
connaissance (savoir) conhecimento (m) ; *(personne)* conhecido/a (m/f)
connaître conhecer
considérer considerar
consister en consistir em
constipation prisão de ventre (f)
construire construir
consulat consulado (m)

consultation consulta (f)
conte conto (m)
content contente
continu contínuo
contre contra
contrôle controlo (m)
conversation conversa (f)
correspondance correspondência (f)
corriger corrigir
costume terno (m)
côte costa (f)
côté lado (m) ; *à côté de* ao lado de
coton algodão (m)
coucher : se coucher deitar-se
couleur cor (f)
couloir corredor (m)
coup golpe (m) ; *coup de soleil* queimadura solar (f)
couper cortar
couple casal (m)
couramment fluentemente
courir correr
courrier correio (m)
cours curso (m)
courses compras (fpl) ; *faire des courses* fazer compras
court curto
coussin almofada (f)
couteau faca (f)
coûter custar
couverture cobertor (m)
couvre-lit colcha (f)
couvrir cobrir
crayon lápis (m)
crème creme (m)
crevette camarão (f)
croire acreditar, crer
croisement cruzamento (m)
cuillère colher (f)
cuir couro (m), pele (f)
cuire cozinhar
cuisine cozinha (f)
cuisiner cozinhar
cuit cozido ; *bien cuit* bem-passado
culture (agriculture) cultivo (m) ; *(connaissances)* cultura (f)

danger perigo (m)
dans em
danse dança (f)
danser dançar
date data (f)
de de
débardeur camiseta interior (f)
debout em pé, de pé
débrancher desligar
début começo (m)
décembre dezembro (m)
déclarer declarar
décompter descontar
décortiquer descascar
découvrir descobrir
dedans dentro
défaut defeito (m)
défi desafio (m)
défilé desfile (m)
degré grau (m)
dehors fora ; *dehors !* fora!
déjà já
déjeuner (v) almoçar ; *(n)* almoço (m) ; *petit déjeuner* café da manhã (m)
délai prazo (m)
demain amanhã
demander perguntar ; *(commander)* pedir
démarrer (moteur) pegar
déménager mudar-se
demi meio ; *une demi-heure* meia hora ; *une heure et demie* uma hora e meia ; *une demi-douzaine* meia dúzia
demi (bière) chope (m)

dentifrice pasta de dentes (f)

dentiste dentista (mf)

déodorant desodorante (m)

dépanneuse carro-guincho (m)

départ partida (f)

dépense despesa (f)

dépenser gastar

déposer depositar

depuis desde

dérangement incômodo (m)

déranger incomodar

dernier último ; *(passé)* passado ; *ces derniers jours* nos últimos dias

dernièrement ultimamente

derrière atrás (de), detras

descendre descer

déshabiller : se déshabiller despir-se

désirer desejar

dessert sobremesa (f), doce (m)

desserte travessa (f)

dessous por baixo ; *en dessous* abaixo, por baixo ; *en dessous de* abaixo de

dessus por cima ; *au-dessus de* em cima do ; *du dessus* de cima ; *par-dessus* por cima (de)

destinataire destinatário (m)

destination destino (m)

détester detestar

deux dois (m) / duas (f) ; *couper en deux* cortar ao meio ; *deux cents* duzentos ; *les deux* ambos/as

deuxième segundo

devant diante (de), à frente (de)

devenir tornar-se ; *(+ adjectif)* ficar

devoir dever ; ter que / de

dialogue diálogo (m)

diarrhée diarreia (f)

dictionnaire dicionário (m)

différent diferente

dimanche domingo (m)

dîner (v) jantar ; (n) jantar (m)

diplôme diploma (m)

dire dizer

direct direto

direction direção (f)

diriger dirigir

discothèque discoteca (f)

disparaître desaparecer

distinction distinção (f)

divorcé divorciado

dix dez

dix-huit dezoito

dixième décimo

dix-neuf dezenove

dix-sept dezessete

document documento (m)

doigt dedo (m) ; *montrer du doigt* apontar

dollar dólar (m)

domicile domicílio (m)

dommage : quel dommage ! que pena!

donner dar ; *donner sur* dar para

dont cujo/a

dormir dormir

douane alfândega (f)

doubler ultrapassar

douche ducha (f), chuveiro (m)

douleur dor (f)

doux suave

douzaine dúzia (f)

douze doze

drap lençol (m)

droit direito ; *tout droit* (sempre) em frente

droite direita (f) ; *à droite* à direita

durée duração (f)

eau água (f) ; *eau minérale* água mineral ; *eau potable* água potável *eau-de-vie* aguardente (f) ; *eau-de-vie de canne à sucre* cachaça (f), (familier) pinga (f)

échanger trocar

échecs xadrez (m)

échelle escada (f)

école escola (f), colégio (m)

écorce casca (f)

écouter escutar

écrit escrito

effet efeito (m)

effort esforço (m)

égal à (calcul) igual a

église igreja (f)

élevé elevado

elle ela

elles elas

éloigné remoto, distante

éloigner afastar

emballer embrulhar

embarquer embarcar

embrassade abraço (m)

émettre emitir

empirer piorar

emplacement localização (f)

emploi emprego (m)

employé empregado (m)

emporter levar

empreinte digitale impressão digital (f)

en em ; *(matière, moyen)* de

en-cas lanche (m)

enceinte grávida

enchanté encantado ; *enchanté !* muito prazer!

encore outra vez ; *pas encore* ainda não

endroit lugar (m)

enfant criança (f) ; *ses enfants* seus filhos

énorme enorme

enrhumé resfriado

enseigner ensinar

ensemble junto(s) ; *(vêtements)* conjunto (m)

entendre ouvir

entourer circundar

entraînement treino (m)

entre entre

entrée entrada (f)

entrer entrar

entretien entrevista (f)

énumérer enumerar

enveloppe envelope (m)

envie vontade (f)

environ cerca de

environnement ambiente (m)

envoyer enviar

épice especiaria (f)

épicerie mercearia (f), minimercado (m)

épreuve prova (f)

épuisé (vendu) esgotado

équipé equipado

erreur erro (m)

escale escala (f)

escalier escada (f) ; *escalier mécanique* escada rolante (f)

essayer provar

essence gasolina (f)

est leste (m), este (m) ; *à l'est* no leste, no este

estimer estimar

estomac estômago (m)

et e

étage andar (m)

étagère prateleira (f)

état estado (m) ; *état civil* estado civil

été verão (m)

éteindre apagar, desligar

étoile estrela (f)

étrange estranho, esquisito

étranger estrangeiro (m) ; *à l'étranger* no exterior

être ser ; *(état)* estar ; *(situation)* ficar

étroit estreito

étude estudo (m) ; *faire des études de* tirar um curso de

étudiant(e) estudante (mf)

étudier estudar

euro euro (m)

européen europeu

exact certo, exato

examen exame (m)

excellent excelente

excepté exceto

excursion excursão (f)

excuser desculpar ; *excusez-moi* desculpe ; *(demande de permission)* com licença

exemple exemplo (m)

exercice exercício (m)

expéditeur/trice remetente (mf)

expérience experiência (f)

expérimenter experimentar

expression expressão (f)

extérieur exterior (m) ; *à l'extérieur* fora

extrait extrato (m)

face frente (f) ; *en face de* em frente de

fâché zangado

facile fácil ; *facile à* fácil de

facilité facilidade (f)

facteur (élément) fator (m) ; *(employé)* carteiro (m)

faire fazer ; *faire semblant* fingir

fait fato (m)

famille família (f)

fatigué cansado

faune fauna (f)

faute erro (m)

fauteuil poltrona (f) ; *fauteuil roulant* cadeira de rodas (f)

faveur favor (m)

favori favorito

fédéral federal

félicitations parabéns (mpl)

féminin feminino

femme mulher (f) ; *jeune femme* moça (f) ; femme au foyer dona de casa (f)

fenêtre janela (f)

fer ferro (m) ; *fer à repasser* ferro de passar

fermer encerrar, fechar

ferry ferry (m), ferryboat (m)

fête festa (f) ; *fête nationale* feriado nacional (m)

feu fogo (m) ; *feu de signalisation* semáforo (m)

février fevereiro (m)

fiançailles noivado (m)

fiancé noivo (m)

fiche ficha (f)

fil linha (f)

file fila (f)

fille (descendante) filha (f) ; *(enfant)* menina (f) ; *(jeune femme)* moça (f)

fils filho (m)

fin fim (m) ; *à la fin de* no fim de

finalement finalmente

fleur flor (f)

fleuriste (magasin) floricultura (f)

fleuve rio (m)

flexibilité flexibilidade (f)

flore flora (f)

fois vez (f)

fonction função (f)

fonctionner funcionar

fond fundo (m)

football futebol (m)

formation formação (f)

forme forma (f)
formulaire formulário (m)
fort (bruit) alto ; *moins fort* mais baixo
fourchette garfo (m)
fraise morango (m)
français francês
Français(e) francês/esa (m/f)
frapper bater
fréquent frequente
frère irmão (m)
frit frito
frites batatas fritas (fpl)
froid frio
fromage queijo (m)
frontière fronteira (f)
fruit (de l'arbre) fruto (m) ; *(aliment)* fruta (f) ; *fruits de mer* frutos do mar
fumer fumar
fumeur (adj) fumante
futur futuro (m)

gagner ganhar
galerie galeria (f) ; *galerie d'art* galeria de arte
gant luva (f)
garage garagem (f)
garantir garantir
garçon menino (m)
garde guarda (m)
garder ficar com ; *(ranger)* guardar
gare estação (f) ; *gare routière* (estação) rodoviária (f)
garer : se garer estacionar
garniture (d'un plat) acompanhamento (m)
gâteau bolo (m)
gauche esquerda (f) ; *à gauche* à esquerda
gaz gás (m)
gazeux com gás ; *non gazeux* sem gás
gazole gasóleo (m)
gelée (de fruits) geleia (f)
gênant incômodo
gendarme guarda (m), policial (m)
gendre genro (m)
général geral
génial ótimo
gens gente (f) ; *les gens* as pessoas
gentil gentil
gentleman cavalheiro (m)
gérant(e) gerente (mf)
glace (crème glacée) sorvete (m)
glaçon (cubo de) gelo (m)
golf golfe (m)
goût gosto (m)
goûter (v) provar
gouvernement governo (m)
gradins arquibancada (f)
gramme grama (m)
grand grande ; *(en taille)* alto
grand-mère avó (f)
grand-père avô (m)
gras gordo
gratuit gratuito, grátis
grave grave ; *ce n'est pas grave* não faz mal
grippé gripado
gris cinza ; *(cheveux)* grisalho
gros gordo
groupe grupo (m)
guichet bilheteria (f), guichê (m)
guitare violão (m)

habiller : s'habiller vestir-se
habitant(e) habitante (mf)
habiter morar
habitude costume (m) ; *avoir l'habitude de* costumar ; *d'habitude* habitualmente
handicapé(e) deficiente (mf)

haricot feijão (m) ; *haricot à œil noir* feijão-fradinho (m)

hâte pressa (f)

haut (n) cume (m) ; *d'en haut* de cima ; *en haut* em cima ; *plus haut* mais acima

haut (adj) alto ; *haute mer* alto-mar

heure hora (f) ; *quelle heure est-il ?* que horas são? ; *heures d'ouverture* horário de abertura ; *(services)* horário de atendimento

heureusement felizmente

heureux feliz

hier ontem

histoire história (f)

hiver inverno (m)

homme homem (m) ; *homme d'affaires* empresário (m)

hôpital hospital (m)

hospitalité hospitalidade (f)

hôtel hotel (m)

hôtesse de l'air aeromoça (f)

huile óleo (m) ; *(d'olive)* azeite (m) ; *huile de palme* azeite de dendê

huit oito ; *huit cents* oitocentos

huitième oitavo

hypermarché hipermercado (m)

ici aqui, cá ; *par ici* por aqui

idée ideia (f)

identification identificação (f)

identité identidade (f) ; *pièce d'identité* documento de identificação (m)

il ele

île ilha (f)

ils eles

immédiatement já, imediatamente

immeuble edifício (m)

impair ímpar

importance importância (f) ; *ça n'a pas d'importance* não tem importância

importer : n'importe quel qualquer

impôt imposto (m)

imprimé impresso (m)

inclure incluir

inconnu desconhecido

indicatif téléphonique código de área (m)

indigestion indigestão (f)

individu indivíduo (m)

individuel individual

industrie indústria (f)

inexact errado, incorreto

information informação (f) ; *les informations* o noticiário

informatique informática (f)

informer informar

infraction infração (f)

ingénieur engenheiro (m)

initial inicial

inoubliable inesquecível

inquiéter : s'inquiéter preocupar-se

installation instalação (f)

installer instalar

instruction instrução (f)

insuffisant insuficiente

intention intenção (f) ; *avoir l'intention de* tencionar, pretender

interdiction proibição (f) ; *interdiction de dépasser* (panneau) placa de proibido ultrapassar (f)

interdire proibir

intéressant interessante

intéressé interessado

intérêt interesse (m)

intérieur interior ; *à l'intérieur* dentro

international internacional

interprète intérprete (mf)

interurbain interurbano

intervalle intervalo (m)

introduction introdução (f)

introduire introduzir

invitation convite (m)

inviter convidar

jamais nunca

jambe perna (f)

jambon presunto (m)

janvier janeiro (m)

jardin jardim (m)

jaune amarelo ; *jaune d'œuf* gema (f)

je eu

jean calça(s) de brim (f ou fpl)

jeter jogar fora

jeudi quinta-feira (f)

jeune novo ; *(personne)* jovem ; *jeune fille* moça (f) ; *jeune homme* moço (m), rapaz (m)

jeunesse juventude (f)

jogging : faire du jogging fazer cooper

joli bonito

jouer (à un jeu) jogar ; *(d'un instrument)* tocar ; *(plaisanter)* brincar

jouet brinquedo (m)

jour dia (m) ; *jour férié* feriado (m) ; *jour ouvrable* dia útil

journal jornal (m)

juillet julho (m)

juin junho (m)

jumeau gêmeo

jupe saia (f)

jus suco (m) ; *jus d'orange* suco de laranja

jusque até

juste (seulement) apenas ; *(exact)* certo

kilo(gramme) quilo (m), quilograma (m)

kilomètre quilômetro (m)

kiosque à journaux banca de jornais (f)

la a

là ali, aí, lá

là-bas ali

laine lã (f)

laisser deixar

lait leite (m) ; *lait demi-écrémé* leite semidesnatado ; *lait de coco* leite de coco

laitue alface (f)

langue língua (f)

laquelle (a) qual

large largo

laver lavar ; *se laver* lavar-se

laverie automatique lavanderia (f)

le o

leçon lição (f) ; *(cours)* aula (f);

léger leve

lendemain dia seguinte (m) ; *le lendemain* no dia seguinte

lentement devagar

lentille de contact lente de contato (f)

lequel (o) qual

les os / as

lettre carta (f) ; *lettre de motivation* carta de intenções

leur (possessif) dele(s) / dela(s) ; *(objet indirect)* lhes

lever levantar ; *se lever* levantar-se

librairie livraria (f)

libre livre, vago

lieu lugar (m), local (m) ; *au lieu de* em vez de

ligne linha (f)

lin linho (m)

linge roupa (f)

lire ler

liste lista (f)

lit leito (m) ; *(pour dormir)* cama (f) ; *lit à deux places* cama de casal ; *lit à une place* cama de solteiro

litre litro (m)

littérature literatura (f)

littoral litoral (m)

livre livro (m)

local local (m)

location aluguel (m)

loge (de théâtre) camarote (m)

loin longe

loisir lazer (m)

long comprido, longo ; *en long* ao comprido ; *le long de* ao longo de

longtemps muito tempo

longueur comprimento (m) ; *dans le sens de la longueur* ao comprido

louer alugar

loyer aluguel (m), renda (f)

lui ele / ela ; *(objet indirect)* lhe

lumière luz (f)

lundi segunda-feira (f)

lune de miel lua-de-mel (f)

lunettes óculos (mpl) ; *lunettes de soleil* óculos de sol

lusophone lusófono

ma minha

machine máquina (f)

madame senhora (f)

magasin loja (f)

magazine revista (f)

mai maio (m)

maigre magro

maillot de bain maiô (m)

main mão (f)

maintenant agora

maintenir : se maintenir manter-se

mairie prefeitura (f)

mais mas

maison casa (f)

maîtrise domínio (m)

mal mal ; *mal de tête* dor de cabeça (f)

malade doente ; *tomber malade* adoecer

maladie doença (f)

malheureusement infelizmente

manger comer

manioc (frit ou cuit) aipim (m)

manque falta (f)

manteau casaco (m)

marche degrau (m) ; *marche à pied* caminhada (f)

marché mercado (m)

marcher andar, caminhar ; *(fonctionner)* funcionar

mardi terça-feira (f)

marée maré (f)

mari marido (m)

mariage casamento (m)

marié casado ; *les mariés* os noivos

marier : se marier casar-se

marron castanho, marrom

mars março (m)

masculin masculino

matelas colchão (m)

matin manhã (f)

mauvais mau, ruim ; *(faux)* errado ; *mauvaise* má

maximum máximo

me me

médecin médico (m)

médicament medicamento (m)

meilleur melhor

mélanger misturar

mêler : se mêler de meter-se em

même mesmo ; *même si* mesmo que ; *de même* igualmente ; *(moi-) même* (eu) próprio

ménage limpeza (f) ; *faire le ménage* fazer a limpeza

menu cardápio (m)

mer mar (m)

merci (dit par un homme) obrigado, *(dit par une femme)* obrigada

mercredi quarta-feira (f)

mère mãe (f)

merveilleux maravilhoso

messe missa (f)

métro metrô (m)

mettre pôr ; *(vêtements)* vestir ; *se mettre dans (situation)* meter-se em

meublé mobiliado

midi meio-dia (m)

mien meu

mienne minha

mieux melhor

mille mil

millier milhar (m)

million milhão (m)

mineur menor (m)

minimum mínimo

minuit meia-noite (f)

minute minuto (m)

moderne moderno

moi eu ; me ; mim

moins menos ; *au moins* pelo menos

mois mês (m)

moitié metade (f)

moment momento (m)

mon meu

monde mundo (m) ; *tout le monde* todo mundo

monnaie moeda (f) ; *(pièces)* troco (m), trocado (m)

monsieur senhor (m)

mont morro (m)

montagne montanha (f)

montant quantia (f)

monter subir

montre relógio (m)

montrer mostrar

morceau pedaço (m)

mot palavra (f)

mourir morrer

mulet (poisson) tainha (f)

mur parede (f)

musée museu (m)

musique música (f)

nager nadar

naissance nascimento (m)

naître nascer

natal natal

national nacional

nationalité nacionalidade (f)

nature natureza (f)

ne : ne… pas... não… ; *ne... plus…* não mais… ; *je n'habite plus là* não moro mais lá ; *il n'y en a plus* não há mais

nécessaire necessário

nettoyage limpeza (f)

nettoyer limpar

neuf nove ; *neuf cents* novecentos

neuvième nono

neveu sobrinho (m)

ni nem

nièce sobrinha (f)

niveau nível (m)

Noël Natal (m)

noir preto (m)

noix de coco coco (m)

nom nome (m) ; *nom de famille* sobrenome *(m)*

non não ; *non plus* também não

nord norte (m) ; *au nord* no norte

notre ; *le nôtre* nosso/a

nourriture comida (f)

nous (sujet) nós ; *(objet)* nos ; *chez nous* na nossa casa

nouveau novo

Nouvel An Ano Novo (m)

nouvelle notícia (f)

novembre novembro (m)

nuage nuvem (f)

nuageux nublado

nuit noite (f) ; *bonne nuit* boa noite

numéro número (m)

objectif objetivo (m)

obligatoire obrigatório

observation observação (f)

obtenir obter

occupation ocupação (f)

occuper ocupar ; *s'occuper de* tratar de

océan oceano (m)

octobre outubro (m)

odeur cheiro (m), odor (m)

œil olho (m)

œuf ovo (m)

office de tourisme centro de informações turísticas (m)

officiel oficial

offrir oferecer

oignon cebola (f)

oiseau ave (f)

olive azeitona (f)

oncle tio (m)

onze onze

opérateur/trice telefonista (mf)

opinion opinião (f)

opportunité oportunidade (f)

opticien(ne) oculista (mf)

optionnel opcional

or (métal) ouro (m)

orange (n) laranja (f) ; (adj) laranja

ordinateur computador (m)

ordonnance (médicale) receita (f)

ordre ordem (f) ; *à l'ordre de (chèque)* à ordem de

ordures lixo (m)

oreille orelha (f) ; *(ouïe)* ouvido (m)

oreiller travesseiro (m)

organisateur organizador (m)

organisation organização (f)

organiser organizar

originaire natural

ou ou

où onde

oublier esquecer

ouest oeste (m) ; *à l'ouest* no oeste

oui sim

ouvert aberto

ouverture abertura (f)

ouvrir abrir

paiement pagamento (m)

pain pão (m)

pair par

palais palácio (m)

panne avaria (f), pane (f) ; *en panne* avariado, em pane

panneau placa (f)

pansement esparadrapo (m), band-aid (m)

pantalon calça(s) (f ou fpl)

papier papel (m) ; *papier hygiénique* papel higiênico

Pâques Páscoa (f)

paquet pacote (m) ; *(colis)* embrulho (m)

par por

paradis paraíso (m)

paraître parecer

parapluie guarda-chuva (m)

parasol guarda-sol (m)

parc parque (m)

parce que porque

parcomètre parquímetro (m)

pardon perdão

parent (proche) parente (mf) ; *parents* pais (mpl)

parfois às vezes

parfum (de glace) sabor (m)

parler falar

participer participar

partie parte (f)

partir partir ; *à partir de* a partir de

partout por/em toda parte, por todos os lados

passage passagem (f)

passager passageiro (m)

passant(e) transeunte (mf)

passé passado

passeport passaporte (m)

passer passar

passe-temps passatempo (m)

patienter aguardar

pâtisserie (lieu) confeitaria (f)

patrimoine patrimônio (m)

payer pagar

pays país (m)

paysage paisagem (f)

peau pele (f) ; *(de fruit)* casca (f)

pêche (activité) pesca (f)

peine pena (f) ; *ce n'est pas la peine* não vale a pena

pellicule (photo) filme (m)

pénalité penalidade (f)

pendant durante

pendre pendurar

penser pensar ; *penser à* pensar em

pension pensão (f) ; *demi-pension* meia pensão ; *pension complète* pensão completa

perdre perder

père pai (m)

permettre permitir

permis licença (f) ; *permis de conduire* carteira (f) de motorista

permission autorização (f)

personne pessoa (f) ; *(pronom)* ninguém

personnel pessoal (m)

petit pequeno ; petit déjeuner café da manha (m)

petite-fille neta (f)

petit-fils neto (m)

peu pouco ; *un peu* um pouco, um bocadinho ; *à peu près* aproximadamente

peur medo (m) ; *faire peur* dar medo

peut-être talvez

pharmacie farmácia (f) ; *pharmacie de garde* farmácia de serviço

photographie fotografia (f)

pièce (monnaie) moeda (f) ; *(salle)* sala (f)

pied pé (m) ; *à pied* a pé

pierre pedra (f)

piéton(ne) pedestre (mf)

pire pior

piscine piscina (f)

place lugar (m) ; *(d'une ville)* praça (f)

placer colocar

plage praia (f)

plaire agradar ; *s'il vous plaît* faz o favor, faça o favor, por favor

plaisir prazer (m) ; *faire plaisir* dar prazer

plan plano (m) ; *(carte)* mapa (m) ; *plan de travail* bancada (f)

plastique plástico (m)

plat prato (m)

plein : faire le plein (essence) completar

pleurer chorar

pluie chuva (f)

plus mais ; *en plus* a mais ; *plus tard* mais tarde ; *à plus tard !* até logo! ; *de plus* além disso

plusieurs vários/as

pneu pneu (m)

poche bolso (m)

point ponto (m) ; *point de rencontre* ponto de encontro

poisson peixe (f)

poivre pimenta (f)

police polícia (f)

pomme maçã (f) ; *pomme de terre* batata (f)

pompier bombeiro (m)

pont ponte (f)

populaire popular

port porto (m)

porte porta (f)

portefeuille carteira (f)

portière porta (f)

portugais português

Portugais(e) português/esa (m/f)

posséder possuir

possible possível

poste (fonction) cargo (m) ; *poste de télévision* televisor (m), televisão (f) ; *poste restante* caixa postal (f)

poubelle lixeira (f) ; *jeter à la poubelle* pôr no lixo

poudre pó (m)

poulet frango (m)

poupée boneca (f)

pour para ; por ; *pour quoi ?* para quê?

pourquoi ? por que... ?, por quê?

pousser empurrar

poussière pó (m), poeira (f)

pouvoir (v) poder

pratiquer praticar

précédent anterior

préférer preferir

premier primeiro

prendre levar ; *(boisson, repas)* tomar ; *prendre du temps* levar tempo

prénom prenome (m), nome de batismo (m)

préoccupé preocupado

préoccuper : se préoccuper preocupar-se

préparer preparar

présent presente (m)

présenter apresentar

pressé : être pressé ter pressa, estar com pressa

prêt pronto

preuve prova (f)

prier rezar ; *je vous en prie (formule de politesse)* pois não

principal principal

printemps primavera (f)

priorité prioridade (f)

prise de courant tomada (de corrente) (f)

privé privado

privilégié privilegiado

prix preço (m)

probablement provavelmente

prochain próximo

proche próximo, perto ; *tout proche* perto daqui

produire produzir

professeur professor (m)

profession profissão (f)

professionnalisme profissionalismo (m)

professionnel profissional

profil perfil (m)

profiter aproveitar

promenade passeio (m)

promener : se promener passear

prononcer pronunciar

propice propício

propre limpo ; *(à soi)* próprio

protéger proteger

province província ; *en province (arrière-pays)* no interior

publication publicação (f)

puis depois

quai cais (m) ; *(voie)* plataforma (f)

qualité qualidade (f)

quand quando

quantité quantidade (f)

quarante quarenta

quart quarto (m)

quartier bairro (m)

quasiment quase

quatorze catorze

quatre quatro ; *quatre cents* quatrocentos

quatre-vingts oitenta

quatre-vingt-dix noventa

quatrième quarto

que que

quel(le) qual ; que

quelconque qualquer

quelque algum(a) ; *quelque… que* qualquer… que ; *quelques* alguns, uns quantos

quelques-uns/-unes alguns / algumas

quelqu'un alguém

question pergunta (f) ; *poser une question* fazer uma pergunta ; *pas question !* nem pensar!

qui quem ; que

quiconque quem quer que

quinze quinze

quoi quê ; que ; *il n'y a pas de quoi* não tem de quê ; *je ne sais quoi dire* não sei o que dizer

quotidien diário, quotidiano

raccrocher desligar

radio (poste) rádio (m) ; *(station)* rádio (f)

raide (cheveux) liso

raisin uva (f)

raison razão (f)

randonnée caminhada (f)

ranger arrumar

rappeler lembrar

rapprocher aproximar

rare raro

rarement raramente, poucas vezes

raser : se raser fazer a barba, barbear-se

rater (train, bus) perder

réaliser realizar

récemment recentemente

réception recepção (f)

recette receita (f)

recevoir receber

recommandable aconselhável

recommander recomendar

recommencer recomeçar

reconnaître reconhecer

reçu recibo (m)

réfrigérateur geladeira (f)

regarder olhar ; *(télévision)* ver

régime dieta (f)

région região (f)

règle regra (f)

régulièrement regularmente

remarquer notar

remède remédio (m)

remercier agradecer

remettre repor

remplir encher ; *(formulaire)* preencher

rémunération remuneração (f)

rencontre encontro (m)

rencontrer conhecer ; *(par hasard)* encontrar

rendez-vous encontro (m) ; *donner rendez-vous* marcar encontro ; prendre rendez-vous marcar hora ; (médical) marcar uma consulta

rentrer voltar ; *rentrer chez soi* ir / voltar para casa

renverser : se faire renverser ser atropelado

réparer consertar

repas refeição (f)

repasser (vêtements) passar

répéter repetir

répondre responder ; *(au téléphone)* atender

réponse resposta (f)

repos repouso (m)

reposer : se reposer descansar
réputation reputação (f)
réservation reserva (f)
réserve reserva (f) ; *réserve naturelle* reserva natural
réserver reservar
réservoir (voiture) tanque (m)
résidence residência (f)
résoudre resolver
respecter respeitar
restaurant restaurante (m)
restauration (monument) restauração (f)
résultat resultado (m)
retard : en retard atrasado/a
retarder atrasar
retirer tirar ; *(vêtements)* despir ; *(gants, chaussures)* descalçar
retour volta (f), regresso (m)
retraité aposentado (m)
réunion reunião (f)
réunir reunir
revanche : en revanche pelo contrário
rêve sonho (m)
revenir voltar
revoir : au revoir tchau
rez-de-chaussée (andar) térreo (m)
rhume resfriado (m)
riche rico
rien nada ; *de rien* de nada ; *ce n'est rien* não foi nada
rivière rio (m)
riz arroz (m)
robe vestido (m)
roue roda (f)
rouge vermelho
rouleau rolo (m)
route estrada (f)
routine quotidienne dia-a-dia (m)
roux ruivo
rue rua (f)
sa dele / dela ; sua
sac sacola (m) ; *sac à main* bolsa (f) ; *sac de couchage* saco de dormir
saignant (viande) mal-passado
saison estação (do ano) (f)
salade salada (f)
sale sujo
salle sala (f) ; *salle de bain* banheiro (m)
salon sala (f)
salut ! olá!, oi!
salutations cumprimentos (mpl)
samedi sábado (m)
sandale sandália (f)
sandwich sanduíche (m)
sans sem
santé saúde (f)
satisfait satisfeito
sauce molho (m)
saucisse salsicha (f)
savoir saber ; *à savoir* nomeadamente
savonnette sabonete (m)
séance sessão (f)
sèche-cheveux secador (de cabelo) (m)
seconde segundo (m)
secours socorro (m) ; *au secours !* socorro!
sécurité segurança (f)
seize dezesseis
séjour estada (f), estadia (f)
sel sal (m)
self-service autosserviço (m)
selon de acordo com, segundo
semaine semana (f)
sensible sensível
sentier trilha (f)
sentir (ressentir) sentir ; *(odeur)* cheirar
sept sete ; *sept cents* setecentos
septembre setembro (m)

septième sétimo

serré apertado

serrer apertar

service serviço (m) ; *en service* de serviço

serviette (de table) guardanapo (m) ; *(de toilette)* toalha (f)

servir servir

seul só, sozinho

seulement apenas, só, somente ; *non seulement... mais aussi...* não só... mas também...

sexe sexo (m)

si (condition) se ; *(intensité)* tão ; *(oui)* sim

siècle século (m)

sien(ne) dele / dela ; seu / sua

signaler assinalar

signature assinatura (f) ; *signature modèle* assinatura padrão

signer assinar

signifier significar, querer dizer

simple simples

sirop xarope (m)

six seis ; *six cents* seiscentos

sixième sexto

soda refrigerante (m)

sœur irmã (f)

soif sede (f) ; *avoir soif* estar com sede / ter sede

soigner tratar (de)

soin cuidado (m)

soirée tarde (f) ; *soirée dansante* baile (m)

soixante sessenta

soixante-dix setenta

sol chão (m)

solde saldo (m)

soleil sol (m)

sombre escuro

sommet cume (m)

son dele, dela ; seu

sorbet sorvete (m)

sortie saída (f)

sortir sair

souffrir sofrer

soupe sopa (f)

sourire sorriso (m)

sous sob, debaixo de, embaixo de

sous-vêtements roupa de baixo (f)

souvenir lembrança (f) ; *se souvenir* lembrar-se

souvent muitas vezes

spécial especial

spécialité especialidade (f)

sport esporte (m)

stade estádio (m)

station estação (f) ; *station de taxis* ponto de táxis (m)

stationnement estacionamento (m)

station-service posto de gasolina (m)

statue estátua (f)

steak bife (m)

steward aeromoço (m)

stop (panneau) placa de parada obrigatória (f)

store toldo (m)

stylo caneta (f)

succès êxito (m) ; sucesso (m)

sucre açúcar (m)

sucré doce

sud sul (m) ; *au sud* no sul

suffire chegar ; *il suffit de* é só questão de

suggérer sugerir

suisse suíço

Suisse suíço (m)

suivant seguinte

suivre seguir ; *(un cours)* frequentar

sujet sujeito (m) ; *(thème)* tema (m) ; *au sujet de* acerca de

super (génial) ótimo ; *(carburant)* aditivada (f)

supermarché supermercado (m)

sur sobre, em cima de

surface área (f), superfície (f)

surnom apelido (m)

survêtement abrigo (m)

suspension suspensão (f)

sympathique simpático

ta tua

table mesa (f)

tabouret banco (m)

taille tamanho (m)

tailleur tailleur (m), conjunto (m)

tambourin tamborim (m)

tandis que enquanto

tante tia (f)

tard tarde

tarder demorar

tarif tarifa (f)

tasse xícara (f)

taxi táxi (m)

te te

tee-shirt camiseta (f)

tel(le) tal

téléphone telefone (m) ; *téléphone portable* (telefone) celular (m)

téléphoner telefonar

télévision televisão (f)

température temperatura (f)

temps tempo (m)

tente (canadienne ou igloo) tenda (f) ; *(à armature)* barraca (f)

terminer acabar

terrain terreno (m)

terrasse terraço (m)

terre terra (f) ; *par terre* no chão

territoire território (m)

tête cabeça (f)

thé chá (m)

théâtre teatro (m)

thème tema (m), assunto (m)

ticket passagem (f)

tien(ne) teu/tua

tiers terço (m)

timbre selo (m)

tire-bouchon saca-rolhas (m)

tirer puxar

toi ti ; tu

toilettes banheiro (m)

toit teto (m)

tomate tomate (m)

tomber cair

ton teu

tordre torcer

tôt cedo

touche tecla (f)

toucher tocar ; *(percevoir)* cobrar

toujours sempre

tour torre (f) ; *(fois)* vez (f) ; *(promenade)* volta (f) ; *faire un tour* dar uma volta

tourisme turismo (m)

touriste turista (m)

tourner virar, voltar

tout tudo ; todo ; *ça sera tout ?* é só?

tradition tradição (f)

traducteur tradutor (m)

train trem (m)

tramway bonde (m)

tranche fatia (f)

transport public transporte público (m)

transporter transportar

transversal transversal

travail trabalho (m) ; *travaux (chantier)* obras (fpl)

travailler trabalhar

traveller's cheque cheque de viagem (m)

traverser atravessar

treize treze

trente trinta

très muito

trois três ; *trois cents* trezentos

troisième terceiro

trop demais, demasiado

trottoir calçada (f)

trouver achar

tu tu, você

tube tubo (m)

typique típico

un(e) um / uma

uni (tissu) liso

université universidade (f)

urgence emergência (f) ; *urgences (hôpital)* emergências (fpl)

urgent urgente

utile útil

utiliser usar, utilizar

vacances férias (fpl)

vaccin vacina (f)

vaisselle louça (f) ; *faire la vaisselle* lavar a louça

valeur valor (m)

valide válido

valise mala (de viagem) (f)

vanille baunilha (f)

variété variedade (f)

végétarien vegetariano

vendeur vendedor (m)

vendre vender

vendredi sexta-feira (f)

venir vir ; *venir de... (avoir terminé)* acabar de...

vent vento (m)

vente venda (f)

verglas gelo (m)

vérifier verificar

verre copo (m) ; *(matière)* vidro (m)

vert verde

veste casaco (m), jaqueta (f) ; *veste de costume* paletó (m), blazer (m)

vêtements roupa (f)

veuf/ve viúvo/a (m/f)

viande carne (f)

vide vazio

vie vida (f)

vieux velho

vigilance vigilância (f)

village aldeia (f) ; vilarejo (m)

ville cidade (f)

vin vinho (m) ; *vin rouge* vinho tinto ; *vin blanc* vinho branco

vingt vinte

virement (bancaire) transferência

visa visto (m)

visage cara (f)

visite visita (f) ; *rendre visite* fazer uma visita

visiter visitar

vite depressa, rápido ; *vite !* depressa!

vitesse velocidade (f)

vitrine vitrine (f)

vivre viver

voie via (f) ; *(quai)* plataforma (f)

voile vela (f)

voir ver

voiture carro (m), automóvel (m) ; *en voiture* de carro

vol voo (m)

voler roubar

volonté vontade (f)

votre/le vôtre seu / sua ; vosso / vossa

vouloir querer

vous você(s) ; o(s) senhor(es) ; a(s) senhora(s) ; *(pronoms objets)* -vos ; -o(s) / -a(s) ; -lo(s) / -la(s) ; lhe(s) ; vos ; se

voyage viagem (f) ; *bon voyage !* boa viagem!

vraiment mesmo, realmente

vue vista (f)

week-end fim de semana (m)

yaourt iogurte (m)

zéro zero

zone zona (f), área (f)